Edition Frankfurt School

Weitere Bände in der Reihe http://www.springer.com/series/16192

Doris Wohlschlägl-Aschberger

Bankgeschäft und Finanzmarkt

Praxiswissen kompakt

Frankfurt School
Verlag

Springer Gabler

Doris Wohlschlägl-Aschberger
Wien, Österreich

ISSN 2524-700X   ISSN 2524-7018   (electronic)
Edition Frankfurt School
ISBN 978-3-658-23794-3   ISBN 978-3-658-23795-0   (eBook)
https://doi.org/10.1007/978-3-658-23795-0

Die Deutsche Nationalbibliothek verzeichnet diese Publikation in der Deutschen Nationalbibliografie; detaillierte bibliografische Daten sind im Internet über http://dnb.d-nb.de abrufbar.

Springer Gabler
© Springer Fachmedien Wiesbaden GmbH, ein Teil von Springer Nature 2015, unveränderter Nachdruck 2019
Ursprünglich erschienen im Frankfurt School Verlag, Frankfurt am Main, 2015

Springer Gabler ist ein Imprint der eingetragenen Gesellschaft Springer Fachmedien Wiesbaden GmbH und ist ein Teil von Springer Nature
Die Anschrift der Gesellschaft ist: Abraham-Lincoln-Str. 46, 65189 Wiesbaden, Germany

Vorwort

In der Boomzeit des Internets wurde einmal die Aussage getätigt: *„Banking is necessary. Banks are not."* Dies ist in dieser Form jedoch nicht ganz korrekt: Bankgeschäfte und Banken sind eng miteinander verknüpft – Banken bieten (Finanz-)Dienstleistungen an, ob online oder offline, ob national oder international, ob mit einfachen oder komplexeren (Finanz-)Transaktionen.

Die Wirtschaftsgeschichte zeigt, wie das Bankgeschäft entstanden ist, wie es sich zu dem entwickelte, was wir heute kennen und verstehen, und wie auch der Begriff einer Bank mit all den damit verbundenen Funktionen und Aufgaben von heute durch unterschiedliche Ereignisse und Umstände geprägt wurde. Begriffe, Formen und konkrete Tätigkeiten bzw. Serviceleistungen waren unterschiedlich und werden es immer sein, aber eines zeigte sich klar – Banken und Bankgeschäfte sind wichtige Faktoren in der Wirtschaft.

Banken im Allgemeinen bzw. einzelne Großbanken waren in der Wirtschaftsgeschichte – egal zu welcher Zeit und an welchem Ort – und gerade auch in den letzten Jahren immer wieder mit negativen Schlagzeilen in den Medien. Einzelne kritische und problematische Banktätigkeiten bzw. -transaktionen wurden exemplarisch aufgegriffen und auf die gesamte Bankenwelt umgelegt.

Dies ist in dieser Form auch nicht ganz korrekt: Bankgeschäfte sind Risikogeschäfte und Risiken lassen sich nicht zur Gänze ausschließen – im Bankgeschäft genauso wenig wie in allen anderen Wirtschaftssektoren.

Das Thema Bankgeschäfte und die dahinterstehenden Abläufe sollten jedermann interessieren – ob Privatperson oder Unternehmen. Denn jeder hat in der einen oder anderen Form mit Bankdienstleistungen zu tun, sei es als Inhaber eines typischen Giro- oder Sparkontos, bei der Durchführung von Zahlungen, bei dringend benötigten Krediten oder bei der Veranlagungen des „schwerverdienten" Geldes.

Dabei tauchen oft Fragen auf: Was sind eigentlich die Aufgaben einer Bank? Was macht sie mit meinem Geld? Woher bekommt die Bank das Geld, das sie mir gibt?

Bankgeschäfte sind einfach interessant und spannend, aber im Grunde genommen ist daran nichts wirklich neu – auch wenn es immer wieder neue, oft auch fremdsprachige Begriffe gibt und geben wird.

Man kann die Geschäftsbereiche einer Bank einzeln betrachten, doch sie hängen in der einen oder anderen Form immer zusammen – direkt oder indirekt. Dabei verhält es sich bei einer Bank genauso wie bei jedem anderen Wirtschaftsunternehmen – Kunden und Produkte bzw. Dienstleistungen bedingen einander und sind ohne einander nicht möglich.

Bankgeschäfte sind – wie schon gesagt und für jeden sicher nachvollziehbar – Risikogeschäfte. Risiken und Chancen bzw. Gewinne und Verluste sind zwei Seiten einer Medaille. Und genau dies spiegelt die Tätigkeiten von Banken wider.

Ich hatte die Chance, viele Jahre, besser gesagt Jahrzehnte, in der einen oder anderen Form im Bankensektor in den unterschiedlichsten Geschäftsbereichen und Funktionen tätig gewesen zu sein – Erfahrungswerte und Einblicke, die ich nicht missen möchte. Es ist ein Bereich, der mich noch immer fasziniert. Die Themen, die uns im Zusammenhang mit dem Bank- und Finanzsektor beschäftigen, werden nie ausgehen und es ist wichtig, auf dem Laufenden zu bleiben, die Wirtschaft ist ständig in Bewegung – *panta rhei*.

Der Verlag hat die Idee, ein Buch zum Thema Bankgeschäfte zu veröffentlichen, aufgegriffen; dafür sowie für die hervorragende Betreuung und Unterstützung möchte ich mich sehr herzlich bedanken.

Wien, im Juli 2015   DR. DORIS WOHLSCHLÄGL-ASCHBERGER

Inhalt

Autorin

Dr. Doris Wohlschlägl-Aschberger ist Bank-, Börsen- und Kapitalmarktexpertin mit langjähriger Erfahrung insbesondere im Bereich Compliance (einschließlich AML-Compliance, Betrugs- und Korruptionsprävention) und Risikomanagement (oprisk).

In diesen Bereichen ist sie für zahlreiche Unternehmen im In- und Ausland und auch für Aufsichtsbehörden im Rahmen von EU-, Weltbank- oder IMF-Projekten tätig. Sie verfügt über langjährige praktische Erfahrung bei der Implementierung von EU-Richtlinien – sowohl bei Aufsichtsbehörden als auch bei Marktteilnehmern.

Seit vielen Jahren ist Dr. Doris Wohlschlägl-Aschberger im Bereich von Gerichtsverfahren mit der Erstellung von Gutachten und Expertisen für die Staatsanwaltschaft tätig.

Dr. Doris Wohlschlägl-Aschberger verfügt über umfassende Erfahrung als Lektorin, Vortragende und Trainerin zu Compliance- und aufsichtsrechtlichen Themen für unterschiedliche Zielgruppen und auch an unterschiedlichen universitären und nicht-universitären Einrichtungen. Weiters liegen von ihr Publikationen zu den Themen MiFID- und AML-Compliance vor.

Dr. Doris Wohlschlägl-Aschberger
Tel.: + 43 664 153 26 71
E-Mail: doris.wohlschlaegl-aschberger@chello.at

Abkürzungsverzeichnis

ABGB	Allgemeines Bürgerliches Gesetzbuch
ABS	Asset Backed Securities
AEUV	Vertrag über die Arbeitsweise der Europäischen Union
AFRAC	Austrian Financial Reporting and Auditing Committee
AG	Aktiengesellschaft
AGB	Allgemeine Geschäftsbedingungen
AktG	Aktiengesetz
AMA	Advanced Measurement Approach
ATM	Automatic Teller Machine
AZV	Auslandszahlungsverkehr
Bafin	Bundesanstalt für Finanzdienstleistungsaufsicht
BCBS	Basel Committee on Banking Supervision/Basler Ausschuss für Bankenaufsicht
BGB	Bürgerliches Gesetzbuch
BIC	Bank Identifier Code
BIS	Bank for International Settlements/Bank für Internationalen Zahlungsausgleich (auch: BIZ)
BörseG	Börsegesetz (Österreich)
BörsG	Börsengesetz (Deutschland)
BWG	Bankwesengesetz
CCP	Central Counterparty
CDD	Customer Due Diligence
CDO	Credit Default Obligation
CDS	Credit Default Swap
CRA	Credit Rating Agency
CRD IV	Capital Requirements Directive/Kapitaladäquanzrichtlinie
CRR	Capital Requirements Regulation/Kapitaladäquanzverordnung
CSD	Central Securities Depository/Zentraldepotstellen
CUSIP	Committee on Uniform Securities Identification Procedures

DaKRÄG	Darlehens- und Kreditrechts-Änderungsgesetz
DD	Due Diligence
DepotG	Depotgesetz
EBA	European Banking Authority
ECAI	External Credit Assessment Institution
ECB	European Central Bank (deutsch: EZB)
ECG	E-Commerce-Gesetz
E-Commerce-RL	Directive on Electronic Commerce/Richtlinie über den elektronischen Geschäftsverkehr
EMIR	European Market Infrastructure Regulation
ESMA	European Securities and Markets Authority
EU	Europäische Union
Euribor	Euro Interbank Offered Rate
EWB	Einzelwertberichtigung
EZB	Europäische Zentralbank (englisch: ECB)
FATF	Financial Action Task Force
Fernabsatz-RL	Richtlinie über den Verbraucherschutz bei Vertragsabschlüssen im Fernabsatz/Fernabsatzrichtlinie
FernFinG	Fern-Finanzdienstleistungs-Gesetz
FernFin-RL	Fern-Finanzdienstleistungs-RL
FinStaG	Finanzmarktstabilitätsgesetz
FMA	Österreichische Finanzmarktaufsicht
FMStFG	Finanzmarktstabilisierungsfondsgesetz
FMStG	Finanzmarktstabilisierungsgesetz
FOREX	Foreign Exchange Market (auch: FX-Markt)
FRA	Forward Rate Agreement
GesRÄG	Gesellschaftsrechtsänderungsgesetz
HFT	High-Frequency Trading/Hochfrequenzhandel (auch: HFH)
HGB	Handelsgesetzbuch
HNWI	High-Net-Worth Individual
HypBG	Hypothekenbankgesetz
IBAN	International Bank Account Number

ICC	International Chamber of Commerce
ICMA	International Capital Market Association
InvFG	Investmentfondsgesetz
InvG	Investmentgesetz
IOSCO	International Organization of Securities Commissions
IPO	Initial Public Offering
IRB	Internal Ratings Based Approach
ISD	Investment Services Directive/Wertpapierdienstleistungs-richtlinie (2004 durch MiFID ersetzt)
ISIN	International Securities Identification Number/Wertpapier-kennnummer
ISSA	International Securities Services Association
KAD	Kapitaladäquanzrichtlinie (s. CRD)
KAG	Kapitalanlagegesellschaft
KAGB	Kapitalanlagegesetzbuch
KMU	Kleine und mittelständische Unternehmen
KWG	Kreditwesengesetz
KYC	Know Your Customer
L/C	Letter of Credit
LDR	Loan-to-Deposit Ratio (manchmal auch: LTD)
Libor	London Interbank Offered Rate
LiqV	Liquiditätsverordnung
LTCM	Long Term Capital Management
M&A	Mergers & Acquisitions
MAD	Market Abuse Directive/Marktmissbrauchsrichtlinie
MAR	Market Abuse Regulation
MaRisk	Mindestanforderungen an das Risikomanagement
MBS	Mortgage Backed Securities
MiFID	Markets in Financial Instruments Directive
MiFID II	Markets in Financial Instruments Directive II
MT	Message Type
MTF	Multilateral Trading Facility/Multilaterales Handelssystem

NPL	Non-performing Loan/notleidender Kredit
OeKB	Oesterreichische Kontrollbank AG
OeNB	Oesterreichische Nationalbank
OGAW	Organismen für gemeinsame Anlagen in Wertpapieren (englisch: UCITS)
OTC	Over the Counter
OTF	Organised Trading Facility/Organisiertes Handelssystem
PfandBG	Pfandbriefgesetz
PfandbriefG	Pfandbriefgesetz
PIN	Personal Identification Number
Refi-Linie	Refinanzierungslinie
Repo	Kurzform für Sale and Repurchase Agreement
RL	Richtlinie insbesondere EU-Richtlinie/EU-Directive
SEC	U.S. Securities and Exchange Commission
SEPA	Single Euro Payments Area/Einheitlicher Euro-Zahlungs-verkehrsraum
SFR	Schweizer Franken
SigG	Signaturgesetz
SignG	Signaturgesetz
SolvV	Solvabilitätsverordnung
SPO	Secondary Public Offering
SPV	Special Purpose Vehicle
SWIFT	Society for Worldwide Interbank Financial Telecommunication
TAN	Transaction Number
Telex	TELeprinter EXchange
UCITS	Undertakings for Collective Investment in Transferable Securities (deutsch: OGAW)
UGB	Unternehmensgesetzbuch
VaR	Value at Risk
VerbrKrRL	Verbraucherkreditrichtlinie
VIP	Very Important Person

VKrG	Verbraucherkreditgesetz
VO	Verordnung insbesondere EU-Verordnung/EU-Regulation
WAG	Wertpapieraufsichtsgesetz
WKN	Wertpapierkennnummer
WpHG	Wertpapierhandelsgesetz
XETRA	Exchange Electronic Trading (elektronisches Handelssystem der Deutsche Börse AG)
ZAG	Zahlungsdiensteaufsichtsgesetz

1 Vom Tauschhandel zum Investmentbanking

1.1 Vom Waren-Tauschhandel zum Geld-Tauschhandel

Wenn man eine Zeitung aufschlägt oder ein Webportal anklickt, stößt man fast immer auf einen Beitrag zum Thema Banken bzw. Bankgeschäfte – mit positiven oder mit negativen Schlagzeilen. Man findet Bewerbungen von neuen Bankprodukten oder Dienstleistungen, Hinweise auf Gerichtsverfahren, die im Zusammenhang mit Kreditinstituten stehen, oder auch Berichte über gesetzliche Neuerungen und weitere Restriktionen für den Bankensektor.

Die Frage, die sich stellt, lautet: Gab es immer schon Bankgeschäfte? Gab es immer schon eine Bank? Die Frage ist mit einem Ja und einem Nein zu beantworten, und dieses Kapitel widmet sich der Entstehung dessen, was wir heute als Bankgeschäft und Bank verstehen.

1.1.1 Historischer Abriss

Mit der Frage zur Entstehung einer Bank geht auch die Frage nach der Entstehung des Geldes[1] einher. **Geld** ist etwas Altes, etwas Unklares bzw. Geld ist, was als Zahlungsmittel angeboten und akzeptiert wird. Es wird täglich verwendet und kann im Prinzip alles sein: „Gerade die Frage ‚Warum gibt es Geld?‘ ist bereits von den beiden großen griechischen Denkern Platon und Aristoteles kontrovers erörtert worden. Nach Platons Vorstellungen sollte Geld ein Symbol sein, das der Erleichterung des Warentauschs diente. Für Aristoteles hingegen war Geld ein Tauschmittel und müsse als solches dafür selbst Ware sein."[2]

Mit dem Wort Geld wird auch oft der Begriff pekuniär bzw. *pecunia* in Verbindung gebracht: *Pecunia* stammt aus dem Lateinischen und stand ursprünglich für „Vieh- bzw. Tierbestand". Doch sagt der Viehbestand nicht auch schon etwas über das Vermögen aus? Es handelt sich um ein Vermögen aus Tieren, diese Tiere stellen einen Wert dar und

---

[1] Siehe dazu: van Suntum, Die Geschichte des Geldes. Von der Muschel zum Papier, in: FAZ.net, 09.11.2010, http://www.faz.net/aktuell/wirtschaft/wirtschaftswissen/die-geschichte-des-geldes-von-der-muschel-zum-papier-11066486.html (29.07.2014).

[2] Deutsche Bundesbank: Was ist Geld? Warum gilt Geld? Begleittext zur Wechselausstellung „Das besondere Objekt", Geldmuseum der Deutschen Bundesbank, http://www.bundesbank.de/Navigation/DE/Bundesbank/Geldmuseum/Das_besondere_Objekt/das_besondere_objekt.html (27.04.2014).

© Springer Fachmedien Wiesbaden GmbH, ein Teil von Springer Nature 2019
D. Wohlschlägl-Aschberger, *Bankgeschäft und Finanzmarkt*, Edition Frankfurt School,
https://doi.org/10.1007/978-3-658-23795-0_1

können auch getauscht werden. In vielen Kulturen hat der Viehbestand auch heute noch im täglichen Leben einen hohen Stellenwert wie bspw. der Schaf- oder Rinderbestand in Australien. Erst in späterer Zeit wurde aus *pecunia* das lateinische Wort für Geld.

Vor der Erfindung des Geldes im heutigen Sinn war der **Tauschhandel**[3] vorherrschend, bei dem Waren gegen Waren getauscht wurden. Dann etablierten sich Zwischentauschmittel – Natural-, Waren- oder Nutzgeld sind Oberbegriffe für diese Frühformen des Geldes.[4]

Es ist ein Irrglaube, dass Geld durch die Erfindung von Münzen (*coins*) oder die Schaffung von Papiergeld (*notes*) entsteht. Geld stellt ein Wertesystem dar, mit dem Preise für Waren und Dienstleistungen zum Ausdruck gebracht werden.

Zwischentauschmittel waren früher weitverbreitet und in allen Kulturen und Epochen vorzufinden. Wertvolle, nützliche oder schöne Dinge, die dem täglichen Bedarf dienten, galten als allgemein akzeptiertes Äquivalent in Warenform für Handelsgüter aller Art.

Begehrte Güter wie Getreide, Muscheln, Kaurischnecken, aber auch Silber und Gold wurden in der Vergangenheit als ein derartiges Zwischentauschmittel eingesetzt und hatten somit eine Geldfunktion. Man spricht u. a. auch von Warengeld, das aus Naturgegenständen (Naturalgeld) oder aus Schmuckstücken (Schmuckgeld) bestand. Auch allgemeine Gebrauchs- und Nutzgegenstände sowie Nutztiere konnten Geldwerte darstellen.

In Neu-Guinea und im Südpazifik waren Ring- und Schmuckgeld, in Afrika und China v. a. Muschelgeld, in Nordamerika wiederum Kleidergeld – bspw. in Form von Pelzen – weit verbreitet. In fast allen Regionen zählten zum „Geld" auch Rinder, Kamele, Ziegen, Felle, Dolche, Spaten, Schmuckringe und besondere Steine und Salze.

„Die Vorstellung darüber, was eigentlich Geld ist, hat in unterschiedlichen Gesellschaften zu verschiedenen Ergebnissen geführt. Mit der Geburt der Münze im westlichen Kleinasien Mitte des 7. Jh. v. Chr. hat sich die europäisch-westliche Vorstellung von Geld geformt, von der in Europa nur selten abgewichen wurde. An anderen Orten der Welt hingegen wurden andere Formen von Zahlungsmitteln entwickelt: Kissi-Pennies etwa waren bis in die 1950er Jahre an der Westküste Afrikas, in Liberia, in Gebrauch. Die

---

[3] Siehe auch zum Lesen: http://www.wissen.de/thema/die-geschichte-des-geldes-vom-tauschhandel-zum-electronic-banking (22.07.2013).

[4] Siehe http://de.wikipedia.org/wiki/Geld (22.07.2013).

besondere Herstellungsweise dieser eisernen Metallbarren (schaut aus wie ein dünner Faden) sollte die Qualität des Eisens beweisen."[5]

Die Beispiele zeigen, dass wann auch immer Geld entstanden ist, es immer alles sein konnte.

„So kamen die Amerikaner im Tabakstaat Virgina auf die Idee, dass man auch mit Tabak zahlen könnte. Das hat rund 200 Jahre lang leidlich funktioniert und war somit länger in Anwendung als der Goldstandard, der 1879 in den USA eingeführt wurde und 1971 während des Vietnamkriegs aufgegeben werden musste."[6]

Das so genannte **Metallgeld** war ebenfalls sehr beliebt. Mengenbezeichnungen aus der Zeit des Eisengeldes sind bspw. griechische Geldnamen wie „Drachme" und „Obolos". Ein „Obolos" bedeutet Pfeilspitze aus Eisen und ein „Drachme" bedeutet eine Hand voll „Obolos", und zwar so viel, wie man in der Hand halten konnte. Heute noch spricht man davon, „seinen Obolos zu leisten".

Kaurimuscheln waren noch bis in die Mitte des 20. Jahrhunderts in Afrika, Südasien und auf den Südseeinseln in Umlauf. Auf Papua-Neuguinea gibt es auch heute neben dem staatlichen Papiergeld noch Muschelgeld für traditionelle Zahlungen, die von Familien kontrolliert werden. So entspricht es der guten Sitte, den Brautpreis in Muschelgeld zu bezahlen.[7]

In Tibet wurde noch bis zum Einmarsch der Chinesen im Jahr 1950 vielfach mit Gerste oder Weizen bezahlt.

In Deutschland wurde der Begriff „Zigarettenwährung" geprägt: Nach dem Zweiten Weltkrieg gab es zwar die Reichsmark, aber nichts zu kaufen, daher florierte der Schwarzmarkthandel und Zigaretten hatten die Funktion des Geldes übernommen.[8]

---

[5] Deutsche Bundesbank, Was ist Geld? Warum gilt Geld? Begleittext zur Wechselausstellung „Das besondere Objekt", Geldmuseum der Deutschen Bundesbank, http://www.bundesbank.de/Navigation/DE/Bundesbank/Geldmuseum/Das_besondere_Objekt/das_besondere_objekt.html (Stand: 27.04.2014).

[6] Herrmann, Der Sieg des Kapitals. Wie Reichtum in die Welt kam: Die Geschichte von Wachstum, Geld und Krisen, S. 109 ff. Und siehe auch Galbraith, Money: Whence It Came, Where it Went, S. 57 ff.

[7] Seitz, Schrott, Rinder, Dreifußkessel: Wie funktionierte Geld vor Münzen, in: Forschung Frankfurt 2/2002, S. 78-81.

[8] Siehe dazu http://de.wikipedia.org/wiki/Geld de.wikipedia.org/wiki/Zigarettenwährung (06.01.2014) und Merki, Die amerikanische Zigarette – das Maß aller Dinge. Rauchen in Deutschland zur Zeit der Zigarettenwährung (1945-1948), in: Hengartner/Merki (Hg.), Tabakfragen. Rauchen aus kulturwissenschaftlicher Sicht, S. 57-82.

1.1.2 Das Tauschgeschäft – die Münze

Für das Tauschgeschäft wurden die Waren abgewogen. Auch die Metalle, die als Tauschmittel dienten, wurden abgewogen – solange es noch keine standardisierte Prägung und amtliche Bestätigung des Metallgewichtes pro Einheit gab.

Die **Münze**[9] – Moneta[10] – wurde Zahlungsmittel.

Münzen sind eine Spezialform des Geldes. „Die Frage, wer die ersten Münzen prägte, bewegte seit der Antike die Gemüter, handelt es sich dabei doch um ein Ereignis von epochaler Bedeutung. [...] Entwicklungsgeschichtlich ist die Münze eine junge und spezielle Form des Geldes."[11]

Als Metalle wurden über Jahrtausende Gold, Silber und Bronze verwendet. Gold und Silber waren vorrangig und galten lange Zeit als gleichberechtigte Währungsmetalle. Gold verdrängte in der Folge die Silbermünzen und wurde beginnend in England und später in fast allen wirtschaftlich entwickelten Ländern zur alleinigen Grundlage der Währung.

„In China wurde Silber bis ins 20. Jahrhundert als Zahlungsmittel verwendet. Der Kurssturz des Silbers am internationalen Markt in den Jahren 1820/1825 wurde für China in der Zeit des Opiumkrieges (1839-1842) ein gravierendes Problem und führte zu einem Handelsdefizit. Die Beschlagnahmung des Opiums war nur eine Maßnahme gegen den Silberabfluss."[12]

„Münzen gab es zwar nicht nur im Mittelmeerraum, aber sie tauchten dort eindeutig zuerst auf. In China wurde erst 221 v. Chr. unter Qin Shi Huangdi, dem ersten erhabenen Gottkaiser von Qin, eine standardisierte Bronzemünze mit einem Loch in der Mitte geprägt."[13]

---

[9] Siehe zur Geschichte auch http://de.wikipedia.org/wiki/Münze (22.07.2013).

[10] Aus dem Lateinischen, siehe http://de.wikipedia.org/wiki/Moneta (22.07.2013): „Ursprünglich bedeutete moneta „Mahnerin" oder auch „Erinnerung". Später erhielten die Münzstätte und das Geld diesen Namen. Moneta wird heute gewöhnlich mit „Geld" übersetzt. Von diesem Wort leitet sich ebenfalls die deutsche Bezeichnung „Münze/n" ab." Oder im Englischen: „Money, a legal tender as defined by a government and consisting of currency and coin". Quelle: Downes/Goodman, Dictionary of Finance and Investment Terms.

[11] Von Kaenel, Wer prägte die ersten Münzen?, in: Forschung Frankfurt 2/2012, S. 83 ff.

[12] Fülling, China – der Osten mit Beijing und Shanghai, S. 173.

[13] Ferguson, Der Aufstieg des Geldes, S. 26.

Bekannt – bis heute – ist der Maria-Theresien-Taler. „Er war eine der wichtigsten Handelsmünzen der Levante und noch bis weit ins 20. Jahrhundert hinein ein anerkanntes Zahlungsmittel in Teilen Afrikas und Asiens. Der Taler wurde noch lange nach dem Tod der Kaiserin unverändert für diesen Zweck geprägt."[14]

Auch die Geschichte der Deutschen Mark als Dezimalwährung ist auf vielen Münzen aufgebaut, denn bis zu ihrer Einführung im Jahr 1871 existierten sieben Münzsysteme mit 119 verschiedenen Münzarten – wie Taler, Gulden, Kreuzer, Groschen und Schilling.[15]

Mit zunehmender Handelstätigkeit nahm auch die Verwendung der Münzen zu: Große Mengen von Münzen wurden benötigt, Fälschungen stiegen an und ein bequemeres Zahlungsmittel, das v.a. leichter zu transportieren war, wurde gesucht: Das **Papiergeld** entstand. Die Hilfe kam aus China, da China das erste Land war, das Geld auf Papier druckte und in Umlauf brachte.[16]

1.1.3   Das Geld – Papiergeld

„In der westchinesischen Stadt Chengdu wurde Papiergeld bereits (konkret in 1024) in der frühen Nördlichen Song-Dynastie (960-1127) ausgegeben. Obwohl China das erste Land war, das Papiergeld verwendete, und das schon im 7. Jahrhundert Zeichen von Banknoten kannte, wurde es dort im 15. Jahrhundert wieder eingestellt, da der Kaiser mehr Geld drucken ließ, als an Deckung vorhanden war."[17]

In Europa konnte sich das Papiergeld als Banknote erst im 18. Jahrhundert u.a. durch den französischen Finanzminister John Law,[18] dem Gründer der Banque Royale, verbreiten. John Law, ein schottischer Ökonom (1671-1721), war davon überzeugt, dass Banknoten die Funktion von Gold und Silber als Geld übernehmen könnten.

---

[14] Deutsche Bundesbank: Was ist Geld? Warum gilt Geld? Begleittext zur Wechselausstellung „Das besondere Objekt", Geldmuseum der Deutschen Bundesbank, http://www.bundesbank.de/Navigation/DE/Bundesbank/Geldmuseum/Das_besondere_Objekt/das_besondere_objekt.html (Stand: 27.04.2014).

[15] Siehe dazu: Die Vereinheitlichung von Münzen, Maßen und Gewichten, http://www.dhm.de/lemo/html/kaiserreich/industrie/massegewichte/index.html (06.01.2014).

[16] Siehe dazu: Geschichte des Geldes. Woher stammt das Papiergeld? http://www.businessandmore.de/industrie/item/112-geschichte-des-geldes-woher-stammt-das-papiergeld?.html (06.01.2014).

[17] Siehe http://de.wikipedia.org/wiki/Banknote (22.07.2013).

[18] Siehe dazu auch Hanke, From John Law to John Maynard Keynes, in: http://www.cato.org/publications/commentary/john-law-john-maynard-keynes ? (06.01.2014).

Die Deckung des Geldes war durch Goldfunde der Mississippi Company in Louisiana gegeben bzw. vorgetäuscht: Anleger kauften die Aktien dieser Gesellschaft, die Erlöse wurden aber nicht für die Goldsuche, sondern nur für die Tilgung der Staatsschulden verwendet. Die Vorgangsweise von John Law kann auch als „frühes Ponzi-Schema"[19] bezeichnet werden – „Loch-auf-Loch-zu-Politik". Mit der Ausgabe neuer Wertpapiere (Aktien) bezahlte er die Dividenden der Altaktionäre. Der Fall Madoff aus dem Jahre 2008, der bis heute Gerichte beschäftigt, stellt auch ein Ponzi-Schema dar.

In Spanien waren allerdings bereits im 15. Jahrhundert Banknoten in Umlauf gewesen. Das erste europäische Papiergeld wurde 1483 in Spanien in Form von Papierzetteln mit Wertangabe und Siegel ausgegeben. 1609 gab auch die Bank von Amsterdam und 1661 die Privatbank in Stockholm Papiergeld aus. Es folgten Schweden, England und im Jahr 1720 Frankreich.

Der Begriff Tresorschein wurde von Preußen und Sachsen verwendet. Der in Österreich verwendete Begriff Bancozettel deutet darauf hin, dass man vertraute, den „Zettel" jederzeit bei einer Bank gegen Münzen tauschen zu können (siehe dazu auch später bei der Banknote).[20]

Geld ist ein wesentlicher Bestandteil der Wirtschaft und niemand kann sich die Welt ohne Geld im weitesten Sinn des Wortes – ob als Ware, als Münze oder als Banknote – vorstellen. Geld ist ein Tauschmittel und es ist eine Verrechnungseinheit, die auf Basis einer Berechnung der Verrechnung dient.

Geld ist quasi ein Uralt-Finanzinstrument, das damals allerdings anderen Regeln unterlag als jenen, die unsere „moderne" Bankwelt bestimmen – heute sind damit üblicherweise alle Regelwerke der Kreditwirtschaft gemeint.

Geld ist Kreditgeld. Kreditgeld ist nichts Neues, es ist wie das Warengeld: Es ist das, was als Verrechnung angeboten wird, ob Kaurimuscheln, Tabak, Silber, Gold etc. Die Formen des Kreditgeldes haben sich allerdings über die Jahrtausende geändert – von Darlehen und Schuldverschreibungen über Wechsel und Papiergeld bis hin zu dem, was heute als Kredit, Kreditkonto oder Girokonto bezeichnet wird.

Die Basis und die Kernaussagen waren und sind aber unverändert.

---

[19] Das Ponzi-Schema wird oft auch als Schneeballsystem bezeichnet. Siehe dazu u.a. http://www.sec.gov/answers/ponzi.htm (06.01.2014) oder http://www.investopedia.com/terms/p/ponzischeme.asp (06.01.2014).

[20] Siehe http://www.planet-wissen.de/wissen_interaktiv/html-versionen/geschichte_des_geldes/index.jsp (27.04.2014)

Die Erscheinungsformen des Geldes sind also vielfältig – als Ware, als Münze oder als Banknote. Doch wie sieht es mit dem **Wert des Geldes** aus, was bestimmt diesen Wert? Diese Frage haben sich die Menschen bereits seit der Antike gestellt. Der Wert des Geldes ist immer nur jener, der von einem Dritten geboten und gegeben wird – unabhängig davon, aus welchen Materialien, ob aus Metallen oder Papier, es besteht. Der Wert des Geldes ist jener, der den Wert von Gütern, die getauscht werden, vergleicht.

Eine Banknote zeigt dies sehr schön: Eine Banknote gilt als eine Urkunde, die als Zahlungsmittel dient und auf der ein Zahlungsversprechen geschrieben steht (im Englischen auch als *promissory note*[21] bezeichnet). *„In God we trust"* steht auf jedem Dollarschein – ein Ausdruck des Vertrauens?

„Die Geschichte der Bank of England zeigt, dass die Banknote ein unbefristeter Kredit ist, den die Bürger ihrem Staate gewähren. Jeder Geldschein verkörpert ein Zahlungsversprechen, das niemals eingelöst wird. Damit ähnelt die Banknote einem staatlichen Wechsel, der auf ewig zirkuliert – und tatsächlich waren die Wechsel die Vorläufer des Papiergeldes. Noch heute werden die englischen Pfundnoten von dem Spruch geziert *„I promise to pay the bearer in demand the sum of"*; und darüber schwebt der Kopf der Königin, sodass es eindeutig ist, wer dieses Zahlungsversprechen abgibt.[22]

Damals konnten die Besitzer einer Banknote noch darauf vertrauen, bei der Königin den Gegenwert in Goldmünzen verlangen zu können, denn man ging von einer Golddeckung aus.

Die Frage nach dem Wert des Geldes ist eine **Frage des Vertrauens** und nicht eine Frage des bestehenden Materials. Das Vertrauen liegt darin, dass der Ersteller der Banknote, unabhängig davon, ob es sich dabei um einen Kaiser oder einen Staat handelt, diesen Wert bei Aufforderung auch leistet. Wer immer dieses Geld (die Banknote) ausgegeben hat, er möge auch das Versprechen bei Einlösung erfüllen und zahlen. Eine Deckung – ob in Waren, Metallen, Silber oder Gold – muss immer gegeben sein.

Oft war aber genau dies das Problem: Gold oder Silber waren in Europa häufig nicht nur knapp, sondern gar nicht vorhanden. China, aber auch Länder wie Indien und Russland waren nur gewillt, die von den Europäern so sehr begehrten und gewünschten Produkte wie Seide, Porzellan, Tee und Gewürze zu liefern, wenn sie dafür Silber oder Gold bekamen.

---

[21] „Promissory note is a written promise committing the maker to pay to the payee a specified sum of money either on demand or at a fixed or determinable future date." Quelle: Downes/ Goodmann, Dictionary of Finance and Investment Terms.

[22] Herrmann, Der Sieg des Kapitals. Wie Reichtum in die Welt kam: Die Geschichte von Wachstum, Geld und Krisen, S. 114 ff.

Doch man war auch damals schon kreativ und nicht erst jetzt im 20. oder 21. Jahrhundert: Kredite, die vergeben wurden, wurden in Geld umgewandelt. So entstand der Wechsel, mit dem man bezahlen und so einen Zahlungsaufschub bzw. einen Kredit bekommen konnte. Und diesen Wechsel konnte man wiederum weitergeben, als Geld – eine Entwicklung, die sich über Jahrhunderte weiterentwickelte und gerade unter den Handelsvölkern, ob bei den Arabern, Indern oder Chinesen, war diese Zahlungsmodalität sehr beliebt. Bei den Händlern war auch das „Aufrechnen", d.h., das Saldieren von Forderungen und Verbindlichkeiten, üblich. Auf diese Art und Weise konnten bei den Messen oder auch auf den Handelsplätzen wie Amsterdam oder Brügge Käufe und Verkäufe gut abgewickelt werden.

Die vielen unterschiedlichen Münzen, die damals in Umlauf waren, führten in der Folge in Holland zur Gründung der Amsterdamer „Wisselbank", die als Vorläufer einer modernen Bank angesehen werden kann, um den Umlauf der Münzen zu strukturieren.

Der Wechsel als Zahlungsmittel, wie oben beschrieben, könnte als Vorläufer der Banknote angesehen werden.

Egal ob im 15. Jahrhundert in China oder im 21. Jahrhundert in Europa und Amerika, die Staaten können und dürfen nur so viele Banknoten ausgegeben, als sie auch das damit gegebenen Versprechen einlösen können.[23] Die Erfahrungen haben gezeigt, dass die Ausgabe von Banknoten zur Behebung von staatlichen Finanznöten nicht die Lösung ist.

Auch die Begebung von anderen „Zetteln", z.B. Schuldverschreibungen von Staaten,[24] kann – wie die jüngst Vergangenheit zeigt – die Krise nicht abwenden.

„Finanzkrisen können nur durch übermäßige Ausgaben ausgelöst werden, was in der Folge zur Verschlechterung des sozialen Klimas führt und zum Beispiel in China Mitte des 19. Jahrhunderts die Taiping Rebellion (1851-1864) auslöste."[25]

Und dies galt nicht nur damals in China, es ist auch heute ein Thema, bei dem es u. a. um Vertrauen, Finanzmarktstabilität und Inflation geht. Insbesondere das Vertrauen[26] ist seit der jüngsten Finanzmarktkrise und der Spekulationsblase schwer erschüttert.

---

[23] Zur Deckungspflicht siehe u.a. http://de.wikipedia.org/wiki/Banknote (22.07.2013).

[24] Siehe dazu auch Wohlschlägl-Aschberger, Praxiswissen Finanzinstrumente, S. 25-40.

[25] Fülling, China – der Osten mit Beijing und Shanghai, S. 173.

[26] Siehe dazu u.a.: Polleit, Gastbeitrag: Von Krise zu Krise, in: Handelsblatt, 26.07.2013, http://www.handelsblatt.com/meinung/gastbeitraege/gastbeitrag-von-krise-zu-krise/8553448.html (06.01.2014).

1.2 Spezielle Formen des Tauschhandels

1.2.1 Vom Barter-Trading zu Internetplattformen

Es wurde vom Tauschhandel gesprochen, bei dem Waren gegen Waren getauscht wurden bzw. von den unterschiedlichen Tauschzahlungsmitteln. Beim Tauschhandel zeigen sich in der Wirtschaftsgeschichte auch spezielle Formen des Handels, von denen nun einige dargestellt werden, die bis heute noch in der einen oder anderen Form vorzufinden sind.

Eine Form ist der **Barter**[27]-**Handel**: „Unter Barter versteht man verschiedene Formen von bargeldlosen Verrechnungssystemen bzw. komplementären Zahlungssystemen."[28] Der Barter-Handel ist in vielen Industrien in den USA, Europa und v.a. in Asien und Lateinamerika vertreten.

Eine Sonderform bzw. eine weitere Ausgestaltung des Barter-Handels stellt das **Corporate Trading**[29] dar. Corporate-Trading-Unternehmen (meist ein Pool von gewerblichen Anbietern) kaufen und verkaufen auf eigene Rechnung. Damit sind sie nicht nur Betreiber einer Handelsplattform bzw. einer Tauschbörse wie beim Barter-Handel, sondern übernehmen auch selbst die unternehmerischen Risiken. Sie unterstützen Kunden u.a. mit einem Pool an Waren und Dienstleistungen sowie bei spezifischen unternehmerischen Problemen, wie z.B. bei Cashflow- und Bilanz-Themen.

In vielen Bereichen – v.a. auch im Bereich des Rohstoffhandels (z.B. Stahl, Öl oder Zement) – kommen auch so genannte **Kompensationsgeschäfte** (Gegengeschäfte) vor: „Diese stellen einen Tausch von Ware gegen Ware auf der Basis eines Vertrages ohne Finanztransaktionen dar, wobei Weltmarktpreise als Anhaltspunkte dienen."[30]

Tauschbörsen kennt man auch im Internet: Über **Internetplattformen** werden Waren – wie beim Barter-Handel – unter den Benutzern (in den jeweiligen *communities*) getauscht.

---

[27] Barter: „Trade of goods or services without the use of money." Quelle: Downes/Goodman, Dictionary of Finance and Investment Terms.

[28] Siehe http://de.wikipedia.org/wiki/Tauschhandel (22.07.2013).

[29] Siehe auch http://de.wikipedia.org/wiki/Corporate_Trading (22.07.2013).

[30] Siehe http://wirtschaftslexikon.gabler.de/Definition/kompensationsgeschaeft.html (22.07.2013).

Immer häufiger wurden und werden Stimmen laut: „Warum kaufen, wenn man tauschen kann?"[31] Es haben sich einige **Barter-Clubs** etabliert, erfolgreich, so wird behauptet. Es gibt die „Wir-Bank", die in der Schweiz 1934 gegründet wurde, es gibt „Das Wunder von Wörgl" und die eingeführten Arbeitswertscheine.[32]

Ein neuer Begriff findet sich am Markt, die Idee dahinter ist jedoch schon alt, sie entstand bereits in der Zeit der Industriellen Revolution – die so genannte „*TimeBank*"[33] oder das „*time banking*".

Was bedeutet dieser Begriff und um welche Art der „Bank" handelt es sich dabei? **Time-Bank** basiert grundsätzlich auf der Idee, dass Geld nicht die einzige Währung ist, die man verwenden kann. Auch praktische Hilfe und die Erbringung von konkreten Unterstützungen werden oft benötigt bzw. in Anspruch genommen. Man bietet eine Hilfestellung an und erhält dafür ein Guthaben für eine andere Hilfestellung – somit wird die Zeit zur Währung.

Einige Institute in den USA, in Großbritannien und in Europa bieten diese Form der „Zeit als Währung" im Sinne des gegenseitigen Unterstützens bereits an.[34]

Dem Tauschhandel und seinen spezifischen Formen sind keine Grenzen gesetzt.

1.2.2   Geld, Chips oder Hawala

„*Money makes the world go round*" ist eine Sentenz, die schon seit dem Musical Cabaret bekannt ist. Aber geht die „Liebe zum Geld" nicht doch noch viel weiter zurück?

„Schon die antiken Römer liebten das Geld […]: Es gab Banken, die Geldeinlagen annahmen, Hypothekarkredite gewährten und Zinsen berechneten. Selbst der bargeldlose Zahlungsverkehr war bekannt. Bereits im dritten Jahrhundert vor Chr. wurde im ptolemäischen Ägypten mit Überweisungen gezahlt."[35] Und diese Zahlungsmethode wurde

---

[31] Siehe u. a. Gezer, Online Handel ohne Geld: Tausch Massage gegen Übernachtung, in: Spiegel Online, 05.01.2013, http://www.spiegel.de/wirtschaft/unternehmen/tauschboersen-wie-diensttausch-com-bieten-onlinehandel-ohne-geld-a-874071.html (06.01.2014).

[32] Siehe http://www.zeit.de/2010/52/Woergl, http://www.wienerzeitung.at/nachrichten/archiv/95106_Das-Experiment-von-Woergl.html, http://www.neuesgeld.com (06.01.2014).

[33] Siehe http://e-flux.com/timebank/about/ (19.01.2015).

[34] Siehe http://www.timebanking.org.uk/how_time_banking_works.asp oder https://www.erste-time-bank.org/de/about-erste-time-bank (19.01.2015).

[35] Herrmann, Der Sieg des Kapitals. Wie Reichtum in die Welt kam: Die Geschichte von Wachstum, Geld und Krisen, S. 21 ff.

von anderen Völkern weiterentwickelt. Von der Kaurimuschel über Münzen und Papiergeld bis hin zum **E-Geld**[36] und zum virtuellen (Spiel-)Geld wie dem **Bitcoin**.

E-Geld ist elektronisches Geld, bekannt als „Chip oder Magnetstreifen", auf dem das Geld gespeichert und dann als Bezahlung verwendet werden kann.

Oft wird das E-Geld-Zahlungsverfahren[37] auch als **Elektronische Geldbörse** bezeichnet, da der Nutzer – ob nun mit Chip oder Magnetstreifen – relativ kleine Mengen an (E-)Geld zur Verfügung (aufgeladen) hat, um damit Kleinbeträge zu bezahlen. Diese Methode eignet sich u.a. auch sehr gut bei Onlinekäufen oder auch bei Mobiltelefonen (auch *mobile banking*, *mbanking*).[38] Sie ist schnell, einfach und effizient und wird daher immer häufiger genutzt.

Bitcoins, eine Digitalwährung, wird oft als privates Geld bezeichnet.[39] Das Volumen wird größer, die kritischen Stimmen weltweit lauter. Sogar Alibaba, Chinas größtes E-Commerce-Unternehmen, verbot Bitcoins auf seiner Website.[40]

Bitcoins aber sind nach der E-Geld-Richtlinie kein elektronisches Geld, da der monetäre (Gegen-)Wert nicht „in Form einer Forderung gegen die ausgebende Stelle" besteht, sondern sich in erster Linie auf das Vertrauen der Händler und die ausgehandelten Wechselkurse stützt. Eine zentrale Stelle, die die Währung ausgibt, wie z.B. eine Notenbank, existiert am Markt der Bitcoins nicht.

Ist diese Entwicklung der Aufstieg und die Zukunft des Geldes? Ist diese Entwicklung eine Selbstverständlichkeit oder entwickelt sich dadurch eine virtuelle Welt ohne jeglichen Bezug zur Realwirtschaft?

Menschen, Zivilisation und Geld bzw. das Geldwesen sind eng miteinander verknüpft, dies kann und wird sich wohl auch nicht ändern. Die Evolution des Geldes wird sich fortsetzen, denn ohne Geld funktioniert die Wirtschaft nicht. Erst die Münzen und die Banknoten ermöglichen die Marktwirtschaft.

---

[36] Siehe http://ec.europa.eu/finance/payments/framework/index_en.htm (23.01.2015).

[37] E-Geld-Institute oder Zahlungsdienste-Anbieter unterliegen, wie auch die Banken, einem Regelwerk, u.a. der Richtlinie 2009/110/EG des Europäischen Parlaments und des Rates vom 16.09.2009 über die Aufnahme, Ausübung und Beaufsichtigung der Tätigkeit von E-Geld-Instituten, in Kraft seit 2011.

[38] Diese Dienstleistung wird von vielen Banken angeboten.

[39] Siehe u.a.: Virtuelle Währung: Finanzministerium bezeichnet Bitcoins als „privates Geld", in: Spiegel Online, 17.08.2013, http://www.spiegel.de/netzwelt/netzpolitik/finanzministerium-erkennt-bitcoins-als-zahlungsmittel-an-a-917151.html (23.01.2015).

[40] Siehe u.a.: The Economist, 11.01.2014, S. 6.

Doch ist der Chip, die Internetplattform oder der Bankomat gleichzusetzen mit „der Bank"? Ist dies das Bankgeschäft? Und was mag noch kommen? Wie geht die Entwicklung weiter?

Interessant ist z.B. auch die Entwicklung in Afrika, wie das folgende Beispiel aus Uganda zeigt: „Irene hört ihren Prediger über Telefon, Martin Musik und Joseph schickt sein Erspartes an die Familie im Norden des Landes per Handy. […] Im Durchschnitt besitzt jeder zweite Afrikaner ein Handy. […] **Mobile Money** ist der Renner […]. Die breite Bevölkerung Ugandas wie jene der meisten afrikanischen Staaten besitzt kein Bankkonto, in Uganda haben gut elf Prozent der – meist städtischen – Einwohner ein Konto bei einer der 23 Banken. Die anderen über 85 Prozent wickeln jede Transaktion cash oder über die Post ab. Seit fünf Jahren ermöglicht nun die elektronische Geldbörse Überweisungen zu geringen Tarifen über das Telefon und stellt den Anschluss an die Bankenwelt dar. […]".[41]

Und eventuell ist auch die Frage zu stellen, wie viel Bank benötigt die Wirtschaft[42] und in welcher Form braucht sie das Bankgeschäft?

Was jedoch unverändert bleibt, sind die Frage des Wertes und die Frage des Vertrauens![43] Denn das Bankgeschäft basiert auf Vertrauen – und dies ist wiederum nichts Neues!

An der Wende vom 19. zum 20. Jahrhundert nahm die Industrialisierung immer mehr zu und an jener zum 21. Jahrhundert führten die rasanten technischen Fortschritte, v.a. auf dem Gebiet der Kommunikations- und Transporttechnologien (**Digitale Revolution**), auch zu einer immer umfassenderen **Globalisierung**.[44] Erhöhte Mobilität und Flexibilität von Menschen, von Unternehmen und natürlich auch von Finanzprodukten und geldwerten Einheiten, wie immer sie heißen mögen, prägen das Wirtschaftsleben.

---

[41] Navara, Was macht Mr. Lin in Afrika? S. 129 ff.

[42] Siehe dazu auch: Fricke, Wie viel Bank braucht der Mensch? Raus aus der verrückten Finanzwelt.

[43] Siehe dazu u.a. Frühauf/Mussler, Bankenregulierung: Vertrauen in Banken schaffen, aber wie?, in: FAZ.net, 12.09.2013, http://www.faz.net/aktuell/finanzen/strategie-trends/bankenregulierung-vertrauen-in-banken-schaffen-aber-wie-12569331.html (30.12.2014).

[44] Zum Thema Globalisierung und zur Behandlung der Frage, ob der Begriff und das Thema neu sind, siehe: Herrmann, Der Sieg des Kapitals. Wie Reichtum in die Welt kam: Die Geschichte von Wachstum, Geld und Krisen, S. 97 ff.

„Die Beschleunigung des Tempos erklärt Weber (Max Weber, 1864-1920, einer der großen deutschen Soziologen) durch die zeitliche Logik der ökonomischen Investition, die sich im weltweiten Kapitalismus radikal verselbstständigt. Jede Rendite ist zu Geld gewordene Zeit."[45]

„Die heutige Finanzwelt ist das Ergebnis einer viertausendjährigen Evolution der Wirtschaft. Geld – die materialisierte Beziehung zwischen Schuldner und Gläubiger – brachte Banken hervor. Verrechnungsstellen für immer umfangreicheres Leihen und Verleihen."[46]

Der Begriff Tresor, der in der Finanzwelt auch verwendet wird, leitet sich aus dem griechischen Wort *thesauros* ab, es wurde für Schatzhaus, Opfertisch oder Sparbuch verwendet. Im Englischen lautet der Begriff *treasury*, der ebenfalls für Schatz steht. In Großbritannien ist unter HM Treasury[47] das Finanzministerium, der Schatzmeister des Königreichs, zu verstehen. Bei Banken bezeichnet der Begriff Treasury oft den Wertpapier- und Devisenhandel – das Herzstück einer Bank.

Der lateinische Begriff *argentum* steht für Silber bzw. Geld und wurde schon im Römischen Reich verwendet, und zwar gab es damals die *argentarii*, die verschiedene Bankgeschäfte wie die Aufbewahrung von Wertgegenständen – heute würde dies unter Depot- oder Safe-Verwahrung fallen –, die Kreditvergabe oder auch den Münztausch durchführten.

Banken sind – national oder international betrachtet – ein wesentlicher Bestandteil von Volkswirtschaften – Volkswirtschaften, die im „Zeitalter des rasenden Tempos" eine Zunahme der Globalisierung verursacht und mitgetragen haben, eine Globalisierung, die auch deutlich macht, dass ein Einzelner – und somit auch eine einzelne Bank – nicht auf der „Insel der Glückseligen" leben kann, losgelöst von den weltweiten Ereignissen.

Märkte und Volkswirtschaften ändern sich laufend. So gibt es zwar auch heute noch Regionen oder Länder, die „noch weit entfernt von einer Bankenlandschaft" sind, sich aber mit riesigen Schritten von einer ausgeprägten *cash society* in eine „moderne" Wirtschaft mit allen IT-Instrumenten entwickeln. Anhand des Beispiels Myanmar, früher Burma genannt, lässt sich dies deutlich zeigen.

---

[45] Obrecht, Zeitreichtum – Zeitarmut: Von der Ordnung der Sterblichkeit zum Mythos der Machbarkeit, S. 124.

[46] Ferguson, Der Aufstieg des Geldes, S. 303. Siehe auch Wohlschlägl-Aschberger, Praxiswissen Finanzinstrumente.

[47] Steht für Her Majesty Treasury.

„Der Wandel in Burma hält mit Siebenmeilenstiefeln Einzug. Das führt auch zu einer Revolution im Zahlungsverkehr. Kreditkartenfirmen erobern die gerade in Öffnung befindliche Volkswirtschaft im Sturm. Vor einem Jahr gab es in Myanmar keinen einzigen Geldautomaten. Kein einziges Restaurant oder Hotel war in der Lage, die Karten zu akzeptieren, mit denen Ausländer in dem sich gerade öffnenden Land so gerne gezahlt hätten. Jeder musste harte Dollar mit sich bringen, um alles und jeden in bar bezahlen zu können."[48] Kredit- und Debitkarten-Lesegeräte werden installiert, mehr als 400 Bankomatgeräte sind aufgestellt und alle führenden Kreditkartenunternehmen versuchen, Fuß zu fassen und Verträge mit Banken, Hotels, Restaurants und Händlern abzuschließen. Dies ist ein Prozess, der nicht mehr aufzuhalten ist. Der Konkurrenzkampf ist voll im Gange, und zwar nicht nur gegen das Bargeld, sondern auch zwischen US-amerikanischen, europäischen, chinesischen oder thailändischen Anbietern, denn jeder will mitverdienen, jeder will dabei sein und wenn es sein muss, auch mit „Dumpingpreisen".

Was wird dies für Folgen haben, was wird die Entwicklung mit sich bringen? Wieder „neuere" Zahlungsmethoden?

Im Gegensatz zu den so genannten „modernen und coolen" Zahlungsmethoden, die wir schon kennen wie Internet Banking, E-Geld, Mobile Money oder Bitcoins und solchen, die wir sicher noch bekommen werden, ist es noch nötig, zu **Hawala** ein paar Ausführungen zu ergänzen.

Das Hawala-System kann auch als „Geld von Mensch zu Mensch"[49] bezeichnet werden. Das System kommt aus der muslimischen Welt, findet sich aber weltweit und heißt z.B. in Asien entweder *fei chien*, *chop*, *flying money* – so wird es in China bis heute genannt – oder auch *hundi*, um nur einige Begriffe zu nennen.

Es ist ein System ohne Banken. Es ist ein System, das es bspw. Migranten ermöglicht, Gelder an ihre Familien in der Heimat zu schicken, auch wenn diese keine Konten haben. Es geht schnell und basiert auf Bargeld und auf Vertrauen – bares Vertrauen. Nachweise darüber gibt es keine. Man vertraut auf die involvierten Personen, Freunde, Familien-

---

[48] Myanmar: Der Krieg gegen das Bargeld beginnt …, in: Format.at, 23.10.2013, http://www.format.at/service/die-redaktion-empfiehlt/myanmar-der-krieg-bargeld-368340 (30.12.2014).

[49] Stahnke, Hawala-Finanzsystem: Geld von Mensch zu Mensch, in: FAZ.net, 11.08.2009, http://www.faz.net/aktuell/finanzen/fonds-mehr/hawala-finanzsystem-geld-von-mensch-zu-mensch-1575427.html (30.12.2014).

mitglieder oder Geschäftspartner. Es wird über Reisebüros, Gemüseläden oder auch an der Tankstelle abgewickelt. Es geht schnell und unbürokratisch – das ist gut, kann aber auch Tür und Tor für das „Durchschleusen" von illegalen Geldern öffnen.[50]

Ein anderer Begriff, der dafür verwendet wird, ist *money remittance* oder Zahlungs-Finanztransfer.[51] Das System, das von internationalen und nationalen Anbietern durchgeführt wird, ist im Prinzip dasselbe wie das Hawala-System, nur mit dem Unterschied, dass es über Banksysteme abgewickelt wird, dass die involvierten Personen, d.h. der Sender und der Empfänger, sich auch identifizieren und die Herkunft des Geldes nachweisen müssen und dass der Überweisung eine Referenznummer zugewiesen wird.

Nach den einleitenden Ausführungen zu Geld und den verschiedenen Ausgestaltungen und Entwicklungen wird nun beschrieben und erklärt, wie das Bankgeschäft funktioniert, wie das Zusammenwirken von Angebot und Nachfrage abläuft und wie Reaktionen auf Marktentwicklungen, auf Konkurrenzdruck, auf Gerüchte oder internationale politische Ereignisse Einfluss auf das Bankgeschäft – einer einzelnen Bank oder aller Banken im Gesamten – nehmen können bzw. müssen.

1.3 Vom Einlagen- und Kreditgeschäft zum Investmentbanking

Die Wirtschafts- und Bankengeschichte zeigt weltweit, dass sich die Art des Bankgeschäfts laufend ändert. Marktgegebenheiten, neue Technologien wie das Internet-Banking oder das E-Geld, aber auch Krisensituationen, wie Wirtschaftskrisen in unterschiedlichen Ausgestaltungen und Regionen, oder Ereignisse und ihre Folgen, wie z.B. die Terroranschläge in New York vom 11. September 2001, haben Einfluss auf die Bankgeschäfte, die sich den Gegebenheiten ständig anpassen bzw. anpassen müssen.

Eines ist aber immer gleich – mit Bankgeschäften muss Geld verdient werden, nicht nur für die Kunden, die sich das erwarten („hohe Veranlagungszinsen und tiefe Kreditzinsen"), sondern auch für die Bank selbst. Letzteres ist nötig, damit die bankgeschäftliche Abwicklung unter den gegebenen und laufend zunehmenden rechtlichen, aufsichtsrechtlichen und risikotechnischen Aspekten bestmöglich durchgeführt und garantiert werden kann und nicht „nur" dafür – wie oft in Medien kolportiert –, um Boni an die Führungskräfte auszuzahlen.

---

[50] In diesem System gibt es jede nur erdenkliche Form von Geldwäschehandlungen und auch von Terrorfinanzierungen.

[51] Bekannte und weltweit tätige Unternehmen sind Western Union und MoneyGram.

Geld sollte arbeiten, und unabhängig davon, wer das Geld hat: Natürliche Personen oder Unternehmen, die Geld erwirtschaftet haben, werden dieses entweder ausgeben oder, wenn es nicht unmittelbar gebraucht oder ausgegeben wird, für eine spätere Ausgabe bzw. Verwendung ansparen oder veranlagen. Diese Veranlagung erfolgt über eine Bank: Für die Bank sind diese, von Kunden (Sparkunden) getätigten Einlagen, das **Einlagengeschäft**.

Das Geld, das in der Bank liegt, arbeitet auch: Die Bank wird mit den Einlagen von Kunden (Sparkunden) Kredite, Darlehen oder Finanzierungen im weitesten Sinn an andere Kunden (Kreditkunden) gewähren. Natürliche Personen und Unternehmen, die Anschaffungen oder Investitionen tätigen wollen, können diese oftmals nicht zur Gänze aus eigenen (verfügbaren) Mitteln (Geldern) zahlen bzw. finanzieren. Durch die Aufnahme von Krediten, Darlehen oder durch andere Finanzierungsformen können Investitionen z. T. fremdfinanziert werden. Eine Fremdfinanzierung ist eine Finanzierung über einen Dritten, im Gegensatz zur Eigenfinanzierung, die aus den eigenen Mitteln, den Eigenmitteln, erfolgt.

Die Entgegennahme von **Spareinlagen** (**Primäreinlagen**) und die **Kreditvergabe** bilden die klassische Geschäftsgrundlage einer Bank und deren (Kern-)Geschäftsfeld.

Die Bank bietet für die Einlage nicht nur die bekannten Sparkonten oder Sparbücher, sondern auch andere Formen der Veranlagung an, z. B. kurzfristige Festgeld-Veranlagungen oder Veranlagungen in anderen Finanzinstrumenten.[52] Außerdem bietet sie i. d. R. bei den anderen Vermögenswerten, wie Finanzinstrumenten oder Wertpapieren, sowohl deren Verwaltung (Vermögensverwaltung) als auch deren sichere Verwahrung und Abwicklung an. Die beiden letztgenannten Tätigkeiten fallen unter den Begriff **Wertpapier- oder Depotverwahrung** oder **Depotverwaltung** oder **Wertpapier-Settlement**.[53]

Die **Vermögensverwaltung** ist ein weiterer Geschäftsbereich einer Bank, der stark mit dem Handel in Wertpapieren sowie mit der Unterstützung der Kunden/Unternehmen bei der Kapitalaufnahmen,[54] insbesondere durch einen Börsengang (*public offering*) oder auch durch eine Privatplatzierung (*private placement*) verknüpft ist.

Die Banken, die diese Geschäftstätigkeit ausüben, werden Investmentbanken (*investment banks*) genannt, im Gegensatz zu den Geschäftsbanken (*commercial banks*), die ihr Kerngeschäft im Einlagen- und Kreditbereich haben.

---

[52] Siehe dazu Wohlschlägl-Aschberger, Praxiswissen Finanzinstrumente.
[53] Siehe Wohlschlägl-Aschberger, Praxiswissen Finanzinstrumente.
[54] Siehe dazu auch Wohlschlägl-Aschberger, Praxiswissen Finanzinstrumente.

Auch **Investmentbanken**[55] lassen das Geld arbeiten: Sie sind im Handel mit Wertpapieren[56] tätig und unterstützen mit dem Handel an den internationalen Finanzmärkten auch die Kunden. Ihr Tätigkeitsbereich umfasst sowohl die Kundenberatung (für Veranlagungen), die Vermittlung bzw. Auftragsausführung von Finanzinstrumenten als auch die Vermögens-(Portfolio-)verwaltung für die Kunden. Außerdem unterstützen sie, wie bereits erwähnt, die Kunden bzw. Unternehmen bei Kapitalaufnahmen. In all diesen Fällen treten sie am Kapitalmarkt – sei es am Primär- oder am Sekundärmarkt – auf, und zwar entweder im eignen Namen und auf eigene Rechnung (Eigenhandel) oder auch auf Rechnung des Kunden (Kundenhandel).

Investmentbanken waren in den letzten Jahren immer wieder mit Negativschlagzeilen in den Medien – eine Entwicklung, die zeigt, dass das Funktionieren des Bankgeschäftes oftmals nicht verstanden bzw. sehr einseitig gesehen oder beurteilt wird, denn von einzelnen Transaktionen und meist sehr komplexen Deals (so werden solche Transaktionen gerne bezeichnet) sollte nicht auf die Gesamtheit des Geschäftsbereichs und die Finanzindustrie im Allgemeinen geschlossen werden.

Die Geschichte der Investmentbanken zeigt, dass diese schon einige Änderungen erlebt und sicher noch einige weitere vor sich haben.

Der Ursprung der Investmentbanken findet sich in den USA und geht zurück auf den Glass-Steagall Act 1932 und den Banking Act of 1933, die beide als Resultat der Wirtschaftskrise und der großen Depression 1929 zu sehen sind. Zielsetzung war damals, die Banken, die während der damaligen Bankenkrise sehr hohe Verluste sowohl auf der Wertpapierseite durch Kursstürze an den Börsen als auch auf der Kreditseite durch Kreditausfälle erlitten hatten, vor ähnlichen Vorfällen zukünftig zu schützen. Zu diesem Zweck wurde die Vernetzung zwischen dem Investment- und dem Commercial-Banking innerhalb einer Bank verboten und die beiden Geschäftsbereiche getrennt. Daher kommt auch der Begriff **Trennbankensystem**, der das Einlagen- und Kreditgeschäft vom Wertpapiergeschäft trennt.

Marktänderungen in den USA führten in den Jahren danach, den Jahren des Booms und der Globalisierung, zu verschiedenen Gesetzesänderungen, die den US-amerikanischen Geschäftsbanken mehr Möglichkeiten am globalen Finanzmarkt mit seinem erhöhten

---

[55] Siehe http://de.wikipedia.org/wiki/Investmentbank (19.09.2013).
[56] Auch der Handel in Devisen sei hierzu vollständigkeitshalber erwähnt.

Konkurrenzdruck bieten sollten und 1999 schließlich zur Aufhebung des Glass-Steagall Act[57] durch den Gramm-Leach-Bliley-Act führten.

Im Zuge der Wirtschaftskrise 2008[58] – also knappe zehn Jahre nach der Öffnung des Trennbankensystems, das von manchen für die Krise und die Insolvenz der US-amerikanischen Investmentbank Lehman Brothers verantwortlich gemacht wird – wurden US-Investmentbanken wiederum gezwungen, ihre Tätigkeit zu ändern und sich in Geschäftsbanken zu verwandeln.

Nun so einfach kann man es sich meines Erachtens eigentlich nicht machen und so einfach geht es auch nicht. Es zeigt jedoch, wie sich einzelne, wenn auch oftmals folgeschwere Ereignisse auf das Bankgeschäft auswirken können.

Die Diskussion[59] über Trennbankensystem versus **Universalbankensystem** wird noch länger andauern bzw. immer wieder aufbrechen – und zwar weltweit. Das Universalbankensystem bietet für den Kunden umfangreiche Serviceleistungen an; dies ist aus Kundensicht ein Vorteil, aus Banksicht kann es jedoch auch als Nachteil gesehen werden, da es u.U. auch Serviceleistungen gibt, die sich für die Bank nicht rechnen, d.h. die nicht profitabel sind. Auch Interessenkonflikte können bei diesem System mitunter stärker auftreten, bspw. beim Thema Wertpapiertransaktionen für den Kunden. Diese sind möglicherweise eher im Interesse des Handels der Bank als im Interesse des Kunden.[60]

Im nächsten Kapiteln werden die Bankgeschäfte im Detail dargestellt und beschrieben sowie die Zusammenhänge der einzelnen Geschäftssparten erklärt, um zu zeigen, dass nicht immer nur jede Art des Bankgeschäftes *per se* und für sich alleine betrachtet und beurteilt werden darf – ein Fehler, der immer wieder gemacht wird, oder ein Missverständnis, das selten aufgeklärt wird.

---

[57] Siehe dazu: Wiebe, Obamas Vorbild: Glass-Steagall Act von 1933, in: Handelsblatt, 21.10.2010. Deutscher Bundestag, Aktueller Begriff. Der Glass Steagall Act und die Bankenregulierung, in: Wissenschaftliche Dienste, Nr. 5/10, 04.02.2010, https://www.bundestag.de/blob/191032/99dcf3bbf89e3de31679202c7f291c6d/glass-steagall-act-data.pdf (12.02.2015).

[58] Auf die Vielfalt der Themen dazu wird hier nicht eingegangen.

[59] Siehe dazu: Frühauf, Trennbanken: Kapitalisieren statt spalten, in: FAZ.net, 08.02.2013, http://www.faz.net/aktuell/wirtschaft/wirtschaftspolitik/trennbanken-kapitalisieren-statt-spalten-12055086.html (25.01.2015).

[60] Siehe auch MiFID.

2 Bank, Privatbankier und Kreditinstitut – einige Begriffe

2.1 Vom Geldwechsler zur Bank

Die ersten Fragen, die sich stellen, sind: Was ist eine Bank oder was ist ein Kreditinstitut? Woher kommen diese beiden gängigen und oft wechselseitig verwendeten Begriffe und sind sie auch synonym zu verwenden?

Im Rahmen der Globalisierung und Internationalisierung darf auch nicht außer Acht gelassen werden, ob die Begriffe in allen (Welt-)Kulturen mit ihren unterschiedlichen Rechts- und Wirtschaftsgeschichten einheitlich und vergleichbar zu verstehen sind.

Die Bezeichnung **Bank**[61] kommt vom italienischen Wort *banco* oder *banca*. Der Begriff *banco* wurde für den Tisch des **Geldwechslers**[62] verwendet – ein sehr wichtiger kaufmännischer Beruf, dessen Entstehung auf das Mittelalter, dem Aufkommen von Münzen und deren Blütezeit zurückgeht. Heute sprechen wir nicht mehr von einem Geldwechsler, sondern von Wechselstuben (man findet diese v.a. in Flughäfen und Bahnhöfen) und zunehmend v.a. von Geldwechselautomaten (Automaten, die v.a. in Flughäfen und Bahnhöfen rund um die Uhr geöffnet sind und von Banken betrieben werden), bei denen Kunden innerhalb einer Währung oder auch mit/in mehreren Währungen Geld wechseln bzw. tauschen können.

Im Allgemeinen geht man davon aus, dass in dieser Tätigkeit des Geldwechselns der Ursprung der modernen Bank liegt.

Als ein Beispiel kann die Errichtung der Amsterdamer „Wisselbank", auch bekannt als die Amsterdamer Wechselbank,[63] im Jahre 1609 angeführt werden, die einen Einschnitt in das Geschäft der Geldwechsler darstellte, da sie für Einzahlungen von Münzsorten von unterschiedlichen Ländern einen Gulden als feste Größe (quasi als Referenzgröße) anbot und die Einlage als Bankgulden gutschrieb. Sie eröffnete somit den Beginn der bargeldlosen Zahlungen und legte so die Basis für den bargeldlosen Zahlungsverkehr, der bis *dato* unser Wirtschaftsleben prägt. Sie war zwar keine Bank im heutigen Sinn, da sie noch keine Kredite vergeben durfte, aber doch ein wichtiger Teilnehmer für das Handelsgeschäft.

---

[61] Siehe http://de.wikipedia.org/wiki/Bank (07.09.2013).

[62] Siehe http://de.wikipedia.org/wiki/Geldwechsler (07.09.2013).

[63] Siehe http://de.wikipedia.org/wiki/Amsterdamer_Wechselbank (07.09.2013).

© Springer Fachmedien Wiesbaden GmbH, ein Teil von Springer Nature 2019
D. Wohlschlägl-Aschberger, *Bankgeschäft und Finanzmarkt*, Edition Frankfurt School,
https://doi.org/10.1007/978-3-658-23795-0_2

Diese Bank musste – wie so manch andere danach und bis zum heutigen Tag – 1820 geschlossen werden: 1794 erschütterte ein Skandal die Amsterdamer Wechselbank, als bekannt wurde, dass sie Millionen von Gulden illegaler Blankokredite an die Niederländische Ostindien Kompagnie[64] ausgegeben hatte – ein Skandal, der durchaus mit jenen der letzten Jahre vergleichbar ist – auch bei Skandalen gilt der Grundsatz: „alles schon einmal da gewesen".

Diese Bank war auch Vorbild für die Hamburger Bank,[65] deren Problem ebenfalls ungedeckte Kredite waren und die in der Folge 1875 geschlossen wurde.

Auch der nachfolgende Fall der Gründung und des Niedergangs einer Bank ist interessant und vieles von damals gilt auch heute noch: Die Spitzedersche Privatbank,[66] die 1870 gegründet wurde, versprach jedermann hohe Zinsen. Adele Spitzeder, vom Beruf Schauspielerin, war sehr überzeugend und man vertraute ihr. Sie galt lange als Geheimtipp – das änderte sich, als sie die Einlagen nicht zurückzahlen konnte: Sie hatte ein Schneeballsystem entwickelt ohne Buchführung und Kontrolle.

Ein weiteres Beispiel zeigt, dass sich Geldwechsler auch zu **Bankiers** entwickeln konnten: das Haus Rothschild: Der Stammvater einer großen Bankiersdynastie war Mayer Amschel Rothschild,[67] der in der Frankfurter Judengasse Umsätze mit einem Kleinwarenhandel, und zwar vorwiegend mit Textilien, erzielte, sich aber auch gleichzeitig als Geldwechsler betätigte und in der Folge 1766 das Bankhaus Rothschild gründete.

Ein ebenso bekanntes Beispiel ist die in Hamburg 1798 gegründete M. M. Warburg & CO KGaA,[68] die zu den großen Privatbanken Deutschlands zählte, auch in der Schweiz und Luxemburg vertreten war, deren Wurzeln aber ebenfalls auf die Geldwechslertätigkeit zurückgingen.

In Deutschland gehen die Anfänge des Bankiersgewerbes schon auf die Augsburger und Nürnberger Handelshäuser der Fugger und Welser im 15. Jahrhundert zurück, die zusätzlich zum Handelsgeschäft das Geldwechseln und das Kreditgewähren anboten. Beide gehörten damals zu den Hauptfinanciers von Kaiser Karl V.[69]

---

[64] Siehe http://de.wikipedia.org/wiki/Niederländische_Ostindien-Kompanie (07.09.2013).

[65] Siehe http://de.wikipedia.org/wiki/Hamburger_Bank (19.01.2014).

[66] Siehe dazu u.a.: Braunberger, Adele Spitzeder: Die Schauspielerin, die sich als Bankerin versuchte, Serie Finanzskandale (19), in: FAZ.net, 06.06.2009, http://www.faz.net/aktuell/finanzen/finanzskandale/serie-finanzskandale-19-adele-spitzeder-die-schauspielerin-die-sich-als-bankerin-versuchte-1817984.html (25.01.2015).

[67] Siehe http://de.wikipedia.org/wiki/Mayer_Amschel_Rothschild (07.09.2013).

[68] Siehe http://de.wikipedia.org/wiki/M.M.Warburg_%26_CO (07.09.2013).

[69] Siehe http://de.wikipedia.org/wiki/Welser (03.11.2013).

Der Begriff **Privatbankier**[70] stammt vom französischen *banquier* und wurde auch für den Begriff des Geldwechslers verwendet. Heute kommt er teilweise auch im deutschsprachigen Raum noch vor.[71] Der Privatbankier stellt die älteste Unternehmensform im Bankwesen dar, sie reicht bis ins 13. Jahrhundert zurück, als Florenz zu einer Handelsmacht aufstieg. Als Vorläufer der heutigen Privatbankiers gilt Vierei di Cambio de' Medici,[72] der zwischen 1348 und 1392 ein weit verzweigtes Bankhaus errichtete.

Eine **Bank**,[73] oft auch als Kreditinstitut bezeichnet, erbringt gegen Entgelt[74] Dienstleistungen[75] für Kunden. Diese umfassen u. a. den Zahlungsverkehr, das Einlagen- und Kreditgeschäft, den Handel mit Wertpapieren (inkl. Derivate)[76] und deren Verwahrung (inkl. Depotgeschäft) sowie den Handel mit Devisen. Ferner zählen Emissionstätigkeiten und Vermögensverwaltung zum Dienstleistungsspektrum einer Bank.

Ein **Kreditinstitut**,[77] manchmal auch Geldinstitut genannt, ist eine Bank, d. h. ein Unternehmen, das Bankdienstleistungen gewerbsmäßig erbringt. Die beiden Begriffe werden oftmals gleichgesetzt, wobei das Kreditinstitut als Überbegriff gesehen werden kann – z. B. für Banken und Sparkassen.

Die Regelwerke und die Grundsätze für das Tätigwerden von Banken oder Kreditinstituten, Privatbankiers oder Finanz- und Dienstleistungsinstituten werden in den nationalen Gesetzen der Staaten verankert. Diese beruhen in den Mitgliedstaaten der EU auf EU-Normen.[78]

In Deutschland ist dies das KWG,[79] in dem die Institute als Kreditinstitute bezeichnet und deren Tätigkeiten[80] beschrieben werden.

---

[70] Siehe http://de.wikipedia.org/wiki/Privatbankier (07.09.2013).

[71] Auf rechtliche Aspekte wird nachstehend eingegangen.

[72] Siehe http://de.wikipedia.org/wiki/Medici (07.09.2013).

[73] Siehe http://de.wikipedia.org/wiki/Bank (07.09.2013).

[74] Über Kosten und Spesen etc. wird bei den einzelnen Tätigkeiten allgemein eingegangen werden.

[75] Sie werden nachstehend ausführlich erläutert.

[76] Siehe auch Wohlschlägl-Aschberger, Praxiswissen Finanzinstrumente, S. 57-98.

[77] Siehe http://de.wikipedia.org/wiki/Kreditinstitut (07.09.2013).

[78] Z.B. die jeweils neu gefassten Bankenrichtlinien. Auf die EU-Richtlinien wird im Detail nicht gesondert eingegangen. Siehe dazu u. a. die Homepage der EBA: http://www.eba.europa.eu/risk-analysis-and-data/credit-institutions-register (12.02.2015).

[79] Zur Geschichte des KWG siehe auch: Keilhammer, Kreditwesengesetz, in: Thöne (Hg.), Praxiswissen Bankrecht, S. 12 ff.

[80] § 1 Abs. 1 KWG.

In Österreich findet sich im alten KWG aus dem Jahre 1979 in der Fassung der Novelle 1986 der Begriff Bank, im heute gültigen BWG aus dem Jahre 1994 wird jedoch der Begriff Kreditinstitut verwendet. Die sprachliche Änderung ist u. a. auf die Terminologie der EU-Gesetzgebung zurückzuführen. Ebenso wie in Deutschland sind in diesem Gesetz[81] auch die Tätigkeiten eines Kreditinstitutes beschrieben.

In der Schweiz werden Banken, Privatbankiers und Sparkassen gemeinsam als Banken bezeichnet.[82]

In angelsächsischen Ländern finden sich die Begriffe *credit institution* und *bank*.[83] Eine *credit institution* wird oft definiert als *bank;* und eine *bank* als *„an officially chartered institution empowered to receive deposits, make loans, and provide checking and savings account services, all at a profit.“*[84]

Häufig wird der Begriff Kreditinstitut mit der Tätigkeit der Kreditvergabe, aber nicht mit anderen Tätigkeiten einer Bank in Verbindung gebracht. Dies stellt in unterschiedlichen Kulturen, Rechts- und Wirtschaftssystemen u. U. ein Problem dar, das oftmals auch bei

---

[81] § 1 Abs. 1 BWG.

[82] Art. 1 Bundesgesetz über die Banken und Sparkassen (Bankgesetz) 1934 in der Fassung 01.01.2013.

[83] Bank: „generally, a corporation formed for the purposes of maintaining savings accounts and checking accounts, issuing loans and credit, and dealing in negotiable securities issued by governmental entities and corporations". Quelle: Gifis, Barron's Law Dictionary.

[84] „bank n. 1) an officially chartered institution empowered to receive deposits, make loans, and provide checking and savings account services, all at a profit. In the United States banks must be organized under strict requirements by either the Federal or a state government. Banks receive funds for loans from the Federal Reserve System provided they meet safe standards of operation and have sufficient financial reserves. Bank accounts are insured up to $100,000 per account by the Federal Deposit Insurance Corporation. Most banks are so-called „commercial" banks with broad powers. In the east and midwest there are some „savings" banks which are basically mutual banks owned by the depositors, concentrate on savings accounts, and place their funds in such safe investments as government bonds. Savings and Loan Associations have been allowed to perform some banking services under so-called deregulation in 1981, but are not full-service commercial banks and lack strict regulation. Mortgage loan brokers, and thrift institutions (often industrial loan companies) are not banks and do not have insurance and governmental control. Severe losses to customers of these institutions have occurred in times of economic contraction or due to insider profiteering or outright fraud. Credit Unions are not banks, but are fairly safe since they are operated by the members of the industry, union or profession of the depositors and borrowers. 2) a group of judges sitting together as an appeals court, referred to as „in bank" or „en banc. (Copyright © 1981-2005 by Gerald N. Hill and Kathleen T. Hill)". Quelle: http://legal-dictionary.thefreedictionary.com/Banking+and+credit (11.09.2013).

Übersetzungen auftritt. Daher ist es meines Erachtens immer entscheidend, sich die Tätigkeiten, zu denen das Institut, die Bank oder das Kreditinstitut berechtigt ist, genau anzusehen.

Die Begriffe **Finanzinstitution** und **Finanzinstitut**[85] bzw. *financial institution*[86] kommen auch vor und umfassen i.d.R. jene Institutionen, die keine Berechtigung zum Bankgeschäft (nach KWG oder BWG) haben, sondern bspw. „nur" das Leasing- oder Wechselstubengeschäft anbieten und abwickeln, und deren genaue Berechtigungen wiederum in den o.a. Gesetzen normiert und vom Wirtschafts- und Rechtssystem somit auch unterschiedlich zu definieren sind.

2.2 Banken – einige begriffliche Unterscheidungen

Bei **Banken** kann man u.a. noch folgende (nicht vollständig) begriffliche **Unterscheidungen** treffen:

- **Universalbanken**, oft auch als Geschäftsbanken bezeichnet, bieten das gesamte Spektrum an Bankdienstleistungen für alle Arten von Kunden an. Universalbanken können Privatbanken, Kommerzbanken, Großbanken, Regionalbanken sowie Inlands- und Auslandsbanken sein. Den Genossenschaftsbanken und Sparkassen liegen ganz spezifische Rechtsformen zugrunde, doch auch sie bieten allen Kunden alle Bankdienstleitungen an.

- **Spezialbanken** bieten – im Unterschied zu den Universalbanken – nicht alle Dienstleitungen an, sondern konzentrieren sich im Bankgeschäft auf bestimmte Produkte (z.B. eine Autobank oder eine Notarbank).

- **Investmentbanken** sind im Wertpapierhandel tätig, helfen Unternehmen bei Kapitalaufnahmen (z.B. Börsengang) und unterstützen den Handel an den internationalen Finanzmärkten.

---

[85] Siehe u.a. auch http://www.wirtschaftslexikon24.com/d/finanzinstitut/finanzinstitut.htm (11.09.2013).

[86] „An institution that collects funds from the public to place in financial assets such as stocks, bonds, money market instruments, bank deposits or loans." Quelle: Downes/Goodman, Dictionary of Finance and Investment Terms.

Richtet man den Fokus auf die Bankkunden, so kann man folgende **Kundengruppen** unterscheiden:

- **Privatkunden** (damit sind Privatpersonen/natürliche Personen gemeint) und **Firmenkunden** (damit sind Unternehmungen gemeint) sind i.d.R. zwei wichtige Kundengruppen.

- Doch auch der „**öffentliche Bereich**", d.h. Staaten, Gebietskörperschaften, öffentliche Einrichtungen, Kommunen und Städte, ist Kunde der Banken.

- Schließlich gehören zu den Kundengruppen von Banken auch noch **andere Finanzmarktteilnehmer** wie Banken, Kapitalanlagegesellschaften, Versicherungen und Pensionskassen.

Im Bereich der Privatkunden hat sich auch der Begriff **Private Banking**[87] etabliert, der grundsätzlich die von Banken angebotene Vermögensberatung und -verwaltung für die so genannten High Net Worth Individuals (HNWI), die vermögenden Privatkunden, beschreibt.

Der Begriff **Retail-Geschäft**[88] umfasst, wiederum bei den Privatkunden, das standardisierte Bankgeschäft, wie das Einlagen- und Kreditgeschäft sowie den Zahlungsverkehr, nicht aber spezielle und für Kunden maßgeschneiderte Anlageprodukte und Finanzstrukturen. Zu typisch standardisierten Dienstleistungen gehören heute auch das Online-/Internet-Banking oder auch das Telefon-Banking. Früher dachte man hier eher an das Filialnetz, das für das Retail-Geschäft eingesetzt wurde.

Im Bereich der Unternehmer hat sich der Begriff **Corporate**[89] **Finance** etabliert, der – vereinfacht gesagt – mit dem deutschen Begriff Unternehmensfinanzierung gleichzusetzen ist. I.d.R. sind damit strukturierte und maßgeschneiderte Konzepte und Beratungen v.a. zu Fragen der Finanzierungs- und Kapitalstruktur gemeint.

---

[87] Siehe http://de.wikipedia.org/wiki/Private_Banking (07.09.2013).

[88] Siehe http://de.wikipedia.org/wiki/Retail_Banking (07.09.2013). Retail: Der Begriff kommt aus dem Englischen und bedeutet Einzelhandel, im Unterschied zu Wholesale, dem Großhandel. Siehe dazu auch Downes/Goodman, Dictionary of Finance and Investment Terms.

[89] Corporate kommt vom englischen Wort corporation und wird heute u.a. auch im Zusammenhang mit Corporate Identity oder Corporate Governance verwendet.

3 Die Basis des Bankgeschäftes – klassische Produkte und Dienstleistungen

Was ist ein **Bankgeschäft**? Was ist eine **Bank**?

Eine Bank oder ein Kreditinstitut (in der Folge immer als Bank bezeichnet) hat – wie schon vorher dargestellt – quasi eine **Vermittlerrolle** zwischen verschiedenen Kunden und Marktteilnehmern. Diese Vermittlerrolle ist auch für die Volkswirtschaft erforderlich und hat immer mehr an Bedeutung gewonnen. Jedermann, ob Privatperson oder Unternehmen, ob Versicherung, Pensionskasse oder Hedgefonds, ob staatliche Einrichtung oder internationaler Konzern, hat in unterschiedlicher Form und Häufigkeit mit Banken zu tun.

Aus dieser Vermittlerrolle, die die Bank ausübt, und zwar gewerblich – sie betreibt gewerbsmäßig Bankgeschäfte (so sieht es der Gesetzgeber auch vor)[90] –, entstehen verschiedene Dienstleistungen bzw. Tätigkeiten.

Einige der Tätigkeiten[91] (die ersten, die nun nachstehend beschrieben werden) sind die Entgegennahme von Einlagen und die Gewährung von Krediten. Diese beiden Tätigkeiten stellen einen einfachen Geldkreislauf dar, ohne den weder die Wirtschaft noch der Einzelne „überleben" kann – er ist ein wesentlicher Bestandteil der Wirtschaft.

3.1 Das Einlagengeschäft

Das Entgegennehmen von Einlagen (von Kundengeldern) ist für eine Bank eine wichtige Finanzierungsquelle. Mit diesen Fremdmitteln – die Gelder kommen von Kunden, also von Dritten – kann die Bank anderen Kunden verschiedene Finanzierungen ermöglichen, z.B. Kredite oder Darlehen gewähren.

Diese Einlagen, auch **Primäreinlagen** genannt, sind essenziell für jede Bank. Im Laufe der Jahre und auch schon vor der so genannten Finanzkrise hat sich das Volumen der Primäreinlagen (in Österreich und Deutschland) stark reduziert. Einerseits wurde grundsätzlich weniger gespart und mehr konsumiert, andererseits haben andere Formen des Sparens mehr und mehr an Bedeutung gewonnen, wie z.B. das Investieren in Anleihen, Aktien oder Investmentfonds, aber auch in Pensions- und Vorsorgemodelle.

---

[90] Z.B. in § 1 KWG bzw. § 1 BWG.
[91] Die Tätigkeiten einer Bank sind in den nationalen Gesetzen aufgelistet – z.B. in Deutschland im KWG oder in Österreich im BWG.

© Springer Fachmedien Wiesbaden GmbH, ein Teil von Springer Nature 2019
D. Wohlschlägl-Aschberger, *Bankgeschäft und Finanzmarkt*, Edition Frankfurt School,
https://doi.org/10.1007/978-3-658-23795-0_3

Durch die Probleme in der Wirtschaft generell, aber auch speziell im Bankensektor sind die Volumina der Einlagen, insbesondere seit dem Ausbruch der Finanzkrise, gesunken – einerseits ist noch weniger Geld zum „Sparen" vorhanden, andererseits ist das Vertrauen in die Sicherheit der Banken zurückgegangen.

Wie sich der Einlagenmarkt entwickeln wird, wird sich zeigen,[92] allerdings darf nicht übersehen werden, dass das Einlagengeschäft die Grundlage für Banken darstellt. Das **Einlagengeschäft** stellt eine **Verbindlichkeit der Bank gegenüber den Kunden** dar, die das Geld eingelegt haben, und ist daher auf der Passivseite der Bank als Verbindlichkeit gegenüber den Kunden verbucht.

Der Kunde zahlt einen Betrag bei der Bank ein, d. h., er tätigt eine (Geld-)Einlage und hat somit eine Forderung an die Bank. Er kann diesen Betrag (seine Einlage) mit Zinsen – gemäß Form und Art der Vereinbarung – wieder zurückzuverlangen.

Das Einlagengeschäft unterliegt gewissen, in den jeweiligen Ländern geltenden gesetzlichen Bestimmungen.[93]

Kundengelder sind in vielen Ländern auch durch eine **Einlagensicherung** geschützt.

3.1.1 Exkurs: Einlagensicherungsgesellschaft

Unter Einlagensicherung versteht man – vereinfacht gesagt – die entsprechenden gesetzlichen und freiwilligen Vorkehrungen, die dem Schutz der Kundeneinlagen bei Banken dienen. Die Maßnahmen sollen die Kundengelder im Insolvenzfall einer Bank schützen.

Über viele Jahrzehnte gab es keine bzw. keine verbindlichen Vorgaben für die Banken, einer Einrichtung zur Sicherung der Kundeneinlagen, einer Einlagesicherungsgesellschaft, beizutreten (nicht einmal in der Krisensituation 1974 und dem Herstatt-Fall).

---

[92] Siehe dazu: Leitel/Panster, Sparbuch und Tagesgeld: Beliebt, aber nicht ungefährlich, in: Handeslblatt.com, 28.07.2012, http://www.handelsblatt.com/finanzen/vorsorge-versicherung/altersvorsorge-sparen/sparbuch-und-tagesgeld-beliebt-aber-nicht-ungefaehrlich/6928074.html (25.01.2015).

[93] In Deutschland finden sich diese Bestimmungen z. B. im HGB, im BGB und im KWG; in Österreich im UGB, im ABGB und im BWG.

Heute jedoch sind solche gesetzlichen Einrichtungen fester Bestandteil der Bankenwelt[94] und sicherlich auch nicht mehr wegzudenken.

Der „Topf" an Geldern, der durch jene Banken, die im Einlagengeschäft tätig sind, durch regelmäßige Beitragszahlungen gefüllt wird, ist jener, der bei einer Bankeninsolvenz für die Entschädigung der Einleger, der Sparer, zur Verfügung steht.

Je nach Land oder Marktlage (z.B. Finanzmarktkrise) und gesetzlicher Ausgestaltung sind diese geschützten Beträge gesetzlich limitiert.[95]

3.1.2   Formen des Einlagengeschäftes – einige ausgewählte Beispiele

3.1.2.1   Spareinlagen

Spareinlagen[96] sind Einlagen bei Kreditinstituten, die der unbefristeten Geldanlage dienen und nicht für den Zahlungsverkehr, d.h. für die Abdeckung von Kosten und Verpflichtungen oder für das Konsumieren, bestimmt sind.

Zivilrechtlich gelten Spareinlagen als Darlehen,[97] für die die jeweiligen darlehensrechtlichen Form-, Fristen- und Kündigungsregelungen gelten, sofern nichts anderes vereinbart wird. Dies zeigt, wie schon oben erwähnt, dass der Kunde eine Forderung an die Bank bzw. die Bank eine Verpflichtung gegenüber dem Kunden hat.

---

[94] Text zur neuen Richtlinie 2014/49/EU vom 16.04.2014 über Einlagensicherungssysteme siehe http://eur-lex.europa.eu. Einen Überblick über das deutsche Einlagensicherungssystem bietet die Homepage der Bafin: http://www.bafin.de/SharedDocs/Veroeffentlichungen/DE/ Fachartikel/2013/fa_bj_2013_10_einlagensicherung.html (26.08.2014). Fakten zum Thema Einlagensicherung in Deutschland finden sich auch unter https://www.bankenverband.de. Zu den fünf sektoralen Einlagensicherungseinrichtungen Österreichs siehe http://www.wko.at/ Content.Node/einlagensicherung/Startseite_Einlagensicherung.html (26.08.2014). Informationen und eine Liste der Bankzugehörigkeiten finden sich auch unter http://www.einlagensicherung.at (26.08.2014). Eine Übersicht der gesetzlichen Regelungen für Österreich ist online abrufbar unter https://www.fma.gv.at.

[95] Siehe dazu u.a. die Änderungen ab 01.01.2015 unter https://www.bankenverband.de/service/ einlagensicherung/ (19.01.2015) oder auch https://www.test.de/Tagesgeld-Die-besten-Zinsen-4196794-4478654/ (19.01.2015).

[96] Siehe http://de.wikipedia.org/wiki/Spareinlage (03.11.2013).

[97] § 488 BGB oder § 983ff ABGB.

Spareinlagen wurden und werden i.d.R. mit einer Urkunde dokumentiert. In der Vergangenheit geschah dies v.a. in klassischer Form mit dem Sparbuch,[98] heute gibt es zusätzliche Varianten, wie Sparkarte, Spar-Cards oder auch Sparzertifikate.

Grundsätzlich wird hinsichtlich der Verfügbarkeit zwischen einem Namens- und einem Überbringersparbuch unterschieden – Letzteres ist ein Inhabersparbuch.

Der Vorteil eines **Überbringersparbuchs** ist es, dass eine Auszahlung durch die alleinige Vorlage der Sparurkunde vorgenommen werden kann. Allerdings besteht dadurch auch das Risiko, dass ein Unbefugter, der das Sparbuch findet und damit zur jeweiligen Bank geht, sich ohne weiteres das Geld, das am Sparbuch gebucht ist, auszahlen lassen kann. Losungswörter, die nun auch vorgeschrieben sind,[99] können dieses Risiko reduzieren – die Sparbücher werden daher auch **Losungswortsparbücher** genannt.

Ob das Sparbuch wirklich, wie oft beworben, für den Fall des Falles eine finanzielle Reserve darstellt, hängt von der Bank und deren Bonität ab: Wenn eine Bank insolvent ist, dann sind auch die Einlagen gefährdet, sofern sie nicht durch eine Einlagensicherung geschützt bzw. garantiert sind.

Die häufig vorkommende Bewerbung, dass durch die erhaltenen Zinsen der „Geldvorrat" von Tag zu Tag wächst, mag zwar gut klingen, ist allerdings nicht immer richtig. Denn wenn die Inflationsrate höher als der Zinssatz ist, bekommt man zwar mehr Geld, es ist aber weniger wert.

Die Konditionenausgestaltung mag von Bank zu Bank und von Produkt zu Produkt unterschiedlich sein.

Die Höhe der **Zinsen** auf einer Spareinlage hängt u.a. von der aktuellen Zinslage am Kapital- und Geldmarkt und von der Laufzeit ab. I.d.R. gilt: je länger die Laufzeit, desto höher die Zinsen. Warum? Ganz einfach: Stellt der Kunde der Bank für eine lange Lauf-

---

[98] „Das erste Sparbuch Zentraleuropas wurde am 04. Oktober 1819 in Österreich ausgegeben. Es handelte sich dabei um das Einlagebuch Nr. 1 der Ersten Oesterreichischen Spar-Casse – das erste von 100 Sparbüchern, die im Jahr 1819 „unter würdigen Kindern der unteren Klassen von 12 bis 15 Jahren" verteilt wurden." Quelle: http://www.sparkasse.at/sgruppe/Privatkunden/Produkte/Sparen/SparenGeschichte (03.11.2013). „Das Livret A ist Frankreichs beliebteste Sparform bzw. Sparbuch, dessen Geschichte in das Jahr 1818 zurückgeht. Am 22. Mai 1818 wurde diese Form des Sparbuchs auf Initiative von Benjamin Delessert geschaffen, um der Regierung Ludwig XVIII. zu helfen, die finanziellen Folgen der Napoleonischen Kriege zu schultern." Quelle: http://de.wikipedia.org/wiki/Spareinlage (03.11.2013).

[99] Seit 2000 ist in Österreich die Anonymität von Sparbüchern, ohne jegliche Identitätsprüfung, aufgehoben.

zeit das Geld zur Verfügung, so kann sie damit auch länger arbeiten und zahlt daher mehr. Dabei darf aus Sicht des Kunden jedoch nicht übersehen werden, dass durch eine längere Bindung ein kurzfristiger Zugriff auf das Geld (z.B. in einem Notfall) nicht möglich ist bzw. nur dann möglich ist, wenn entsprechende „Strafzinsen" bezahlt werden, d.h., dass vom vereinbarten Zinssatz ein bestimmter Betrag von der Bank abgezogen wird.

Die Verfügbarkeit der Spareinlagen hängt von der vereinbarten **Laufzeit** ab. Die Laufzeiten sind von Bank zu Bank und von Produkt zu Produkt unterschiedlich. Üblich bei Spareinlagen sind z.B. Bindungen von drei, sechs oder zwölf Monaten. Doch es gibt auch Einlagen, bei denen es die Möglichkeit der täglichen Behebbarkeit gibt – diese laufen i.d.R. nicht unter dem Begriff Spareinlagen, sondern unter anderen Bezeichnungen, die nachstehend erläutert werden.

Die Bindung und die Verzinsung sind als Gesamtkonditionen zu sehen und sie sind auch von der jeweils aktuellen Zinslage, die sich ändern kann, abhängig.

Es gibt, je nach Land bzw. Bank und Marktlage, unterschiedliche Sparformen und einige sind hier beispielhaft genannt: Sparformen mit einer Bonuszahlung bei einer bestimmten Laufzeit oder einer Kombination mit anderen Ansparformen, wie z.B. Versicherungs- oder Effektenverträgen. Ferner gibt es auch immer wieder Schulsparaktionen mit speziellen Konditionen oder auch Aktionen mit kleinen Geschenken, z.B. im Rahmen der Weltsparwoche oder am Weltspartag.

3.1.2.2 Sichteinlagen versus Termineinlagen

Unter Sichteinlagen versteht man grundsätzlich jene Spareinlagen auf dem Konto (typischerweise auf dem Giro- oder Kontokorrentkonto), die täglich fällig sind. Der Kontoinhaber (Einleger/Kunde) kann täglich – „auf Sicht" – darüber verfügen. Wie schon erwähnt, ist der Zinssatz dafür i.d.R. eher sehr niedrig. Der Vorteil für den Kunden ist die jederzeitige Verfügbarkeit.

Dem gegenüber stehen die Termineinlagen, die – wie das Wort schon sagt – Einlagen mit einer Bindungsfrist und einem Termin, bis zu dem diese Einlagen gebunden sind, darstellen. In diesen Fällen ist der Zinssatz i.d.R. höher, aber der Kunde ist in der Verfügbarkeit eingeschränkt oder muss, wenn er vor dem vertraglich vereinbarten Termin abheben möchte, „Strafzinsen" zahlen. Anstatt der Bezeichnung Termineinlage finden sich auch häufig die Begriffe Festgeld oder Festgeldveranlagung.

3.1.2.3   Kontoguthaben

Natürlich gibt es auch die Möglichkeit, auf jedem Giro- oder Kontokorrentkonto ein Guthaben anzusammeln. Diese Gelder sind täglich verfügbar und werden mit einem Haben-Zinssatz am Konto veranlagt – die Haben-Zinsen werden am Konto gutgeschrieben. Dieser Zinssatz ist extrem niedrig. Umgekehrt wird das Konto bei Überziehungen[100] mit Soll-Zinsen belastet. Dieser Zinssatz ist extrem hoch.

Aus Kundensicht ist es wichtig, sich diese Konditionen bei Kontoeröffnung anzusehen bzw. auch laufende Änderungen, die von der Bank mitgeteilt werden, zu berücksichtigen.

Aus Banksicht sind diese Kontoguthaben Gelder, die jederzeit wieder vom Kunden abgezogen werden können, d.h. die Bank muss immer in der Lage sein, diese Gelder dem Kunden zur Verfügung zu stellen.

Eine Bank bietet verschiedene Dienstleistungen an, damit das Einlagen-, das Kreditgeschäft aber auch andere Bankgeschäfte abgewickelt werden können. Nachstehend sind nun einige beschrieben, die absolut nötig sind, und zwar sowohl für Kunden als auch für die Banken selbst. Weitere werden in den Folgekapiteln dargestellt.

3.2   Bankkonto

Das Konto ist die Grundvoraussetzung einer jeden Geschäftsbeziehung mit der Bank; es wird benötigt, um die Spareinlagen und Kontoguthaben aber auch Kredite und Kontoüberziehungen abzuwickeln.

3.2.1   Konto – Definition

Das Wort Konto[101] kommt vom lateinischen Begriff *computus*, man kennt es auch im Italienischen unter *conto*, bspw. wenn man in einem Restaurant mit „*il conto*" die Rechnung verlangt.

Somit kann man das Konto als eine Art Rechnung ansehen oder als eine gewisse Datenstruktur, die in der Rechnungslegung (in der Buchführung kennt man Buchungskonten und Kontenklassen) vorkommt und im Bankwesen v.a. im Zahlungsverkehr, der über viele Konten bei mehreren Banken abgewickelt wird.

---

[100] Siehe dazu auch unter Kredite, da Überziehungen wie Kredite zu werten sind.
[101] Siehe http://de.wikipedia.org/wiki/Konto (30.11.2013).

Der Begriff Konto oder das englische Wort *account*[102] kommen sehr häufig im täglichen Leben vor, und zwar dort, wo E-Commerce im weitesten Sinn vorherrscht: Es gibt einen *account* für den Zugang zum Internet, zu gewissen Websites, für die man sich registrieren lassen muss. Diese Konten sind keine Bank- oder Buchhaltungskonten, sondern Benutzerkonten (*user accounts*) oder Nutzerkonten, und sie gewähren eine Zugangsberechtigung zu einem zugangsbeschränkten System, wie z.B. zu Intranetseiten (firmeninterne Webseiten) oder zu E-Mail-Konten.

Diese Definitionen zeigen, dass es sich bei dem Konto (*account*) einerseits um eine Geschäftsbeziehung und Registrierung handelt, der Begriff aber andererseits auch ein System beschreibt, das eine Abwicklung von Zahlungen oder anderen Aktivitäten ermöglichen soll.

3.2.2 Voraussetzungen für die Einrichtung eines Kontos

Es gibt im Bankenwesen mehrere unterschiedliche Typen von Konten, die in der Folge im Detail beschrieben werden. Sie sind die Grundvoraussetzung für die Geschäftsbeziehung zwischen einem Kunden (unabhängig davon, ob es sich um einen Privat- oder Firmenkunden handelt) und einer Bank (unabhängig davon, um welche Bank es sich handelt).

Die Errichtung eines Kontos bei einer Bank bringt dem Kunden viele Vorteile, u.a. die Möglichkeit, Zahlungen bequem und sicher abzuwickeln. Damit die Bank aber gewillt ist, für den Kunden solche Dienstleistungen zu erbringen, verlangt sie gewisse Informationen über den Kunden und der Kunde erwartet sich auch gewisse Informationen von der Bank – wie dies im Geschäftsleben unter Geschäftsleuten und -partnern üblich ist.

Auch dazu kann man auf das Lateinische zurückgreifen, v.a. auf das Römische Recht, in dem das Rechtsinstitut der *culpa in contrahendo* (oft mit c.i.c. abgekürzt) bekannt war und bis heute gilt.

Dieser Grundsatz regelt das Verschulden bei Vertragsschluss und somit die schuldhafte Verletzung von Pflichten aus einem vorvertraglichen Schuldverhältnis. Es leuchtet doch jedermann ein, dass schon bei und mit Aufnahme eines rechtsgeschäftlichen Kontakts die

---

[102] Definitionen zu account: „In general: Contractual relationship between a buyer and seller under which payment is made [...]. In banking: Relationship under a particular name, usually evidenced by a deposit against which withdrawals can be made [...]. In Bookkeeping: Assets, liabilities, income and expenses as represented by individual ledger pages to which debit and credit entries are chronologically posted to record changes in value [...]." Quelle: Downes/ Goodman, Dictionary of Finance and Investment Terms.

Vertragspartner jeweils wechselseitig bestimmte Schutz-, Aufklärungs- und Sorgfaltspflichten vereinbaren. Die Verletzung dieser Pflichten kann zu Schadenersatz führen, ggf. besteht auch eine Haftung für den Vertrauensschaden. Generell stellt das Vertrauen in eine Geschäftsbeziehung eine wichtige Voraussetzung dar – v.a. im Bereich der Bankgeschäfte.

Es wird daher im Rahmen der Vorbereitung einer Geschäftsbeziehung und somit auch bei der Kontoeröffnung die Identität des Kunden geprüft. Ebenso werden vom Kunden Informationen und Unterlagen verlangt, aus denen die Bank sowohl die Geschäftstätigkeit und das berufliche Umfeld des Kunden als auch die Herkunft der Gelder verstehen bzw. in der Folge auch überprüfen kann.

Diese Basisgrundsätze – die jedermann einleuchten – werden auch mit den englischen Fachbegriffen als **Know-Your-Customer-Prinzip** (oft mit KYC abgekürzt) oder **Customer Due Diligence** (oft mit CDD oder DD abgekürzt) bezeichnet.

Auch wenn es sich dabei um wirklich triviale Kerngrundsätze handelt, werden diese heutzutage hauptsächlich mit den Bestimmungen zur Verhinderung der Geldwäsche und der Terrorfinanzierung in Verbindung gebracht (und lösen unverändert bei vielen nur den Gedanken an „Geschäftsverhinderung" aus).

Diese Geldwäsche-Compliance-Bestimmungen,[103] wie sie in der Fachsprache heißen, wurden in den letzten Jahren immer mehr verschärft und es ist auch in der Zukunft mit einer weiteren Zunahme[104] an Auflagen für die Banken zu rechnen.

Der Grund dafür ist sehr einfach zu erklären: **Geldwäsche**[105] ist ein Straftatbestand und kein Kavaliersdelikt. Nicht nur, aber v.a. Banken bieten ungewollt umfangreiche Möglichkeiten, Vermögenswerte, die aus Straftaten stammen, über viele unterschiedliche Konten und weltweite Transaktionen als „weißgewaschen" wieder dem legalen Wirtschaftskreislauf zuzuführen. Es kann und darf jedoch nicht im Interesse einer Bank sein, Straftaten zu unterstützen und mitzutragen. Dies ist sicherlich auch nicht im Sinn der anderen Kunden, die u.a. auch darauf vertrauen, dass die Bank ihre Geschäfte korrekt und im Sinn der Gesetze abwickelt. Denn Bankgeschäft ist Vertrauenssache.

---

[103] Zu den Begriffen und dem Thema Geldwäsche per se siehe auch Wohlschlägl-Aschberger (Hg.), Praxiswissen Geldwäsche sowie in Wohlschlägl-Aschberger (Hg.), Geldwäsche-Prävention: Praktische Maßnahmen für die Unternehmensorganisation.

[104] Siehe dazu die 4. Geldwäsche-Richtlinie.

[105] Und auch Terrorfinanzierung.

Nach erfolgter KYC-Prüfung und der entsprechenden Beschlussfassung in der Bank (z.B. durch ein Kontoeröffnungsgremium),[106] dass ein Konto für den Kunden eröffnet werden kann, sind die vertraglichen Dokumente[107] – z.B. der Kontovertrag oder Kontoeröffnungsvertrag und auch die AGB – vorzulegen bzw. vom Kunden zu unterfertigen. Diese Dokumentation ist i.d.R. standardmäßig aufgesetzt und stellt einen entgeltlichen Geschäftsbesorgungsvertrag und die Begründung eines Dauerschuldverhältnisses dar.

In diesem Zusammenhang stellen sich noch zwei weitere auch banktechnisch sehr wichtige Fragen: Wem gehört das Konto und wer darf über das Konto verfügen?

Zuerst die Frage, wem das Konto gehört: Grundsätzlich gibt es das Konto, das nur einer Person gehört: Dann ist die Frage der Zuordnung noch einfach. Dieses Konto wird auch als **Einzelkonto** bezeichnet. Es gibt aber auch die Möglichkeit, dass ein Konto auf mehr als eine Person lautet und somit ein **Gemeinschaftskonto** darstellt; dabei ist zwischen dem **Und-Konto** und dem **Oder-Konto** zu unterscheiden. Diese Unterscheidung muss schon in der Kontobezeichnung genau festgelegt sein, d.h., das Wort „und" bzw. „oder" steht dann zwischen den (beiden oder mehreren) Namen.

Ohne auf die juristischen Details im Einzelfall einzugehen sind die Unterscheidungen wie folgt zu erklären und aus Bank- und Kundensicht darzustellen:

- Und-Konten sind durch eine gemeinsame Verfügungsbefugnis aller Kontoinhaber gekennzeichnet. Sie müssen eine für die Bank erkennbare einheitliche Verfügungsmacht innehaben.

- Oder-Konten sind Gemeinschaftskonten und dadurch gekennzeichnet, dass jeder Kontoinhaber alleine, also ohne Mitwirkung der übrigen Kontoinhaber, Verfügungsbefugter sein kann. Jeder Kontoinhaber besitzt eine Einzelverfügungsbefugnis (im Unterschied zur gemeinsamen Verfügungsbefugnis beim Und-Konto), mit der er für (oder sogar gegen) die anderen Kontoinhaber Gebrauch machen kann. Dies setzt allerdings ein sehr großes Vertrauen der Kontoinhaber untereinander voraus.

  Jeder von ihnen ist – auch alleine – berechtigt, allein über das Konto zu verfügen, es aufzulösen oder auf seinen Namen umschreiben zu lassen sowie Dritte in diesem Rahmen zu bevollmächtigen.

  Ein Widerruf der Einzelverfügungsbefugnis bewirkt die Umwandlung des Oder-Kontos in ein Und-Konto mit gemeinschaftlicher Verfügungsbefugnis.

---

[106] Diese Beschlussfassung ist von Bank zu Bank und auch je nach Kontenart und Kundenstruktur unterschiedlich; sodass hier ein allgemeiner aber üblicher Vorgang generell beschrieben wird.

[107] Die Dokumentation ist von Bank zu Bank und auch je nach Kontenart und Kundenstruktur unterschiedlich; sodass hier nur allgemeine Dokumentenbezeichnungen verwendet werden.

Auf so einem Gemeinschaftskonto haften alle Kontoinhaber für die Verbindlichkeiten am Konto gesamtschuldnerisch – d.h., jeder Kontoinhaber haftet auch für solche Verbindlichkeiten, die durch Verfügungen eines anderen Mitinhabers entstanden sind. Dies führt in der Praxis gelegentlich zu bösen Überraschungen.

Oder-Konten werden häufig bei Eheleuten verwendet. Bei intakter Ehe ist das kein Problem, aber bei Ehestreitigkeiten kann ein Plündern des gemeinsamen Kontos aufgrund der emotionalen Situation zu der genannten bösen Überraschung für den Partner und anderen Kontoinhaber werden.

Nun stellt sich die Frage, wer kann **Verfügungsberechtigter** auf einem Konto sein.

- Zuerst einmal sind immer der Kontoinhaber oder die Kontoinhaber – wie vorstehend beschrieben – selbst verfügungsberechtigt.

- Es können aber noch weitere Personen rechtswirksame Handlungen über das Konto wahrnehmen, wenn sie z.B. durch eine Vollmacht ausgewiesen sind. Dies kommt typischerweise vor, wenn ein Anwalt, Notar oder Vormund bestellt ist. Eine weitere Möglichkeit ist bei juristischen Personen, z.B. bei einer AG, gegeben, wenn der Prokurist die Gesellschaft rechtsgeschäftlich vertreten darf. Im ersten Fall wird die Vollmacht der Bank vorgelegt und im zweiten Fall der Firmenbuchauszug. Beides ist für den Nachweis der Vertretungsbefugnis notwendig und ein wesentlicher Bestandteil der Kundendokumentation in der Bank.

Die Bank ist verpflichtet, die Verfügungsberechtigten zu erfragen und den Legitimationsnachweis zu prüfen. Alle verfügungsberechtigten Personen werden in ein Unterschriftsprobenblatt (oft mit U-Blatt abgekürzt) eingetragen, das dazu dient, in der Folge die Unterschriften bei jeder einzelnen Zahlungstransaktion überprüfen zu können.

3.2.3 Verschiedene Arten von Konten

Ohne Konto kein Bankgeschäft – richtig, aber es gibt **verschiedene Arten von Konten**, die nun nachstehend erläutert und kurz dargestellt werden.[108]

Zuerst einmal sei nochmals darauf hingewiesen, dass Bankkonten für die Kunden, die Banken und die Geschäftspartner – somit für die gesamte Wirtschaft – wichtig sind und eine Erleichterung in der Abwicklung darstellen, insbesondere im Zahlungsverkehr.

---

[108] Dies stellt keine vollständige Aufzählung dar, da sich immer wieder auch neue Begriffe etablieren. Die Kontobezeichnungen sind von Bank zu Bank und auch je nach Kontenart und Kundenstruktur unterschiedlich; sodass hier nur allgemein gängige und verständliche Begriffe verwendet werden.

Ein Kontotyp, den jeder kennt, ist das **Girokonto** oder auch **Kontokorrentkonto**. In manchen Ländern bzw. bei manchen Banken wird von Girokonto gesprochen, wenn es sich um ein Kontokorrentkonto handelt, das nur Guthaben aufweisen darf und daher keine Kontoüberziehungen zulässt.

Grundsätzlich können diese Konten auch in Fremdwährungen geführt werden.

Über dieses Konto werden alle Geldgeschäfte des Kunden abgewickelt: Auf das Konto wird z.B. sein Gehalt überwiesen und er kann vom Konto seine Stromrechnung bezahlen. Diese Zahlungseingänge und -ausgänge sind auf diesem (Giro-)Konto gebucht und stellen – wechselseitig – Forderungen und Verbindlichkeiten zwischen Kunde und Bank dar. Auf seinem Kontoauszug sieht der Kunde die Eingänge, die Ausgänge und die **Valuta**, also das Datum, mit der die Buchungen auf seinem Konto erfolg(t)en. In regelmäßigen Zeitabständen – je nach Vertrag und Bedingungen der Bank, i.d.R. vierteljährlich – erfolgt eine **Saldierung**, d.h., eine Aufrechnung, die sich dann als Haben- oder Soll-Stand (auch Salden-Stand genannt) darstellt. Bei dieser Saldierung sind auch die aufgelaufenen Haben- und Soll-Zinsen, die banktechnisch errechnet bzw. abgerechnet werden, berücksichtigt.

Wenn das Konto ein Guthaben aufweist, dann sind diese Einlagen **Sichteinlagen**, die täglich abgerufen werden können. Sie gewähren dem Kunden eine gewisse Flexibilität, wenn er kurzfristig Geld veranlagen möchte, das er nicht benötigt, aber auf das er zugreifen kann, wenn er es benötigt; allerdings sind die Zinsen auch i.d.R. sehr niedrig.

Umgekehrt besteht die Möglichkeit, wenn dies mit der Bank vereinbart wurde, das Konto zu überziehen – dann spricht man von **Kontokorrentkredit** oder **Überziehungsrahmen**. Die Höhe des Rahmens, die Dauer der Überziehung und auch die Konditionen sind zu vereinbaren. Üblicherweise wird diese Möglichkeit „guten" Kunden eingeräumt, die auch über eine entsprechende Bonität bzw. finanzielle Situation und über Sicherheiten verfügen. Auch diese Möglichkeit gewährt dem Kunden eine Flexibilität, nämlich kurzfristig das Konto zu überziehen, allerdings sind die Zinsen hier i.d.R. höher als bei einem Kredit.

Ein weiteres Konto ist das **Verrechnungskonto**, das als banktechnisches Konto für das Wertpapierdepot verwendet wird, um darüber Zahlungen beim Kauf eines Wertpapiers, die Zins- oder Dividendenzahlungen oder die Rückführungen von Kapital verbuchen zu können. Ein solches Verrechnungskonto ist auch erforderlich, wenn der Kunde z.B. in Festgeldern veranlagen will. Die Festgelder sind i.d.R. auf einem Anlagekonto gebucht, während man bei Wertpapieren von einem Wertpapierdepot (oder auch Wertpapierdepotkonto genannt) spricht, in dem die Wertpapiere verbucht sind.

Konten können, wie schon ausgeführt, auch von Dritten eröffnet und geführt werden. Der typische Fall sind **Anderkonten**, die nur von Notaren, Anwälten und Wirtschaftstreuhändern geführt werden können. Sie dienen der treuhändigen Abwicklung, z.B. von Verlassenschaften oder Liegenschaftstransaktionen. Auch Masseverwalter bzw. Treuhänder, die vom Pflegschaftsgericht bestellt sind, können solche gesetzlich geregelte Anderkonten führen.

Davon zu unterscheiden sind **Treuhandkonten**, bei denen es keine gesetzlichen Beschränkungen oder Auflagen im vorher genannten Sinn gibt. Sie erfreuen sich auch immer größerer Beliebtheit – insbesondere in einigen Ländern wie Österreich, Liechtenstein oder der Schweiz –, denn in vielen Fällen wurde oder wird der „Treugeber" der Bank nicht offengelegt. Eine Offenlegung ist jedoch – u.a. aus Geldwäsche-Präventionsgründen[109] – erforderlich, wobei diese Offenlegung mit dem Argument des Mandantenverhältnisses und der Verschwiegenheit sehr oft nach wie vor verweigert wird. In diesem Zusammenhang wird auch von „versteckten" Treuhandschaften gesprochen.

Giro- bzw. Kontokorrentkonten und Verrechnungskonten werden auch von Banken für ihre eigenen Bankgeschäfte mit anderen Banken weltweit verwendet, da die technische Abwicklung unverändert ist. In diesem Zusammenhang sind zwei Begriffe zu erwähnen, die auch immer wieder zur Verwirrung beitragen – **Nostro-** und **Loro-Konto**. Dabei handelt es sich um Konten, die die Banken gegenseitig halten bzw. führen müssen. Sie spiegeln die jeweilige Betrachtungsweise der Banken wider.

Das Nostro-Konto (lat. *nostro* bedeutet „unser") ist jenes Konto einer Bank, das nicht im eigenen Haus, sondern bei einer anderen Bank für sie geführt wird. Das Loro-Konto (lat. *loro* bedeutet „ihr") wiederum ist ein Konto, das für eine fremde Bank (einen anderen) geführt wird.

Abbildung 1: Nostro- und Loro-Konto

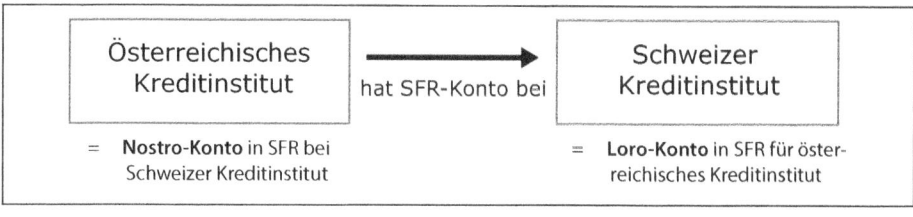

---

109 Siehe insbesondere 4. Geldwäscherichtline und Typologien der FATF. Siehe auch Wohlschlägl-Aschberger (Hg.), Praxiswissen Geldwäsche bzw. Wohlschlägl-Aschberger (Hg.), Geldwäsche-Prävention: Praktische Maßnahmen für die Unternehmensorganisation.

Diese beiden Konten kann es aber nur geben, wenn – wie auch die Definitionen zeigen – direkte Bankverbindungen zwischen zwei Banken existieren. Wie dieser banktechnische Austausch funktioniert, wenn zwei Banken keine direkte Bankverbindung haben, wird unter dem Begriff Korrespondenzbankensystem geführt und in Abschnitt 3.3.3 erläutert.

3.2.4 Das Konto im Online-Banking

3.2.4.1 Historie, Definition und Dienstleistungen

Online-Banking ist für viele, vielleicht für die meisten Kunden, heutzutage gar nicht mehr wegzudenken – es gehört zum Alltag. Der Ursprung[110] geht auf die frühen 1980er Jahre zurück, u.a. auf 1983, als die Bank of Scotland gewissen Kunden einen so genannten *home link* anbot. Diese technische Nutzungsmöglichkeit für die Durchführung von Bankgeschäften war hilfreich, die Kosten aber noch entsprechend hoch. Nur ausgewählte Kunden konnten einen Onlinezugang, wie immer er damals genannt und technisch umgesetzt wurde, nutzen.

Erst als das Internet u.a. durch Kostensenkungen im Bereich der Telekommunikation die „breite Masse" eroberte und in nahezu jedem Haushalt Einzug hielt, wurde auch der Begriff Online-Banking bzw. Internetbanking geprägt. Auch Begriffe wie netbanking oder E-Banking[111] finden sich im Sprachgebrauch.

Was bietet Online-Banking an? „*A good online bank will offer customers just about every service traditionally available through a local branch, including accepting deposits (which is done online or through the mail), paying interest on savings and providing an online bill payment system.*"[112]

Eine Bank kann unterschiedliche Dienstleistungen anbieten und somit kann auch eine Internetbank Dienstleistungen für Onlineaktivitäten der Kunden definieren und mit diesen entsprechend vertraglich festlegen.

---

[110] Siehe http://www.wirtschaft-und-finanzen.net/finanzen/die-geschichte-des-online-bankings.html (01.02.2015); http://www.postbank.de/postbank/pr_dossier_meilensteine_onlinebanking.html (01.02.2015) und auch http://www.heise.de/newsticker/meldung/Vor-30-Jahren-Online-Banking-startet-in-Deutschland-1135331.html (01.02.2015).

[111] E-Banking steht für electronic banking, wobei dieser Begriff durchaus auch als Überbegriff angesehen wird.

[112] Quelle: http://www.investopedia.com/terms/o/onlinebanking.asp (01.02.2015).

3.2.4.2   Wie wird man Onlinekunde?

Um Bankkunde zu werden, muss man – vereinfacht gesagt – bei einem Kundenberater der Bank durch einen entsprechenden Ausweis[113] seine Identität nachweisen und dann, je nach Bank bzw. Bankdienstleistung, die man in Anspruch nehmen möchte, Verträge und diverse Unterlagen (z.B. Kontoeröffnungsunterlagen) unterfertigen.

Auch wenn ein Kunde nicht persönlich in eine Bank kommt, da er Onlinedienstleistungen nützen möchte, muss er vorher Kunde der Bank werden. Dies erfolgt – da kein persönliches Erscheinen in einer Bank erfolgt[114] – durch das Einsetzen von Nummern bzw. Nummernsystemen, die unter den Begriffen PIN- und TAN-Codes bekannt sind.

PIN steht für Personal Identification Number und ist die Identifizierung für den Kunden selbst. **TAN** bedeutet Transaction Number; diese von der Bank vergebene Nummer ist für jede Freigabe einer Transaktionen erforderlich, sodass der Onlinekunde eine Liste von TAN-Codes bekommt, um mit diesen seine Transaktionen, z.B. seine Zahlungen, abwickeln zu können.

Grundsätzlich hat sich an dem PIN- und TAN-Verfahren, das seit Beginn in Verwendung ist, nichts geändert, außer dass die technischen und regulatorischen Anforderungen sowie auch die Berücksichtigung von Sicherheitsaspekten[115] regelmäßig angepasst wurden bzw. werden.

---

[113] Siehe dazu die jeweiligen nationalen Legitimierungsbestimmungen und auch die Geldwäscherichtlinien. Auf die Fragen der Sicherheit von Legitimierungsdokumenten oder auf die neuesten Entwicklungen bei Reisepässen bzw. Personalausweisen wird hier nicht eingegangen. Ein Instrument, nämlich die Elektronische Signatur, muss in diesem Kontext noch kurz erwähnt werden. Die qualifizierte E-Signatur, die auch im Einklang mit entsprechenden Geldwäschebestimmungen steht, hat sich nicht wirklich durchgesetzt, u.a. aufgrund der Kosten und der damit verbundenen Frage, wer diese zu tragen hat.

[114] Somit fällt diese Vorgangsweise unter den Begriff Ferngeschäft, u.a. nach den KWG, BWG oder den Geldwäscherichtlinien.

[115] Auf diese Aspekte wird hier nicht eingegangen. Und ob z.B. Zusendungen von den TAN-Listen über SMS sicherer als Zustellung in Papierform per Post sind, soll hier auch nicht diskutiert werden. Auch spezifische Feinheiten bei einzelnen Online-Banken werden nicht beschrieben.

3.2.4.3   Exkurs: Sicherheit beim Online-Banking

Wie in der Folge bei den Kreditkarten noch beschrieben wird, sind beim Online-Banking viele Missbrauchsmöglichkeiten[116] gegeben. Auch hier hilft die Technik, die sich ständig weiterentwickelt, Bankdienstleistungen und -produkte für die Kunden möglichst einfach und schnell zu gestalten. Es ist praktisch, wenn z. B. die TAN-Codes per SMS auf das Mobiltelefon übermittelt werden und nicht mehr wie am Beginn der Boomjahre des E-Banking per Post zugestellt werden.

Das Lesen dieser SMS von einem Unbefugten, stellt – entsprechende Kenntnisse vorausgesetzt – durchaus keine besondere Schwierigkeit dar.

Banken müssen sich somit im Zuge der immer stärker werdenden Verwendung von diversen technischen Möglichkeiten überlegen, wie sie einerseits ihre Kunden, die z. B. das Online-Banking mit allen technischen Bequemlichkeiten nützen wollen, schützt und andererseits auch sich selbst als Anbieter dieser Dienstleistung.[117]

Diese Sicherheitsaspekte stellen für die Banken eine große Herausforderung und einen großen Aufwand dar – mit verbleibendem Restrisiko.

3.3   Zahlungsmodalitäten

Zahlungen eines Kunden oder die einer Bank können entweder bar oder bargeldlos abgewickelt werden. Erforderlich für diese Abwicklung ist ein Zahlungsverkehrs- und Korrespondenzbanksystem.

3.3.1   Bargeld

Wird heute noch – wie früher – mit Bargeld gezahlt? Ist es sicher, mit „Bargeld im Koffer"[118] unterwegs zu sein und große Summe zu transportieren?

---

[116] Auch dazu werden nur einige wenige kurz geschildert, um zu zeigen, dass manche Dienstleistungen seitens der Banken mit einem Aufwand bzw. auch mit Risiko für die Kunden verbunden sind.

[117] Siehe dazu auch: Mussler, Gegen Sicherheitsbedenken – Kunden haften nicht mehr fürs Online-Banking, in: FAZ.net, 29.12.2014, http://www.faz.net/aktuell/finanzen/meine-finanzen/sparen-und-geld-anlegen/nachrichten/commerzbank-will-akzeptanz-des-online-banking-steigern-13345581.html (30.12.2014).

[118] Eine Vorgehensweise, die Geldwäscher und andere Kriminelle gerne anwandten oder noch immer anwenden.

Grundsätzlich beschränkt sich heutzutage die Verwendung von Bargeld auf das private Umfeld und hat in der Geschäftswelt immer weniger Bedeutung. Dies gilt jedoch nicht weltweit. Es gibt – v.a. in Asien, Afrika und Lateinamerika – Regionen und Länder, in denen auch heute noch Bargeld im Geschäftsleben vorherrscht – diese werden oft als *cash societies* bezeichnet. In diesen Gebieten sind Banken nicht oder noch nicht adäquat vertreten, sodass das Wirtschaftsleben ohne Bargeld zusammenbrechen würde. In diesen Ländern und Regionen sind die schon erwähnten *money remitter* besonders stark vertreten.

Kunden, die Bargeld bevorzugen, können von ihrem Bankkonto grundsätzlich Bargeld abheben oder auch auf ihr Konto bar einzahlen, allerdings nur gemäß der gesetzlichen Bestimmungen[119] und der Vorgaben der Banken. Zunehmend wird beim Bargeldverkehr schon bei kleineren Beträgen eine Legitimierung des Kunden und eine Erklärung, woher das Geld stammt oder wofür es verwendet wird, verlangt.

3.3.2 Bargeldloser Zahlungsverkehr

Im Geschäftsleben hat sich weitgehend der **bargeldlose Zahlungsverkehr**[120] etabliert. Bei einer bargeldlosen Zahlung benutzen die beiden Beteiligten, d.h. der Zahlende und der Empfänger, jeweils ihre Konten bei den Banken. Über diese Konten wird die gewünschte Zahlung mittels Überweisung, Abbuchungsauftrag oder Lastschrift durchgeführt.

Das Konto des Zahlenden wird mit dem Betrag, der zu zahlen ist, belastet (engl. *debit*); derselbe Betrag wird dem Konto des Zahlungsempfängers gutgeschrieben (engl. *credit*).

Die gängigste Form der bargeldlosen Zahlung ist die **Überweisung**: Eine Überweisung ist eine Geldübertragung von einem Konto auf ein anderes Konto bei derselben oder einer anderen Bank. Damit erfolgen jeweils bei der Bank oder den Banken Buchungen auf den Konten des Auftraggebers und des Zahlungsempfängers.

Überweisungen, die regelmäßig zu tätigen sind, z.B. Mietzahlungen, kann der Kunde mittels **Dauerauftrag** durchführen: Die Bank erhält den Auftrag, einen gewissen Betrag, zu einem bestimmten Datum, d.h. zu einer gewissen Valuta, an einen definierten Empfän-

---

[119] Diese Bestimmungen sind wieder auf die Geldwäsche-Prävention zurückzuführen. Siehe auch Wohlschlägl-Aschberger (Hg.), Praxiswissen Geldwäsche bzw. Wohlschlägl-Aschberger (Hg.), Geldwäsche-Prävention: Praktische Maßnahmen für die Unternehmensorganisation.

[120] „Als Zahlungsverkehr bezeichnet man die Gesamtheit aller Zahlungen, also Übertragungen von Zahlungsmitteln zwischen Wirtschaftssubjekten. Er hat eine große Bedeutung im Wirtschaftsleben sowie im Alltag". Quelle: http://de.wikipedia.org/wiki/Zahlungsverkehr (01.12.2013).

ger zu überweisen. Die Einzelheiten des Auftrages – Empfänger, Betrag und Zeitpunkt – sind festgelegt und können durch den Zahlungspflichtigen jederzeit abgeändert werden. Die Banken haben technische Systeme, um die Durchführung von Daueraufträgen zu gewährleisten.

Eine andere Form ist das **Lastschriftverfahren**, für das die Banken ebenfalls entsprechende Systeme haben: In diesem Fall löst der Zahlungsempfänger die Zahlung aus (und nicht wie bei der Überweisung der Zahlungspflichtige), indem das Konto des Zahlungspflichtigen mit einem zwar definierten, jedoch nicht exakt fixierten Zahlungsbetrag zu einem gewissen Valutatag belastet wird. Der Zahlungsauftrag muss dem Zahlungsempfänger vom Zahlungspflichtigen schriftlich und unterfertigt erteilt werden. Diese Form, genannt **Einzugsermächtigung**, ermöglicht dem Zahlungspflichtigen keine weiteren Spielräume mehr – ein spontanes „Neudisponieren" ist nicht möglich, ohne die Einzugsermächtigung zu ändern bzw. ändern zu lassen.

Eine andere Form des Lastschriftverfahrens ist der **Abbuchungsauftrag**. Bei diesem erteilt der Zahlungspflichtige seiner kontoführenden Bank, d.h. der Bank, bei der er sein Konto hat, den Auftrag, die von einem bestimmten und definierten Zahlungsempfänger stammende Lastschrift (also die Forderung des Zahlungsempfängers) am Fälligkeitstag zu Lasten seines Kontos einzulösen – auf seinem Konto erfolgt eine Belastung in der Höhe des Auftrages.

In all den beschriebenen Fällen erfolgen die Zahlungen über entsprechende Buchungen auf den Konten bei den involvierten Banken – auch dies zeigt schon die Bedeutung von Konten. Als Kriterium für den bargeldlosen Zahlungsverkehr gilt, dass die Zahlungen nur durch Bewegungen des **Buchgeldes** erfolgen. Das Buchgeld (auch Giralgeld, Geschäftsbankengeld genannt) ist ein Zahlungsmittel, das im Bankwesen durch Übertragung mittels Buchungen von Girokonto zu Girokonto genutzt werden kann. Als volkswirtschaftliches Aggregat wird es dem Bargeld gegenübergestellt.[121]

Die bisher beschriebenen Beispiele setzen voraus, dass die involvierten Banken, über die die Zahlungen der Kunden abgewickelt werden, miteinander in einer Kontobeziehung stehen, d.h. entsprechende Konten bei der jeweils anderen Bank haben (Nostro- und Loro-Konten).

---

[121] Siehe dazu http://de.wikipedia.org/wiki/Buchgeld (01.12.2013).

3.3.3 Korrespondenzbankensystem

Die meisten Großbanken stehen in dieser Form miteinander in Verbindung, und zwar nicht nur in einer Währung (z. B. der Heimatwährung Euro), sondern auch in Fremdwährungen (v. a. in den wichtigen Währungen wie in US-Dollar, Schweizer Franken, Britische Pfund oder Japanische Yen). Im globalen Wirtschaftsumfeld ist die Vernetzung der Banken auf der Ebene mehrerer Währungen auch nicht mehr wegzudenken.

Jene Banken, die aber nicht miteinander in Kontobeziehung stehen, bedienen sich einer Korrespondenzbank (*correspondent banking*),[122] die eine Vermittlerrolle in der banktechnischen Abwicklung einnimmt. Dieses System wird **Korrespondenzbankensystem** genannt.

Dies gilt oftmals innerhalb eines Landes, denn kleinere Banken werden u. a. aus Kosten-, Liquiditäts- oder auch aus Bonitätsgründen nicht bei allen anderen Banken Konten unterhalten können bzw. wollen.[123] Umso mehr gilt dies aber v. a. im Bereich des Auslandszahlungsverkehrs (abgekürzt oft bezeichnet als AZV), denn es wird durchaus nicht unbedingt üblich und nötig sein, dass z. B. eine deutsche Privatbank mit einer US-amerikanischen Bank eine Kontoverbindung in US-Dollar unterhält. Sie kann sich, um an einen Empfänger in den USA eine Zahlung in US-Dollar im Rahmen eines Kundenauftrags durchzuführen, einer (oder auch mehrerer) international tätigen Korrespondenzbank(en) bedienen.

Was bedeutet das Korrespondenzbankensystem? Ein Rückblick zeigt, wie es entstand und wie es heute abläuft: In der Vergangenheit wurde zwischen den Korrespondenzbanken die Briefpost verwendet – eine Vorgangsweise, die heute kaum vorstellbar ist. Die Echtheit von Schriftstücken wurde auf Basis der vorher unterfertigten und ausgetauschten Unterschriftenverzeichnisse geprüft – in jedem Fall ein langwieriger Prozess.

---

[122] „Correspondent: financial organization that regularly performs services for another in a market inaccessible to the other. In banking there is usually a depository relationship that compensates for expenses and facilitates transactions." Quelle: Downes/Goodman, Dictionary of Finance and Investment Terms.

[123] Dies lässt sich wie folgt einfach erklären: Jede Kontoverbindung kann wechselseitig zu einer Forderung bzw. zu einer Zahlungsverpflichtung führen. Wenn jemand eine Zahlungsverpflichtung eingeht, bedeutet dies für den, der die Forderung hat, ein Bonitätsrisiko oder ein Ausfallsrisiko. Es besteht das Risiko, dass die andere Bank der Zahlungsverpflichtung nicht nachkommen kann, eventuell sogar in die Insolvenz schlittert – ein Ereignis, das in den letzten Jahren durchaus häufiger vorkam. Somit sind Banken verpflichtet, diese Bonitätsprüfung vorzunehmen.

In der Folge wurde die Briefpost durch das Telex[124] ersetzt – heute ebenfalls kaum mehr vorstellbar, auch wenn es am Anfang des letzten Jahrhunderts ein sehr wichtiges Kommunikationsmittel für Banken (und auch für viele andere Marktteilnehmer und Behörden) war. Das Fax schließlich und dessen zunehmende Verwendung und dann v.a. die Erfindung und Verbreitung der E-Mails führten zur Bedeutungslosigkeit des Telex.

SWIFT, IBAN und BIC

Heute ist das **SWIFT**-Verfahren, das in den 1970er Jahren eingeführt wurde, das entscheidende System, um zwischen den jeweiligen Banken Nachrichten zu verschicken bzw. auszutauschen. SWIFT steht für Society for Worldwide Interbank Financial Telecommunication[125] und wurde 1973 gegründet.

SWIFT wurde ursprünglich hauptsächlich für den Zahlungsverkehr entwickelt und verwendet, mittlerweile kommt SWIFT aber in den verschiedensten Bankbereichen wie z.B. dem Devisen- und Wertpapierbereich vor, aber auch im Garantiegeschäft.

SWIFT leitet verschiedene Finanztransaktionen, seien es Zahlungen oder auch Garantien, zwischen Banken, Börsen oder auch Intermediären, Broker und Finanzinstituten weiter, und zwar als SWIFT Messages.

SWIFT Messages sind eine sichere Form[126] der Kommunikation, mit der sich Banken im internationalen Zahlungsverkehr verständigen. Und diese Form ist auch schnell – etwas das nicht übersehen werden darf. Die Vorteile sind einerseits ein höherer Automatisierungsgrad und andererseits die Risikominimierung durch den Wegfall manueller Handhabung und Interventionen.

Jeder **Message Type** (MT) ist dreistellig aufgebaut:

- 1. Stelle – **Kategorie**: definiert Markt/Produktgruppe;
- 2. Stelle – **allgemeine Gruppe**: gibt Auskunft über die Aufgabe des MT im Allgemeinen;
- 3. Stelle – **Type**: ordnet den MT eindeutig zu.

Beispiel: MT 543 Lieferung gegen Zahlung (L/Z) – 5 = Wertpapier, 4 = Settlement-Instruktion, 3 = L/Z

---

[124] Telex steht für TELeprinter EXchange. Quelle: http://de.wikipedia.org/wiki/Telex (01.12.2013).

[125] Siehe dazu http://de.wikipedia.org/wiki/SWIFT (01.12.2013).

[126] Mit vielen standardisierten Nummern und Zeichen, die genau zuordenbar sein müssen und auch entsprechend dokumentiert sind.

Die **SWIFT-Adresse** dient der eindeutigen Identifizierung der SWIFT-Teilnehmer und ist folgendermaßen gegliedert:

- vierstelliger **Bankcode** (BIC);

- zweistelliger **Ländercode** (*country code*);

- zweistellige **Codierung des Ortes** (*location code*);

- dreistellige **Kennzeichnung der Filiale** (*branch code*).

Abbildung 2: Aufbau des SWIFT-Code

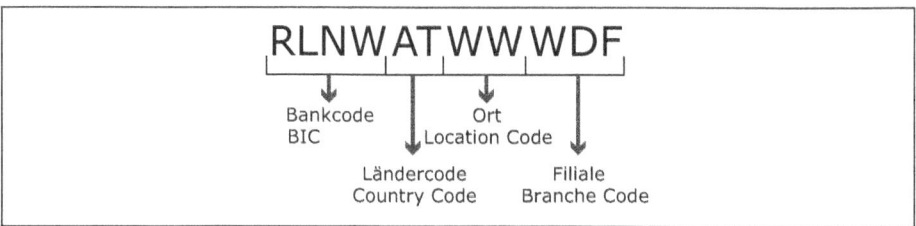

Wie funktioniert das Korrespondenzbankensystem banktechnisch? Wie schon erwähnt, ist eine Korrespondenzbank nötig, wenn zwei Banken, über die eine Kundenzahlung erfolgen soll, miteinander nicht in einer direkten Kontoverbindung stehen, d.h. wechselseitig keine Konten unterhalten.

Beispiel: Kunde A, ein Ungar, der in Wien lebt, hat ein Konto bei der Bank X in Wien und möchte seinem Schwager B, der bei der Bank Y in Tirol ein Konto hat, Geld überweisen. Bank X und Y stehen miteinander nicht in Kontoverbindung, daher muss die Bank Z als Korrespondenzbank eingeschaltet werden.

Abbildung 3: Korrespondenzbanksystem – Inland

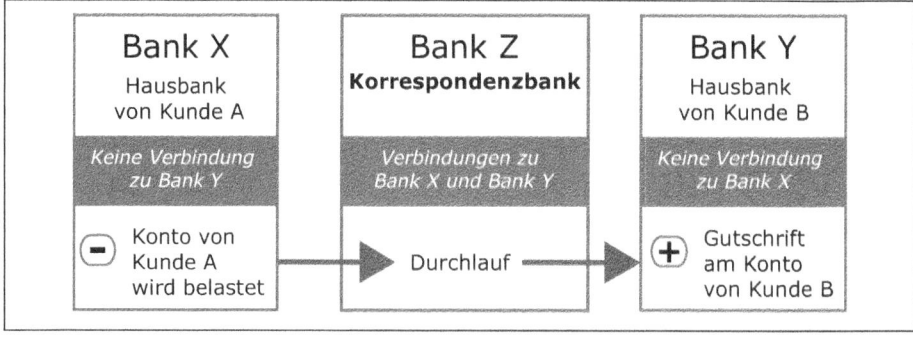

Banktechnisch – d. h. ohne dass die Kunden A und B dies sehen bzw. wissen – erfolgt die Überweisung vom Konto von A bei Bank X (sein Konto wird belastet) an die Bank Z mit dem Auftrag, diesen Betrag an die Bank Y zu leiten und dem Konto von B bei der Bank Y gutzuschreiben.

Bank X verlässt sich auf Bank Z, dass diese die Transaktion durchführt. Bank Y verlässt sich auf Bank Z, dass diese wiederum alle banktechnischen Prüfungen durchgeführt hat. Bank Z muss sich wiederum auf die Bank X verlassen, dass diese alle banktechnischen und v.a. alle aufsichtsrechtlichen Bestimmungen[127] eingehalten hat.

Wenn nur eine Korrespondenzbank involviert ist und alle Banken im selben Land ihren Sitz haben bzw. der selben Jurisdiktion unterliegen, ist es noch relativ einfach, Fragen oder Unklarheiten zu klären.

Schwieriger wird die Situation, wenn mehrere Korrespondenzbanken und mehrere Länder bzw. Jurisdiktionen involviert sind.

Abbildung 4: Korrespondenzbanksystem – Ausland

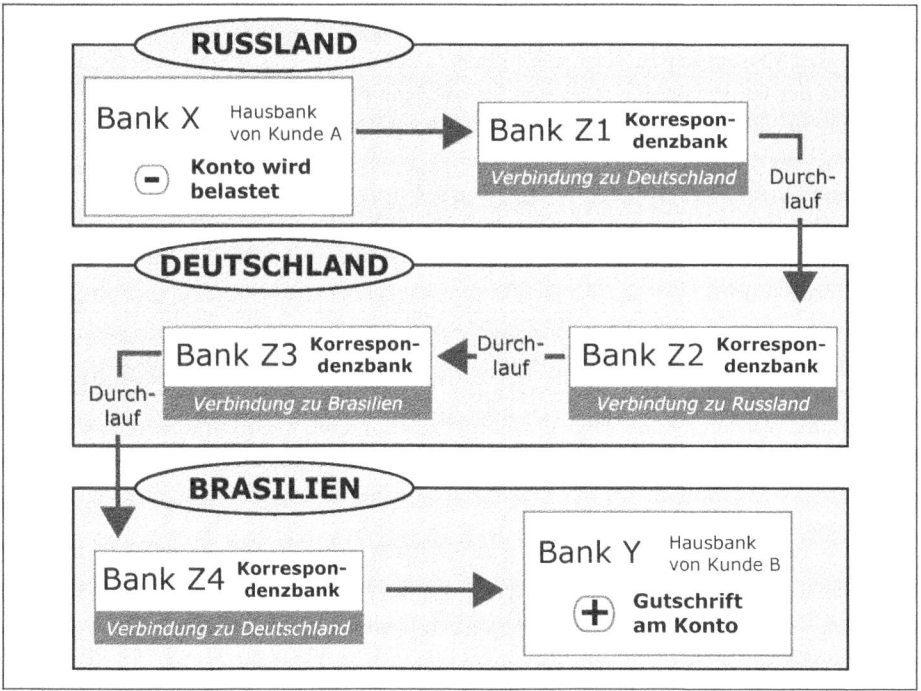

---

[127] Insbesondere wiederum die Geldwäschebestimmungen.

In diesem Fall möchte ein Kunde A in Russland seinem Geschäftspartner, Kunde B, in Brasilien Geld überweisen. Seine Bank X wendet sich an die Bank Z1, eine Bank in Russland, die wiederum als Korrespondenzbank mit einer Bank in Deutschland als Korrespondenzbank eine Bankverbindung hat. Diese Bank in Deutschland steht jedoch nicht in Verbindung mit Banken in Brasilien und muss sich somit einer weiteren Bank, Bank Z3, als Korrespondenzbank bedienen, die ihrerseits eine Bankverbindung mit einer Bank in Brasilien, Bank Z4, unterhält. Bank Z4 hat, ähnlich wie Bank Z1, den banktechnischen Zugang von oder nach Europa. Erst über Bank Z4 kann die Geldüberweisung an die Bank Y in Brasilien erfolgen und dem Kunden B auf seinem Konto gutgeschrieben werden.

Banken haben dazu technische Systeme bzw. verwenden SWIFT, um die Informationen dieses Geldtransfers zu kommunizieren. Das klingt alles relativ einfach und das ist es auch, allerdings nur solange keine Probleme auftauchen – wenn z.B. durch eine Nachfrage einer Bank (z.B. der Bank Y in Brasilien) der ganze Weg in die Gegenrichtung zwecks Aufklärung durchlaufen werden muss.

In einer globalen Wirtschaft sind Zahlungsvorgänge ohne die Einbindung von Korrespondenzbanken gar nicht möglich. Gute technische IT-Systeme, Kontrollsysteme, um Fehler oder Missbrauch zu vermeiden oder zu erkennen, sind nötig. Von diesen Vorgängen in der Bank, von den Abläufen die im Zahlungsverkehr (z.B. über die jeweilige Abteilung in einer Bank) abgewickelt werden, merkt der Kunde nichts.

Aus Kundensicht ist es lediglich nötig, gewisse Formvorschriften zu erfüllen, damit die Banken über ihre Zahlungsverkehrssysteme, die über Jahre entwickelt und laufend verbessert wurden, Überweisungen schnell, effizient und kostengünstig im In- und Ausland durchführen können.

Überweisungsaufträge müssen immer vollständig und klar lesbar ausgefüllt sein und die Angaben müssen auch inhaltlich korrekt sein. Besonders wichtig sind – neben dem Betrag und der Währung – der Name des Empfängers und die Kontonummern, sowohl die des Absenders als auch die des Empfängers. Diese Kontonummern werden durch BIC und IBAN exakt bestimmt. Ohne IBAN (und BIC im Auslandszahlungsverkehr) erfolgt keine Überweisung.

BIC[128] steht für Bank Identifier Code, das ist die internationale Bankleitzahl, die für jede Bank vergeben wird und somit die Bank genau und eindeutig identifiziert, um Verwechslungen auszuschließen. Der Code wird manchmal als Bankleitzahl, als SWIFT-BIC oder als BIC-Code bezeichnet. Grundsätzlich ist die Bankleitzahl ein vierstelliger und von der

---

[128] Siehe dazu http://de.wikipedia.org/wiki/ISO_9362 (03.12.2013).

Bank freiwählbarer Code, der dann mit zwei Buchstaben – z.B. DE für Deutschland oder AT für Österreich – als Ländercode ergänzt wird. Die weiteren vier Ziffern oder Buchstaben ergeben eine weitere Zuordnung nach dem SWIFT-System.

IBAN[129] steht für International Bank Account Number und ist eine internationale Bankkontonummer bzw. ein standardisiertes Nummernsystem, um das Zahlungsverkehrssystem zu verbessern und effizienter arbeiten zu lassen. Der IBAN setzt sich aus mehreren Teilen zusammen, die auch je nach Land unterschiedlich gestaltet werden. In Deutschland und Österreich besteht er aus der Landesbezeichnung (AT oder DE), gefolgt von einer Prüfziffer, dem BIC und schließlich der Kontonummer (des Kunden).

Formell wurde mit Wirkung vom 01.02.2014 die IBAN-Pflicht bei Überweisungen in der EU eingeführt, Kreditinstitute durften allerdings noch bis zum Ende der Übergangsfrist am 01.08.2014 Überweisungen im Altformat (Kontonummer und Bankleitzahl) akzeptieren. Diese gesetzliche Vorgabe bedeutete nicht nur für die Banken, sondern v.a. für die Kunden und die Industrie einige Umstellungen. Gerade innerhalb der EU versucht man Maßnahmen zu setzen, um die Effizienz und somit die Wettbewerbsfähigkeit zu erhöhen – ein Schlagwort dazu ist das SEPA-Verfahren.

SEPA[130] steht für Single Euro Payment Area und für die Schaffung eines einheitlichen Euro-Zahlungsverkehrsraums, um Effizienz und Wettbewerbsfähigkeit zu gewährleisten.

3.3.4 Exkurs: SEPA

Internationalität und Schnelligkeit – gewünscht von jedermann. Gerade im Euroraum[131] schien schon seit einigen Jahren ein einheitliches Zahlungssystem sinnvoll zu sein. Aber es ist nicht so einfach, ein solches zu errichten, da die einzelnen Länder, aber auch Banken bzw. Bankengruppen über unterschiedliche Systeme arbeiteten bzw. arbeiten. Diese galt es nun zu vereinheitlichen – ein großer und kostspieliger Aufwand für alle Marktteilnehmer und auch eine Herausforderung für die Regulatoren.

---

[129] Siehe http://de.wikipedia.org/wiki/International_Bank_Account_Number (03.12.2013).

[130] Siehe http://de.wikipedia.org/wiki/Einheitlicher_Euro-Zahlungsverkehrsraum (03.12.2013).

[131] Oftmals auch als Euro-Währungsgebiet oder Eurozone bezeichnet. Unter dem SEPA-Raum versteht man die EU-Mitgliedsstaatsstaaten, die EFTA-Staaten Island, Liechtenstein, Norwegen und die Schweiz sowie die beiden Staaten mit Sonderstatuts, Monaco und San Marino. Siehe u.a. auch http://www.oenb.at/Zahlungsverkehr/SEPA.html (31.12.2014), http://www.ecb.europe.eu (02.01.2015) oder http://www.bundesbank.de (02.01.2015).

SEPA ist ein Akronym für Single Euro Payments Area und steht für einen einheitlichen Euro-Zahlungsverkehrsraum. Bisher hatte jedes Land eigene Formate, Systeme und Regelungen für bargeldlose Zahlungen. Im gemeinsamen Euro-Zahlungsraum wurden SEPA-Formate eingeführt, die für alle Marktteilnehmer gleich sind. Innerhalb des SEPA-Raums gibt es für den Kunden daher keinen Unterschied mehr zwischen nationalen und grenzüberschreitenden Zahlungen.

Für diese Zahlungen sind jedoch klare und eindeutige Banken- und Kontenerkennungen absolut nötig:

- IBAN (International Bank Account Number) – die internationale Kontonummer,

- BIC (Business Identifier Code) – die internationale Bankleitzahl.

Ab 01.02.2016 ist die Angabe des BIC zusätzlich zur IBAN für internationale Zahlungen nicht mehr notwendig. Für nationale Zahlungen gilt diese Regelung bereits seit dem 01.02.2014.

Für die Banken ist dieses System eine Möglichkeit, Zahlungen für Kunden effizienter und sicherer durchzuführen, auch wenn dies derzeit Umstellungen auf der Kundenseite erfordert.

3.3.5 Kreditkarte versus Debit Card

Da die Rolle des Bargeldes im heutigen Bankgeschäft immer mehr abnimmt, spielen Karten für das Bezahlen eine große Rolle. Woher kommt das Kartengeschäft und was bringt es für Vor- und Nachteile oder auch neue z.T. noch unbekannte Risiken?

Der Begriff **Kreditkarte** kommt vom englischen Begriff *credit card* und bedeutet, dass dem Karteninhaber ein Kredit gewährt wird. Hinter der Karte steht jedoch immer eine Bank, die auch das Risiko trägt.

Wie einfach es ist, ständig Kredit zu bekommen und diesen auch laufend – je nach Belieben – ausnützen zu können, wird nachstehend gezeigt und ebenso, wie gefährlich dies sein kann und wie schnell es oft zu mehr als nur einem kurzfristigen „Konsumrausch" führt.

Erwähnt wurde der Begriff Kreditkarte das erste Mal im Jahre 1887 im Science-Fiction-Roman „Looking Backward or Life in the Year 2000"[132] von Edward Bellamy. In dieser Geschichte gibt es kein Geld, sondern Kreditkarten, von deren Wert bei jedem Kauf die

---

[132] Deutsche Ausgabe: Bellamy, Ein Rückblick aus dem Jahre 2000 auf 1887.

entsprechende Summe abgezogen wird (dies ist ein Vorgriff des Autors, denn die ersten tatsächlichen Kreditkarten wurden erst 1924 von Western Union angeboten).[133]

Die Idee zur bargeldlosen Bezahlung wurde ursprünglich als Dienstleistung oder als Aufmerksamkeit für sehr gute Kunden (VIP)[134] verstanden, z.B. in US-amerikanischen Hotels gegen Ende des 19. Jahrhunderts. Man wollte so einen „Kreis der Auserwählten" schaffen und diesem – gute Bonität wie bei jeder Kreditvergabe vorausgesetzt – die Möglichkeit geben, (viel) Geld auszugeben, d.h. einen Kreditrahmen auszunutzen und das Geld bzw. die Kreditraten zu einem späteren Zeitpunkt zurückzuzahlen.

Nach der Jahrhundertwende führten große Industrie- und Handelsunternehmen, v.a. Mineralölkonzerne und Handelsgesellschaften, die bargeldlose Bezahlung ein. Nach dem Zweiten Weltkrieg nahm das Kreditkartengeschäft auch in anderen Bereichen zu, z.B. bei Fluglinien und auch außerhalb der USA.

Bekannte Kreditkartenanbieter sind z.B. Visa, Mastercard/Eurocard, American Express und Diners Club. „Letztere war die erste derartige Universalkreditkarte, die im Februar 1950 in Form eines Clubs gegründet wurde. Sie sollte – wie der Name sagt – vorerst lediglich von den Clubmitgliedern – Freunden und Bekannten der zwei Gründer Frank McNamara, einem Unternehmer, und Ralph Schneider – in zirka zwei Dutzend ausgewählten New Yorker Restaurants zum Speisen auf Kredit eingesetzt werden."[135] McNamara gilt daher als Erfinder der Kreditkarte. Diners Club und später auch American Express expandierten weltweit. Heute zählt sicher die Visa-Karte (im Jahre 1956 erstmals ausgegeben) oder die Mastercard/Eurocard zu den weltweit führenden Kartenanbietern.

Zusätzlich zu den internationalen Anbietern gibt es aber auch regionale, z.B. China Union-Pay in der Volksrepublik China oder JCB in Japan oder Hipercard in Brasilien.

Zwei Aspekte haben alle Kartenanbieter gemeinsam: Einerseits bieten sie einen (oftmals auch sehr hohen) Kredit(-rahmen) und (lange) Zahlungsfristen bzw. Ratenzahlungen (z.B. auf Monatsbasis) an und andererseits verlangen sie auch Jahresgebühren für die Ausgabe solcher Karten, die durchaus hoch sein können.

---

[133] Siehe dazu http://de.wikipedia.org/wiki/Kreditkarte (08.12.2013) und http://de.wikipedia.org/wiki/Looking_Backward (08.12.2013).

[134] VIP steht für Very Important Persons.

[135] Siehe dazu http://de.wikipedia.org/wiki/Kreditkarte (08.12.2013).

Ein weiterer Punkt, nämlich die Bonitätsprüfung des Kunden, muss ebenfalls von allen Kartenanbietern berücksichtig werden. Diese lassen sie meist direkt von der Hausbank des Kunden (des Karteninhabers) durchführen, über dessen Konto i.d.R. auch die Abbuchung oder Bezahlung der Raten erfolgt.

Die Bonitätsprüfung ist für die Kartenanbieter erforderlich, um Kreditausfälle – so wie bei jedem anderen Kredit – zu minimieren. Sie ist sehr wichtig, denn von dieser hängen u.a. auch der verfügbare Rahmen und die Zahlungskonditionen ab.

Für gute Kunden gibt es „Vergünstigungen", wie z.B. Upgrades bei Hotelbuchungen. Diese Vergünstigungen sind für Kunden, speziell für Vielreisende und Geschäftsleute, sehr angenehm.

Das schon eingangs erwähnte Risiko liegt aber in der Verführung, Geld auszugeben, da man es ohnehin erst in einigen Wochen oder Monaten zurückzahlen muss. Zahlreiche Beispiele gerade in den USA im letzten Jahrzehnt zeigen dies deutlich. Diese Vorgangsweise führt sehr schnell zu einer hohen Verschuldung des einzelnen Kunden – eine Gefahr, der sich der Kunde oftmals nicht bewusst ist.

Diese Zahlungsstundung bzw. die Möglichkeit von Ratenzahlungen bei der Kreditkarte sind der wesentliche Unterschied zur Debit Card.

Bei einer **Debit Card** erfolgt die Abbuchung des ausgegebenen Betrags am Konto sofort bei Verwendung der Karte, z.B. bei der Bezahlung in einem Geschäft.

Eine Debit Card wird von einer Bank ausgegeben, und zwar von jener Bank, bei der der Kunde sein Konto (z.B. ein Girokonto) hat.

Auch hier wird der Rahmen für die tägliche Nutzung oder (Konto-)Überziehung auf Basis der Bonität des Kunden festgelegt. Die Abbuchung und somit die Zinsbelastung beginnt sofort zu „laufen" und die „Abdeckung" des Kontos ist je nach Vereinbarung u.U. auch schon am Monatsende verpflichtend.

Das Wort *debit* bedeutet im Englischen Soll bzw. belasten; im Lateinischen spricht das Wort *debere* „von etwas schulden". Diese Begrifflichkeit spiegelt die technische Abwicklung einer Bankomatkarte perfekt wider: Jede Abbuchung belastet das Konto zeitgleich mit der Ausgabe.

Manchmal kommt auch der Begriff **Charge Card** (vom englischen Wort *charge* – das „verrechnen" bedeutet) vor. Bei einer Debit Card wird z.B. eine Monatsrechnung an den Karteninhaber mit einem gewissen Zahlungsziel übermittelt.

Banktechnisch hat sich diese Karte[136] sowohl in Europa unter dem Namen Eurocheque-Karte (EC-Karte) als auch in den USA unter dem Namen ATM-Karte (Automatic Teller Machine) etabliert.

Was ist so eine Karte eigentlich und wie funktioniert das Zahlen mit Karten? Die Kreditkarte ermöglicht ein *pay later* (zahle später), die Debit Card – die Bankomatkarte – verlangt ein *pay now* (zahle gleich) – ein großer Unterschied im Zahlungsverhalten.[137]

In beiden Fällen handelt es sich um eine „Plastikkarte" oder um so genanntes **Plastikgeld**. Und in beiden Fällen sind sehr viele Nummern involviert: Bei der Kreditkarte gibt es eine Kreditkartennummer auf der Vorderseite und eine Sicherheitsnummer (*security code*) auf der Rückseite der Karte. Zusätzlich ist natürlich die Kontonummer des Kunden von Bedeutung, denn von diesem Konto erfolgt die Überweisung oder Abbuchung an den Kartenanbieter. Auf der Kreditkarte ist jedoch die Kontonummer nicht vermerkt.

Bei einer Debit Card ist die Kontonummer des Kunden angeführt, und wenn er mit dieser Karte bezahlen oder bei einem Bankomaten Geld beheben möchte, muss er seinen PIN[138]-Code eingeben.

Die Banken, über deren Konten diese Kartenzahlungen schlussendlich abgewickelt werden, garantieren die reibungslose und zeitgerechte Abwicklung der Zahlungen. Für die Konsumenten ist diese bargeldlose Form sehr angenehm, die Anzahl der Bankomaten und jener Geschäfte, die Kredit- oder Bankomatkarten als Zahlungsmittel akzeptieren, nehmen stetig zu.

Ebenso hat das bargeldlose Zahlen grundsätzlich für die Unternehmer und Geschäfte viele Vorteile (u.a. haben sie kein Bargeld im Safe/Tresor/Handkassa, das gestohlen werden kann). Es ist aber zu berücksichtigen, dass die technischen Voraussetzungen geschaffen werden müssen und auch der Kartenanbieter Gebühren verrechnet, sodass sich sehr kleine Betriebe diese technische Ausstattung für die bargeldlose Bezahlung nicht leisten können und daher unverändert nur Bargeld als Zahlungsmittel akzeptieren.

Im internationalen Geschäftsleben aber auch im Privaten (z.B. auf Reisen) sind diese Kartenzahlungen gar nicht mehr wegzudenken.

---

[136] Siehe dazu http://de.wikipedia.org/wiki/Debitkarte (08.12.2013).

[137] Es gibt noch eine dritte Form, genannt pay before, damit sind i.d.R. prepaid cards oder Wertkarten gemeint, die u.a. auch bei Telefonkarten verwendet werden, und v.a. für sehr kleine Beträge geeignet sind. Prepaid cards funktionieren auf Guthabenbasis.

[138] PIN steht für Personal Identification Number; sie wird dem Karteninhaber von der Bank mitgeteilt.

Kreditkarten werden auch immer mehr für Internetzahlungen verwendet. Viele Anbieter wie Hotels und Fluglinien aber auch viele andere Unternehmer verlangen bei einer Reservierung bzw. Buchung immer öfter die Kreditkarte als Zahlungsmittel.

So bequem dies auch sein mag, die Frage der Sicherheit ist nicht zu vernachlässigen. Kreditkartenanbieter haben mittlerweile internationale Standards, die sie für ihre Systeme verwenden. Trotzdem kommt es immer wieder zu Missbrauch.

Einerseits ist der Kunde gefragt: Z.B. durch eine adäquate Verwahrung der PIN-Codes und einer nicht leichtfertigen Weitergabe z.B. des *security code*. Andererseits sind die Anbieter gefordert, durch bessere Sicherheitssysteme die missbräuchlichen Angriffe abzuwehren.

Exkurs: Sicherheit bei Kreditkarten

Alles soll immer schneller und einfacher werden – die Technik ermöglicht sehr viel, sie öffnet aber oftmals auch Tür und Tor für Missbrauch.[139] Die Technik wird immer besser, aber das „kriminelle Element" auch. Kreditkarten sind seit vielen Jahren ein Angriffspunkt. Und manchmal geht es auch ganz einfach – kaum zu glauben.

> *Beispiel: Der dreistellige Sicherheitscode der Kreditkarte kann beim Einchecken im Hotel vom Hotelmitarbeiter abgeschrieben oder mit einem Mobiltelefon fotografiert werden. In der Folge ist es dann ganz einfach, diesen Code gemeinsam mit der Kreditkartennummer an eine Drittperson im Ausland mittels pre-paid-Telefon,[140] damit eine Nachvollziehbarkeit nicht möglich ist, weiterzugeben. Diese Drittperson kann nun mit der fremden Kreditkarte schnell und einfach online shoppen, während der Inhaber der Kreditkarten gemütlich im Hotel schlummert. Ungemütlich wird es für ihn, wenn er davon erfährt.*
>
> *Kreditkartenunternehmen und Banken haben jedoch über Jahre gute Systeme aufgebaut, um das Benutzen von und das Bezahlen mit einer Karte so zu überwachen (Monitoring), dass gewisse Auffälligkeiten sofort erkannt werden und die Kreditkartenunternehmen entsprechend handeln können. Im geschilderten Fall würde der Kreditkarteninhaber kontaktiert und zum Onlineshopping (meist in der Ferne bzw. auf einem anderen Kontinent) befragt werden – seine Überraschung ist sicher sehr groß und der Schlaf stellt sich so schnell nicht wieder ein.*

---

[139] Es sind nur beispielhaft einige der vielen Möglichkeiten aufgezeigt, insbesondere auch im Zusammenhang mit den Aufgaben einer Bank oder eines Kartenanbieters.

[140] Darunter versteht man nicht registrierte Telefonnummern. In vielen Ländern sind diese aber üblich und auch noch sehr kostengünstig.

Es werden auch immer mehr Sicherheitscodes eingebaut, z. B. der *security code*, den der Karteninhaber selbst erstellen und dann verwenden kann. Ferner gibt es die Möglichkeit, Kreditkarten für gewisse Länder oder Regionen zu sperren, um u. a. einen Missbrauch, wie oben beschrieben, zu verhindern.

3.3.6   Geldautomaten/Electronic Cash, Elektronische Geldbörse/E-Geld

Geldautomaten oder **Bankomaten** prägen unser Leben – überall stehen sie und man kann ihnen „Geld entziehen". Es kann der Bankomat der eigenen Hausbank sein, aber der Kunde kann auch zu einer Fremdbank gehen und dort seine Bankomatkarte verwenden.

Banktechnisch und buchungsmäßig werden die Zahlungen über den Zahlungsverkehr der involvierten Banken abgewickelt.

Unter **elektronischer Geldbörse** versteht man die Möglichkeit, auf einen Chip Geld (vom Konto) „aufzuladen" (unter Verwendung eines PIN, wie schon vorher erwähnt), wozu ebenfalls eine entsprechende technische Einrichtung erforderlich ist. Dieser Chip kann wie eine Geldbörse bspw. im Geschäft oder bei der Bahn-/Bushaltestelle verwendet werden: Wenn er leer ist – also wenn der Betrag aufgebraucht ist –, muss er neu aufgeladen werden.

Je nach Vorgaben und Bestimmungen können die vorher beschriebenen Kreditkarten oder Debit Cards als elektronische Geldbörse verwendet werden – sofern der Chip diese Zusatzfunktion vorgesehen hat.

Dieses Kapitel beschäftigte sich bisher mit dem Einlagengeschäft, das einen wesentlichen Bestandteil des Bankgeschäftes darstellt und dessen Bedeutung nachstehend auch im Zusammenhang mit anderen Bankgeschäften gezeigt wird. Ebenso wurden unterschiedliche Möglichkeiten, Zahlungen über bzw. mit Banken durchzuführen, dargestellt. Ein anderer wichtiger Teil des Kernbankgeschäftes ist das Kreditgeschäft.

3.4   Kreditgeschäft

Das Kreditgeschäft im weitesten Sinn und das Thema der Kreditvergabe generell sind gerade in den letzten Jahren stärker in den Focus der Medien, v.a. aber der Aufsichtsbehörden und der Gesetzgeber gelangt. Dies geschah insbesondere durch die so genannten notleidenden Kredite und die Zunahme von Kreditausfällen; das sind jene Kredite, die nicht mehr bedient und zurückgeführt werden und somit zu einem Verlust in der Bank, die sie vergeben hat, führen.

Ein Schlagwort, das in diesem Zusammenhang nicht nur in den Medien häufig auftaucht, sondern auch die Banken europa- und weltweit sehr intensiv beschäftigt, ist Basel III.

Damit ist ein Regelwerk gemeint, das sich wie schon die Vorgänger Basel I und Basel II mit dem Kredit- und Marktrisiko sowie anderen Risikoaspekten auseinandersetzt und Vorgaben[141] für den Finanzsektor definiert.

3.4.1 Kreditarten – Definitionen und Unterscheidungsmerkmale

Wie schon erwähnt, ist das Wort Kredit[142] vom lateinischen Begriff *credere* (glauben) und *creditum* (das auf Treu und Glauben Anvertraute) abgeleitet. Im Prinzip sind Kredite Gebrauchsüberlassungen von Geld (oder Waren – in diesem Fall wird er Warenkredit[143] genannt). I.d.R. sind sie – mit einigen Ausnahmen – auf Zeit abgeschlossen. Eine Ausnahme stellt der Wertpapierkredit[144] dar, der auch Effektenlombardkredit oder Lombardkredit genannt wird. Die im Depot hinterlegten Wertpapiere stellen die Sicherheit für den Kredit dar. Solange diese im Depot verwahrt sind und über den erforderlichen Wert verfügen und somit für Deckung gesorgt ist, ist der Kredit aufrecht.

3.4.1.1 Unterscheidung in Bezug auf die Kreditnehmer

Man spricht von **Privatkrediten** bzw. -darlehen oder Unternehmens- bzw. **Firmenkrediten**, je nachdem ob Kredite an private Personen (natürliche Personen) oder an Unternehmen/Firmen (an juristische Personen oder auch an einen Einzelkaufmann/Einzelunternehmer) vergeben werden.

Im ersten Fall wird auch der Begriff **Verbraucherkredit** oder -darlehen verwendet, aber nur dann, wenn es sich beim Kreditnehmer um einen Verbraucher im Sinne der entsprechenden Regelwerke[145] handelt und dieser ein höheres Schutzbedürfnis aufweist.

---

[141] Basel III umfasst in seiner europarechtlichen Verankerung die Richtlinie 2013/36/EU (CRD IV) und die Verordnung (EU) Nr. 575/2013 (CRR). Die neue Richtlinie ändert RL 2002/87/EG und hebt die Basel II-Richtlinien 2006/48/EG (CRD) und 2006/49/EG (CAD) auf. Die Texte der Richtlinien und Verordnung finden sich u.a. in der Online-Ausgabe des Amtsblattes der Europäischen Union (EURLEX) – siehe http://eur-lex.europa.eu/.

[142] Siehe http://de.wikipedia.org/wiki/Kredit (10.02.2014).

[143] Unter einem Warenkredit – im Unterschied zum Geldkredit – versteht man einen Kredit, der auf die Lieferung von Waren abstellt, kurzfristig ist und in der Wirtschaft auch als Lieferantenkredit oder Handelskredit bezeichnet wird. Siehe auch http://www.wirtschaftslexikon24.com/d/warenkredit/warenkredit.htm (10.02.2014) und http://www.rechnungswesen-verstehen.de/lexikon/warenkredit.php (10.02.2014).

[144] Siehe http://www.broker-test.de/online-broker/wertpapierkredit/ (30.05.2014).

[145] Siehe u.a. die Definition von Verbraucher in § 13 BGB (letzte Änderung 13.06.2014) sowie die entsprechenden Richtlinien in der Online-Datenbank unter http://eur-lex.europa.eu. Siehe auch Wellein, Verbraucherdarlehen, und Kapteina, Firmenkredite, beide in: Thöne (Hg.), Praxiswissen Bankrecht, S. 343-396 bzw. S. 397-416.

Der Begriff Firmenkredit wird verwendet, wenn der Kredit an ein Unternehmen oder einen Einzelunternehmer vergeben wird, d.h. an eine insolvenzfähige Einrichtung.

Hiervon sind Kredite, Darlehen und **Kreditlinien an Staaten, Kommunen und Gemeinden** zu unterscheiden, da davon ausgegangen wird, dass diese nicht insolvenzfähig sind. Diese Thematik wurde allerdings in jüngster Zeit wieder sehr aktuell, wobei auch schon vor vielen Jahren über die Insolvenzfähigkeit von Staaten[146] und staatlichen Einrichtungen diskutiert wurde.

In Banken werden **Finanzierungen an die Öffentliche Hand** i.d.R. in einer eigenen Abteilung geführt, getrennt vom *corporate business*, dem Firmenkundengeschäft.

3.4.1.2   Unterscheidung nach der Art der Finanzierung

Man spricht u.a. von Krediten oder Darlehen und in der Folge von Hypothekardarlehen (oder auch Immobilienfinanzierungen), Lombardkrediten, Konsortialkrediten, Kontokorrentkrediten, Avalkrediten, Akkreditiven, Investitions- und Betriebsmittelkrediten, Wechsel- und Leasingfinanzierung und Kontoüberziehungen. Man unterscheidet auch zwischen endfälligen Darlehen, Annuitäten- und Tilgungsdarlehen.

Der Begriff **Darlehen**, angelehnt an das lateinische Wort *mutuum*, stellte (insbesondere in Österreich) einen Realvertrag[147] – im Unterschied zum Konsensualvertrag – dar; mit der Verbraucherkreditrichtlinie wurde eine einheitliche Gestaltung der Verträge[148] eingeführt. Beide Begriffe, Kredite und Darlehen, werden im Bankwesen verwendet und gelten als Synonyme.

---

[146] Z.B. Diskussionen zu Argentinien und zur hohen Staatsverschuldung in den 1990er Jahren.

[147] Anmerkung: Es gab die zwei Vertragstheorien, die sich damit beschäftigten, ob der Darlehensvertrag bereits durch Einigung der Vertragsparteien zustande kam (typisch für einen Konsensualvertrag) oder ob noch zusätzlich die Auszahlung der Darlehensvaluta (typisch für einen Realvertrag) erforderlich sei. Praktische Auswirkungen gab es keine. Zur Situation in Österreich: „Neben dem Verbraucherkreditgesetz (VKrG) wurde in Umsetzung der Richtlinie 2008/48/EG auch das am 11.06.2010 Darlehens- und Kreditrechts-Änderungsgesetz (DaKRÄG – BGBl I 2010/28) in Kraft gesetzt. Dieses wurde vom Gesetzgeber quasi als erster Schritt des Modernisierungsprojektes „ABGB 2011" zum Anlass genommen, das Darlehensrecht im ABGB – den Entwicklungen in Vertragspraxis und Rechtsprechung entsprechend – einer Reform zu unterziehen." Quelle: http://todor-kostic.at/diverse-gesetzesanderungen/darlehens-und-kreditrechtsanderungsgesetz-dakrag-bgbl-i-201028/ (26.08.2014).

[148] Griss, Einundzwanzigstes Hauptstück – Von dem Darlehensvertrage, in: Koziol/Bydlinski/Bollenberger, Kurzkommentar zum ABGB, S. 1045-1062.

Hypothekarkredite sind Kredite, die durch die Eintragung eines Pfandrechts[149] (Hypothek) auf einer Liegenschaft besichert sind. Sie werden v.a. zur Finanzierung von Eigenheimen, Wohnungen und Häusern mit hypothekarischer (grundbuchlicher) Besicherung, also der Eintragung im Grundbuch, gewährt. Eine Schätzung der Liegenschaft und der Nachweis darüber sind für die Bank absolut nötig, um die vorhandene Sicherheit zu dokumentieren.

Grundsätzlich kennt man die Simultanhypothek, bei der der Pfandgläubiger mehrere Liegenschaften als Besicherung für seine Forderung hält. Er hat somit ein Wahlrecht, welche Liegenschaft oder in welcher Höhe auch mehrere Liegenschaften er zur Sicherung heranzieht.

Bei einer Höchstbetragshypothek erfolgt die Eintragung ins Grundbuch mit einem Höchstbetrag, der sich aus dem Wert der Immobilie bzw. des Grundstücks errechnen lässt. Die Eintragung mit diesem Höchstbetrag ist unabhängig davon, ob eine Forderung in diesem Ausmaß existiert. Diese Besicherung wird von Banken durchaus häufig verwendet, u.a. auch bei revolvierenden Kreditlinien.

Lombardkredite[150] sind Kredite, die durch die Verpfändung eines Wertpapierdepots besichert sind. Es sind meist kurz- bzw. mittelfristige Kredite, deren Besicherung die Verpfändung beweglicher Vermögenswerte darstellt. I.d.R. geht es um die Verpfändung von Wertpapieren, die in einem Wertpapierdepot liegen, d.h. dort ge-/verbucht sind. Dieses Wertpapierdepot wird, solange es als Sicherheit dient, gesperrt, sodass der Kunde (der Kreditnehmer) nicht darüber verfügen kann.

Die verpfändeten Wertpapiere müssen von der kreditgewährenden Bank bewertet werden und können dann mit einem gewissen Prozentsatz von bspw. 70% als Sicherheit (dazu gibt es interne Regelwerke, basierend auf den jeweiligen gesetzlichen Erfordernissen) verwendet werden. Ein laufendes Monitoring und eine regelmäßige Bewertung sind nötig, da durch Änderungen der Werte im Depot (Kursabsturz der Wertpapiere) eine Unterdeckung des Kredites entstehen und somit keine ausreichende Sicherheit mehr vorliegen kann.

---

[149] Ein Pfandrecht gilt an beweglichen Sachen und wird auch Faustpfand bezeichnet (z.B. die Übergabe von Schlüsseln zu einer Wohnung). Bei unbeweglichen Sachen wird von Hypothek, Grundschuld, Grundpfand oder Pfandrecht im weitesten Sinn gesprochen (z.B. die Eintragung im Grundbuch).

[150] Siehe auch http://www.wirtschaftslexikon24.com/d/lombardkredit/lombardkredit.htm und http://www.bankkaufmann.com/c-104-Der-Lombardkredit.html (10.02.2014).

Konsortialkredite[151] sind Kredite, bei denen nicht eine Bank alleine, sondern mehrere Banken (ein Konsortium) als Kreditgeber fungieren. Das Volumen, nicht aber die Art eines Kredites, macht es manchmal für eine Bank sinnvoll, einen Kredit zu syndizieren. Mit dieser Vorgangsweise kann der Kredit gewährt werden, ohne dass die kreditgebenden Banken ihre jeweilige Eigenkapitalbasis zu stark belasten müssen, und auch das Kreditrisiko kann somit auf mehrere Banken verteilt werden. Konsortialkredite, oft auch **syndizierte Kredite** genannt, kommen u.a. bei Projekt- oder Infrastrukturfinanzierungen regelmäßig vor.

Im Prinzip kann man zwischen zwei Modellen einer Syndizierung unterscheiden – einer echten und einer unechten Syndizierung:

- Bei der **echten Syndizierung** wird die Kreditvaluta durch die führende Bank (auch Konsortialführer genannt) an den Kreditnehmer ausbezahlt. Der Konsortialführer fordert von den Konsortialmitgliedern den jeweils vereinbarten Teilbetrag, auch Quote genannt, ein und zahlt dann den Gesamtbetrag an den Kreditnehmer aus.

- Bei der **unechten Syndizierung** zahlen die Konsorten ihren vereinbarten Betrag jeweils direkt an den Kreditnehmer.

Die Rückzahlungen bzw. Tilgungen erfolgen dann analog dazu in umgekehrter Reihenfolge.

Abbildung 5: Echter Konsortialvertrag

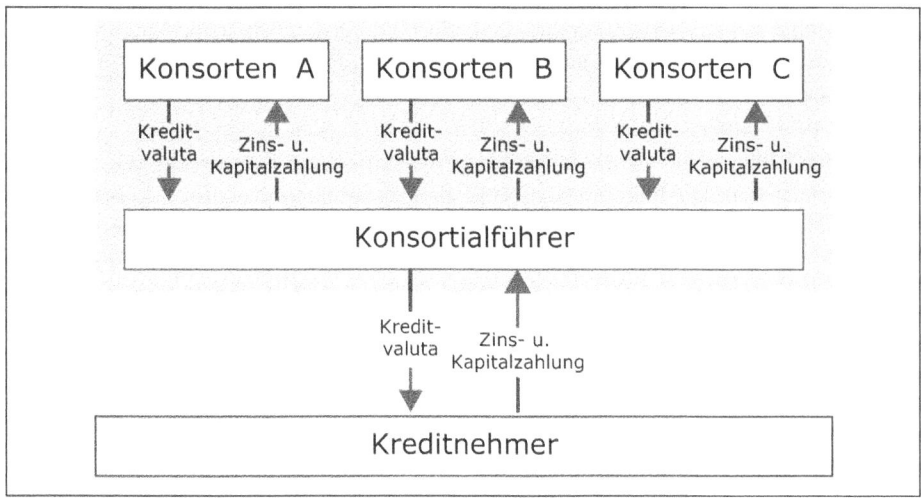

---

[151] Siehe dazu auch: Kapteina, Konsortialkredite, in: Thöne (Hg.), Praxiswissen Bankrecht, S. 397-416.

Abbildung 6: Unechter Konsortialvertrag

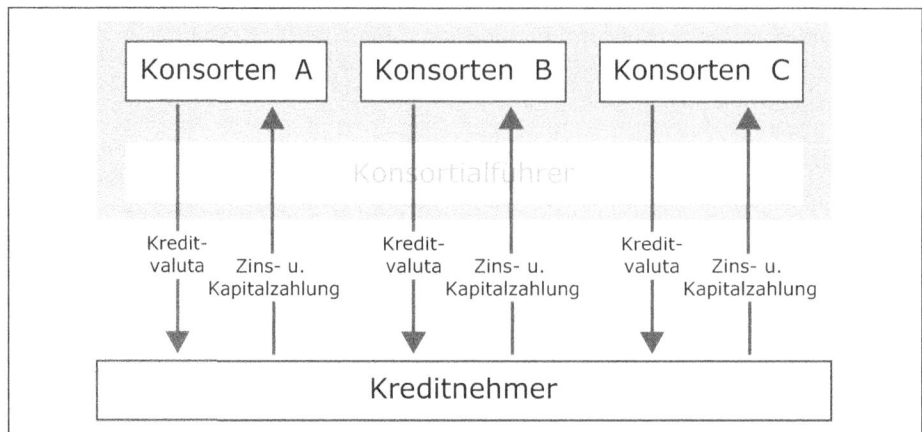

Eine Syndizierung kann – je nach Marktsituation und Risikoeinschätzung – von Anfang an vereinbart sein. Es ist aber auch möglich, dass eine Bank die Finanzierung zuerst alleine gewährt und später andere Banken als Co-Finanzierer für die eigene Risikominimierung anspricht.

Diese Vorgangsweise, die international üblich ist, wird auch als *underwriting* bezeichnet. Ein *underwriting* ist eine Unterbeteiligung, die dem Kreditnehmer nicht offengelegt sein muss und i.d.R. auch nicht offengelegt ist, d.h., der Kreditnehmer leistet vertragskonform seine Kapital- und Zinszahlungen oder Tilgungsraten an die kreditgewährende Bank. Eine Unterbeteiligung ist aber auch bei einem Kredit (ohne Konsortium, nur durch eine weitere Bank) möglich.

In manchen Fällen wird eine Bank beauftragt/mandatiert, ein Konsortium für Finanzierungen zu erstellen: Die Bank, in so einem Fall auch *arranger* genannt, bekommt in der Folge eine *arranging fee* für das Aufsetzen einer strukturierten Finanzierung auf Basis von konkreten Finanzierungsvorgaben und -bedingungen, die üblicherweise in einem *term sheet*[152] festgeschrieben sind. Für die dafür notwendigen Markt- und Kundenanalysen steht ihr auch eine Provision, oftmals als *advising fee* bezeichnet, zu.

Da bei Konsortialfinanzierungen mehrere Banken involviert sind, ist es absolut notwendig, deren Aufgaben und unterschiedlichen Rollen in den Verträgen genau festzulegen.

---

[152] Der aus dem Englischen stammende Begriff term sheet bedeutet – vereinfacht gesagt – „Kurzfassung der Bedingungen und Konditionen" und kommt in der Finanzwelt sowohl im Kredit- als auch im Wertpapierbereich vor.

Avalkredite kommen bei Firmenkunden und deren Finanzierungsbedarf häufig vor. Aval steht im Prinzip für die Begriffe Garantie und Bürgschaft.[153]

Avalkredite sind somit, wie das Wort schon sagt, Kredite oder Kreditlinien für die Übernahme von Bürgschaften und Garantien durch Banken, u. a. für Gewährleistungen, Zölle und Abgaben, die der Kunde (der Kreditnehmer) zu irgendeinem späteren Zeitpunkt leisten muss. In der Praxis werden diese Linien auch für Akkreditive eingeräumt.

Der wichtige Unterschied zu den anderen Kreditformen ist, dass im Falle eines Avalkredites keine Liquidität, d. h. kein Geld, fließt, sondern „nur" ein Zahlungsversprechen – in Form einer Garantie, einer Bürgschaft oder eines Akkreditivs – abgegeben wird. Für Unternehmen ist diese Vorgangsweise sehr hilfreich, denn Garantien und Akkreditive sind im Wirtschaftsleben lebensnotwendig. Für die Bank stellt der Avalkredit (als auch die Garantie) eine Eventualverbindlichkeit (d. h. „wird unterm Strich" verbucht) dar und unterliegt somit anderen Kapitalerfordernissen.

Bei Firmenkunden sind sowohl **Investitionskredite** als auch **Betriebsmittelkredite** gängige und sehr wichtige Finanzierungslinien.

Erstere sind als meist langfristige Finanzierungen für Gegenstände des Anlagevermögens, z. B. für Projektinvestitionen oder die Errichtung einer Hotelanlage, geeignet. Zweitere sind typischerweise Kredite für die Finanzierung des Umlaufvermögens, d. h. des laufenden Geschäftsbetriebs, und werden oftmals auch als Kreditlinien auf das Giro-Geschäftskonto gewährt.

Revolvierende Kredite sind für den Kreditnehmer vorteilhaft, da auf einem ausschließlich im Minus geführten Kreditkonto ein Rahmen vereinbart wird, der abgerufen werden kann, wenn Bedarf besteht. Daher wird der Betrieb des Kreditnehmers weniger durch Zinszahlungen belastet, wenn kein Kapital benötigt, d. h. nicht abgerufen, wird. Nach einer Reduzierung ist jedoch – wenn erforderlich – auch wieder die volle Inanspruchnahme möglich.

Im Wirtschaftsleben werden auch **Diskontkredite** gewährt, die für den Ankauf von Wechseln[154] gedacht sind und i. d. R. als Kreditlinien eingeräumt werden. Das Wechselgeschäft ist in den letzten Jahren zurückgegangen und kommt nur mehr vereinzelt vor,

---

[153] Eine Bürgschaft ist vom Grundgeschäft abhängig, d. h. akzessorisch. Dies stellt den Unterschied zu einer (abstrakten) Bankgarantie dar, die bei erster Aufforderung („auf erstes Anfordern") fällig wird und nicht vom Grundgeschäft abhängig ist.

[154] Der Wechsel ist ein schuldrechtliches Wertpapier und hat seinen Ursprung im 16. Jahrhundert.

da der Zahlungsverkehr – v.a. Überweisungen oder das Bezahlen mit Karten – wesentlich einfacher, schneller und sicherer ist.

Kontokorrentkredite werden als Kreditlinien (Kreditrahmen) über das Girokonto eingeräumt. Sie können sowohl von Privatkunden als auch von Firmenkunden in Anspruch genommen werden und gewähren einen „schnellen Zugriff" auf nötige Liquidität. Diese Kredite werden nur eingeräumt, wenn eine entsprechende Bonität[155] des Kunden vorliegt und die Kreditvaluta auch besichert ist (z.B. durch Wertpapierdepots). Beide Erfordernisse, die Bonität und die Sicherheiten, sind entsprechend zu dokumentieren.

Eine andere Form der Finanzierung stellt die **Leasingfinanzierung**[156] dar. Diese kommt v.a. bei Auto- und Schiffsfinanzierungen zum Einsatz, aber auch bei anderen leasingfähigen Sachgütern (z.B. bei Büro- und landwirtschaftlichen Maschinen).

Diese Art der Finanzierung bedeutet, dass der Leasinggeber (die Leasinggesellschaft) das Investitionsrisiko auf den Leasingnehmer (den Kunden bzw. Kreditnehmer) überwälzt. Das Objekt, das zu finanzieren ist (z.B. das Auto), ist im Eigentum des Leasinggebers. Somit hat der Kunde (der Leasingnehmer) kein Eigentum erworben (z.B. am Auto), sondern nur das Recht auf Nutzung (z.B. er darf das Auto fahren). Er kann jedoch das Leasingobjekt nach Ablauf des Vertrages zu einem gewissen Preis (Restwert) kaufen. Diese Art der Finanzierung (auch *finance lease* genannt) wird auch als atypischer Mietvertrag gewertet. Der Leasingnehmer leistet Ratenzahlungen gegen Gebrauchsüberlassung, er trägt die Sach- und Preisgefahr in Verbindung mit einer späteren Kaufmöglichkeit zu dem geringeren Restwertkaufpreis. Das Objekt (z.B. das Auto) ist im Eigentum des Leasinggebers und stellt somit die Sicherheit für den Finanzierer dar.

Zum Kreditgeschäft im weitesten Sinn gehören auch die Übernahme von Garantien und die Abwicklung von Akkreditiven. Beide Instrumente haben in der Wirtschaft national und v.a. international eine sehr große Bedeutung.

---

[155] Die Bonität beschreibt die Kreditwürdigkeit und Zahlungsfähigkeit eines Schuldners, d.h. eines Kreditnehmers oder eines Emittenten, wenn es sich um die Begebung von Wertpapieren handelt.

[156] Financial Lease: „Lease in which the services provided by the lessor to the lessee is limited to financing equipment. All other responsibilities related to the possession of equipment, such as maintenance, insurance, and taxes are borne by the lessee." Quelle: Downes/Goodman: Dictionary of Finance and Investment Terms.

3.4.2 Garantiegeschäft

Das **Garantiegeschäft** ist ein Bankgeschäft.[157] Die Bonitäts- und Sicherheitenprüfung für die Erstellung einer Garantie erfolgt so wie bei jeder anderen Kreditvergabe.

Die Bank stellt nach entsprechendem Antrag eines Kunden eine (Bank-)Garantie aus. Es gibt eine Vielfalt von Garantien wie z. B. die Bieter-/Bietungs- oder Liefergarantie, zwei sehr gängige Arten, oder auch die Anzahlungs- bzw. Gewährleistungsgarantie.

Wie eine Garantie funktioniert, soll am Beispiel der **Bietungsgarantie**, die am internationalen Markt auch *bid bond*[158] genannt wird, dargestellt werden. Wenn sich ein Unternehmen an einer öffentlichen Auftragsausschreibung – egal ob im In- oder im Ausland – bewerben möchte, sind verschiedene Kriterien zu beachten und zu erfüllen. Eine der Voraussetzungen ist die Vorlage einer Bietungsgarantie, ausgestellt von einer gut bewerteten Bank (z. B. ein Rating von AAA oder AA).[159] Meist wird verlangt, dass eine Bank jenes Landes, in dem das Projekt ausgeschrieben ist, die Bietungsgarantie ausstellt.

Durch diese Bankgarantie stellt die haftende Bank sicher, dass der Bieter bei der Ausschreibung jederzeit in der Lage ist, eine entsprechende Vertrags- oder Konventionalstrafe zu zahlen, sollte er die bei der Angebotsabgabe übernommenen Verpflichtungen nicht erfüllen können oder nach Zuschlag des Projektes (der Ausschreibung) den Vertrag nicht unterschreiben. I. d. R. ist die Laufzeit dieser Garantie auf die Dauer der Ausschreibungsfrist abgestellt.

Die Garantie ist für den Auftraggeber bzw. für die ausschreibende Stelle bestimmt und somit dieser vorzulegen, da sie eine der Bedingungen für die Teilnahme an der Ausschreibung darstellt. Dem Unternehmen, dem Bankkunden, der an der Ausschreibung teilnehmen möchte, wird banktechnisch der Avalkredit eingeräumt. Der Kunde muss dafür – wie bei jedem Kredit – Sicherheiten hinterlegen. Sicherheiten können – wie schon ausgeführt – generell Liegenschaften oder auch Wertpapiere sein.

Die Garantie gewährende Bank kann sich aber auch ihrerseits durch die Garantie einer anderen Bank absichern, dies wird als Rückgarantie bezeichnet. Die Bank, die eine Rückgarantie abgibt, muss wiederum über die entsprechende Bonität verfügen, denn ansonsten stellt diese Rückgarantie keine adäquate Sicherheit für die Bank, die die Garantie abgibt, dar.

---

[157] Geregelt in § 1 Abs. 1 Nr. 8 KWG und in § 1 Abs. 1 Nr. 8 BWG.

[158] Einfach übersetzt: Haftung (bond) für das Bieten (bid).

[159] Siehe dazu Abschnitt 3.5 sowie zu Ratingagenturen und Bewertungen Wohlschlägl-Aschberger, Praxiswissen Finanzinstrumente, S. 94.

Abbildung 7: Projektbewerbung mit Bankgarantie

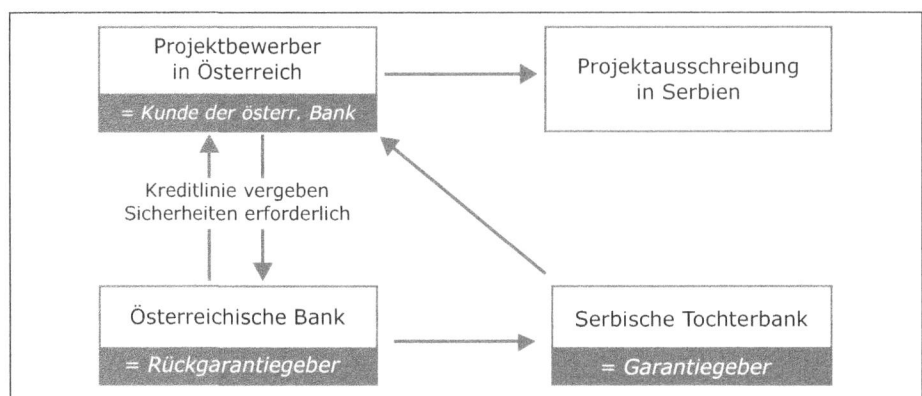

Bankgarantien sind im internationalen Wirtschaftsleben sehr wichtig, sie sind im Unterschied zur Bürgschaft nicht akzessorisch, sondern abstrakt und „auf erstes Anfordern" zahlbar und sie unterliegen einheitlichen Richtlinien, den Uniform Rules for Demand Guarantees, die von der Internationalen Handelskammer (ICC)[160] in Paris verabschiedet wurden.

3.4.3 Akkreditive

Die **Abwicklung von Akkreditiven** ist ebenfalls ein Bankgeschäft. Akkreditive sind ebenfalls – wie Bankgarantien – durch ICC-Richtlinien geregelt. International wird der Begriff Uniform Customs and Practices for Documentary Credits verwendet. Diese werden i.d.R. über die AGB für anwendbar erklärt. ICC-Richtlinien haben keinen Gesetzescharakter, aber sie dienen der Rechtssicherheit im internationalen Wirtschaftsleben.

Da Akkreditive (auch als *letter of credit* bezeichnet) eine wichtige Rolle im weltweiten Handel spielen, wird nun die **Funktionsweise eines Akkreditivs**[161] beschrieben.

---

[160] Die International Chamber of Commerce (ICC) mit Sitz in Paris wurde 1919 als nicht staatliche Organisation mit der Zielsetzung gegründet, den internationalen Handel zu unterstützen. Sie veröffentlicht Beispiele und Richtlinien, u.a. auch zu den Akkreditiven. Siehe dazu auch http://www.iccwbo.org/ (30.05.2014).

[161] Erläuterungen und eine hilfreiche Checkliste zur Erstellung von Akkreditivdokumenten finden sich unter http://www.duesseldorf.ihk.de/Aussenwirtschaft/Zoll-_und_ Aussenwirtschaftsrecht/1284776/Akkreditiv.html (26.08.2014). Die Internationale Handelskammer (ICC) regelt diesen Handelsbrauch seit 1936 mit ihren Regeln für das Dokumentenakkreditiv. Die geltende Fassung sind die 2007 herausgegebenen ERA (Einheitliche Richtlinien und Gebräuche für Dokumenten-Akkreditive)/UCP 600, (Uniform Customs and Practice for Documentary Credits) – siehe hierzu http://www.icc-austria.org/de/Beratung/ Zahlungsabsicherung/Dokumentenakkreditive.htm (26.08.2014).

Wenn die Bank ein Akkreditiv eröffnet, gewährt sie einen Kredit an den Kunden, der auch der Auftraggeber ist – einen Kredit, der – wie schon erwähnt – unter den Begriff Avalkredit fällt und so wie auch die Bankgarantie als Eventualverbindlichkeit ausgewiesen und „unterm Strich" ge- bzw. verbucht wird.

Die Bank, die ein Akkreditiv eröffnet, wird auch eröffnende Bank oder Akkreditivbank (*issuing bank*) genannt. Das Akkreditiv stellt eine unwiderrufliche Verpflichtung der Bank dar, gegen eine konforme Dokumentenvorlage eines Begünstigten (*beneficiary*) an diesen bei seiner Bank, die die avisierende Bank oder Avisobank (*advising bank*) ist, eine entsprechende Zahlung zu leisten. Der Begünstigte ist i.d.R. der Verkäufer oder der Exporteur einer Ware. Der Auftraggeber (*applicant*), nämlich der Kunde der (eröffnenden) Bank, ist i.d.R. der Käufer oder Importeur einer Ware.

Beim Abschluss eines Kaufvertrages wird ein Akkreditiv vereinbart; dies bedeutet Folgendes: Der Käufer verpflichtet sich, rechtzeitig für die Eröffnung des Akkreditivs zu sorgen. Somit übernimmt das Akkreditiv eine Kreditfunktion, wobei die entsprechenden Sicherheiten – wie bei jedem Kredit – vorher vorliegen und geprüft werden müssen. Der Verkäufer hat die Sicherheit, dass bei Vorlage der Dokumente bezahlt wird. Somit stellt das Akkreditiv eine Zahlungsfunktion dar.

Die Dokumente sind genau definiert und umfassen u.a. Lieferschein, Frachtbrief, Verschiffungsdokument und Versicherungsscheine. Die Dokumente erbringen den Nachweis, dass die Lieferung erfolgt ist.

Diese Dokumente werden von der avisierenden Bank eingereicht und von der eröffnenden Bank geprüft. Wenn diese Dokumente vorliegen und die Prüfung erfolgreich ist, dann erfolgt die Zahlung.

Der Vorteil für den Verkäufer/den Exporteur (den Begünstigten) ist, dass er die Zahlung bei Vorlage der Dokumente erhält, auch wenn die Waren z.B. noch „unterwegs" sind.

Grundsätzlich kann man zwischen einem unbestätigten und einem bestätigten Akkreditiv unterscheiden:

- Beim **unbestätigten Akkreditiv** übernimmt die eröffnende Bank die Zahlungsverpflichtung, d.h., der Begünstigte richtet seinen Anspruch an diese. Das wirtschaftliche Risiko oder das politische Risiko im Lande der eröffnenden Bank bleiben jedoch für den Begünstigten bestehen.

- Beim **bestätigten Akkreditiv** besteht sein Anspruch gegen die eröffnende und die bestätigende Bank (beide als Gesamtschuldner). Die bestätigende Bank ist immer die avisierende Bank und üblicherweise im Lande des Exporteurs/des Begünstigten beheimatet – sie übernimmt somit die politischen und die wirtschaftlichen Risiken des Landes der eröffnenden Bank, die sie meist jedoch auch nicht kennt bzw. abschätzen kann.

Wenn, wie in dem beschriebenen Fall, Dokumente eingereicht werden, spricht man i.d.R. von **Dokumentenakkreditiv**.

Dem steht ein **Barakkreditiv** gegenüber, bei dem nur gegen Legitimationsnachweis gezahlt wird, es kommt in der Praxis allerdings kaum mehr vor.

Abbildung 8: Aufgaben, Funktionen und Partner bei der Akkreditivvergabe

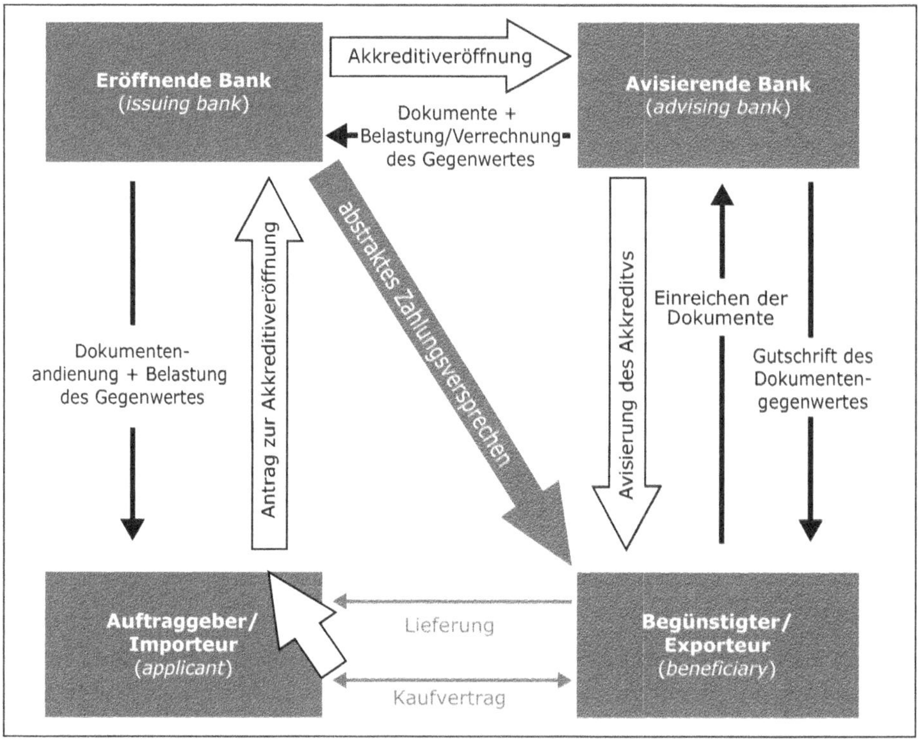

Quelle: In Anlehnung an Gabler Wirtschaftslexikon (http://wirtschaftslexikon.gabler.de/ Definition/akkreditiv.html (11.05.2015))

Im internationalen Wirtschaftsleben kommt auch der Begriff **Standby-Letter of Credit** vor. Diese Bezeichnung stammt aus den USA, und zwar aus jener Zeit, in der oftmals Banken nicht berechtigt waren, Garantien zu erstellen. Der Standby-Letter of Credit entspricht somit einer Bankgarantie, mit der die Haftung für die Nichterfüllung übernommen wird. Bei einem Akkreditiv hingegen geht es, wie beschrieben, um eine Zahlungsabwicklung bei vertraglicher Erfüllung, nicht aber um eine Haftung bei Nichterfüllung.

Im Rahmen des Akkreditivgeschäftes ist es Aufgabe der Bank, Dokumente zu prüfen. Es handelt sich dabei um eine formelle Prüfung der Dokumentenvorlage hinsichtlich der festgelegten Akkreditivbedingungen. Es ist keine Überprüfung von Form und Vollständigkeit, Echtheit oder Fälschung des eingereichten Dokuments. Daher übernimmt die Bank auch keine Haftung für diese Punkte. Auch für die Menge und Qualität der Waren oder für den Wert der Lieferung wird seitens der Bank keine Haftung übernommen. Somit sind für die Bank auch keine speziellen Kenntnisse in den jeweiligen Wirtschaftssektoren und Branchen erforderlich.

In einer Bank werden Akkreditivegeschäfte üblicherweise in der Dokumentenabteilung abgewickelt.

Das Kreditgeschäft wird i.d.R. in der Kreditabteilung (*credit department*) betreut. Die Abwicklung der Kredite nach Genehmigung ist oftmals in der Kreditabwicklung (*loan administration*) angesiedelt. Die Sanierungsabteilung (*rehabilitation*) ist, wie das Wort sagt, für die Sanierungsfälle und damit für jene Kreditnehmer zuständig, die ihre offenen Kredite nicht mehr bedienen können.

3.5 Schwerpunktthema – Kreditrisiko und Risikovorsorge

Das Kreditgeschäft ist eine Banktätigkeit, die für die gesamte Volkswirtschaft – sowohl für Großunternehmen, für Mittelstandsunternehmen[162] und Kleingewebebetriebe als auch für Privatkunden – relevant war, ist und immer sein wird.

Die letzten Jahre, die von der Wirtschafts- und Finanzkrise geprägt waren, haben gezeigt, dass Banken für Risikoausfälle manchmal wenig bzw. zu wenig Vorsorge getroffen haben,

---

[162] Spezielle Aspekte zu dieser Finanzierungsthematik siehe u.a. in: Grunow, Mittelstandsfinanzierung. Ein Leitfaden für Unternehmen.

und dass durch die erhöhten Erfordernisse – Schlagwort Basel III, insbesondere im Bereich der Kapitalkriterien[163] – auch eine „Kreditklemme"[164] entstehen kann, die sich für die Realwirtschaft negativ auswirkt.

In der Folge wird das Thema Kredit- oder Ausfallsrisiko kurz dargestellt – ein altbekanntes, jedoch immer brandaktuelles Thema –, und zwar anhand der Entwicklung von Basel I bis III, eine Entwicklung, die sicher noch nicht zu Ende ist.

Was bedeutet **Kredit-** oder **Ausfallsrisiko**? Kreditrisiko bedeutet für eine Bank die Gefahr, dass es bei der Gewährung von Krediten zu einem teilweisen oder auch vollständigen Ausfall der vertraglich vereinbarten Kapital-, Zins- und/oder Tilgungszahlungen, die der Kreditnehmer zu erbringen hat, kommt, d.h., der Kreditnehmer zahlt nicht wie vertraglich vereinbart, sondern nur teilweise oder gar nicht.

Es handelt sich hier um ein Forderungsausfallsrisiko, da eine Forderung, die die Bank gegenüber dem Kreditnehmer hat, von diesem nicht beglichen wird. Andere Begriffe, die dafür verwendet werden, sind auch Kreditausfallsrisiko oder Adressenausfallsrisiko.

Die **Gründe für einen Kreditausfall** können ganz unterschiedlicher Natur sein:

- Einerseits kann z.B. das Unternehmen, der Kreditnehmer, durch politische oder wirtschaftliche Umstände in seinem Land nicht in der Lage sein, Kredite zurückzuführen – man spricht dann von einem Länderrisiko.

- Andererseits können auch Währungsrisiken schlagend werden, insbesondere bei Krediten in Fremdwährung oder wenn Absicherungsgeschäfte zum Kredit ebenfalls in Fremdwährung (z.B. Devisenoptionsgeschäfte) abgeschlossen wurden.

Ein Sicherungsrisiko entsteht dann, wenn die Sicherheiten überhaupt nicht mehr bzw. nicht mehr im angenommen Wert vorliegen.

Ein kurzfristiger Liquiditätsengpass beim Unternehmen kann dazu führen, dass Zinszahlungen nicht geleistet werden können und mehrfach gestundet werden müssen – ein Liquiditätsrisiko, das durchaus oft, v.a. in wirtschaftlich schwierigen Situationen, vorzufinden ist.

---

[163] Siehe dazu: Free exchange: Capital punishment. Forcing banks to hold more capital may not be always wise, in: The Economist, 14.09.2013.

[164] Siehe dazu: Tucek, EU will Firmen über neue Sparkonten finanzieren, in: WirtschaftsBlatt, 14.02.2014, S. 3.

Wenn sich die Bonität eines Unternehmens verschlechtert und u. U. auch zu einer Insolvenz führt, dann spricht man auch von Bonitätsrisiko.

Diese nicht vollständige Auflistung einiger Risiken, die mit einer Kreditvergabe verbunden sind, zeigt, dass das Kreditgeschäft ein Risikogeschäft für die Bank ist – wie das Bankgeschäft generell. Jede Bank muss mit diesem Risiko entsprechend umgehen, sie muss es erkennen, evaluieren, minimieren und regelmäßig neu überprüfen (*credit monitoring*).

Dabei sind meines Erachtens im Sinn der „Sorgfalt eines ordentlichen Kaufmanns"[165] schon seit jeher zwei Aspekte entscheidend: einerseits die Bonitäts- und Sicherheitenprüfung eines Kreditnehmers vor Kreditvergabe und andererseits die entsprechende Risikovorsorge in der Bank für den Fall eines Kreditausfalles.

Die Bonitäts- und die Sicherheitenprüfung, die sorgfältig und gemäß der jeweils geltenden gesetzlichen Bestimmungen sowie der bankinternen Regelwerke durchzuführen sind, umfassen u. a. die Beurteilung des Kreditnehmers und des Geschäftsplans sowie die Stellung der wesentlichen Frage nach der Rückführbarkeit des Kredites. Zudem müssen die Sicherheiten und deren Werte auch auf Nachhaltigkeit geprüft werden; dies ist zu dokumentieren und es muss auch laufend auf Änderungen, insbesondere Wertverschlechterungen, reagiert werden, damit es nicht zu einer Unterdeckung des Kredites kommt. Eine Unterdeckung erhöht das Kreditrisiko für die Bank, die auch dafür Vorsorge treffen muss.

Sollte jedoch ein Kreditrisiko schlagend werden, wird die Bank auf die entsprechend aufgebauten Reserven, wenn sie diese Risikovorsorge gemäß den gesetzlichen Bestimmungen zeitgerecht veranlasst hat, zurückgreifen können.

Was hat dies nun mit Basel I bis III zu tun?

3.5.1   Von Basel I bis Basel III

Basel ist eine wunderschöne Stadt in der Schweiz und wurde dann auch zu einem Schlagwort[166] für den weltweiten Finanzsektor.

---

[165]   Dies ist eine altbekannte HGB-Bestimmung – § 86 Abs. 3 und insbesondere § 347 Abs. 1 HGB.

[166]   Dieses „Schlagwort" könnte nicht nur Seiten, sondern mehrere Bücher füllen. An dieser Stelle werden nur einige relevante Aspekte in der Kürze angeführt.

Basel I steht für Basler Akkord, d.h. für die ersten Regelwerke des Basler Ausschusses,[167] und stellt die erste Eigenkapitalvereinbarung aus dem Jahr 1988 dar. Bis dahin waren – generell gesprochen[168] – die Normen in den jeweiligen Ländern unterschiedlich und Regulierungsarbitrage auf diese Weise möglich und einfach.

3.5.1.1 Der Weg zu Basel I

Vor Basel I gab es in den jeweiligen nationalen Bankregelwerken keine oder keine ausreichenden Eigenkapitalvorschriften für Banken. Man verzeichnete zunehmende Insolvenzen von Wirtschaftsunternehmen und stellte fest, dass es meist kein ausreichendes Eigenkapital in den Bankinstituten gab, um diese Kreditausfälle abzufedern.

Der Zusammenbruch der Herstatt-Bank 1974 (Devisenspekulationen) stellte damals den größten Bankcrash dar – einige andere[169] folgten in den Jahren danach.

Die Besorgnis der G-10-Staaten, dass das Eigenkapital der wichtigsten internationalen Banken auf ein gefährliches Tief gefallen war, wurde stärker und resultierte schließlich in der dringend gegebenen Notwendigkeit, für eine einheitliche Eigenkapitalbasis von Banken und auch für eine bessere und einheitliche Beaufsichtigungen durch die jeweiligen nationalen Bankenaufsichten zu sorgen.

Vereinfacht gesagt wurden Eigenkapitalvorschriften dahingehend „verschärft", dass die maximale Kreditvergabe limitiert und an verfügbares Eigenkapital geknüpft wurde.

---

[167] Der Basler Ausschuss für Bankenaufsicht, auch bekannt unter Basel Committee on Banking Supervision (BCBS), war 1974 von den Zentralbanken und Aufsichtsbehörden der G 10 mit Sitz in Basel gegründet worden – siehe http://bis.org/bcbs/ (26.08.2014). Die G 10 (Group of Ten) war 1962 von zehn führenden Industrienationen – USA, Kanada, Großbritannien, Deutschland, Italien, Frankreich, Belgien, Niederlande, Schweden, Japan – ins Leben gerufen worden. 1983 trat auch die Schweiz der Gruppe bei, die Bezeichnung G 10 blieb allerdings unverändert.

[168] Siehe dazu auch: Stephan, Umbruch der Bankenregulierung. Die Entwicklung des Baseler Regelwerkes im Überblick, in: Hofmann (Hg.), Basel II und MaRisk, S. 9.

[169] Z.B. der Zusammenbruch der isländischen Kaupthing Bank, der Northern Rock oder der Royal Bank of Scotland in Großbritannien, die Notverstaatlichungen der Carnegie Bank in Schweden, der Bankia in Spanien, der Hypo Real Estate Holding in Deutschland sowie der Hypo Alpe Adria in Österreich – um nur einige zu nennen, die ausgiebig durch die Medien gingen und gehen.

3.5.1.2 Von Basel I zu Basel II

Es zeigte sich jedoch, dass die Maßnahmen von Basel I nicht ausreichend waren. Es kam zu weiteren Problemen bei und mit Banken sowie zu Änderungen am Finanzmarkt, sodass neue Überlegungen und Verhandlungen auf internationaler Ebene nötig waren.

Einerseits wurden die Eigenkapitalvorschriften bei Kreditvergaben verschärft, indem die geforderte Eigenkapitalunterlegung[170] an die Bonität und die Bewertung der Bonität des Kreditnehmers gekoppelt wurde, andererseits wurde auf andere Risiken – u.a. Marktrisiken – abgestellt.

Basel II war geschaffen – ein Regelwerk,[171] das sich nicht nur – wie Basel I – mit dem Kreditrisiko beschäftigte, sondern auch mit dem Marktrisiko und dem bis dahin vernachlässigten Operationellen Risiko,[172] und das schlussendlich auch die Aufsichtsstrukturen[173] erweiterte.

Das Regelwerk Basel II wurde seit 1999 über viele Jahre diskutiert, die entsprechenden EU-Bestimmungen sind aus dem Jahre 2006 und wurden z.T. im Januar 2007 bzw. 2008 in den EU-Mitgliedstaaten umgesetzt – u.a. in Deutschland und Österreich mittels entsprechender Gesetze und Verordnungen[174] – und stellten einen massiven Einschnitt in die bisherigen Marktusancen dar.

---

[170] In diesem Zusammenhang sind die Begriffe Standardansatz, der auf externe Ratings beruht, und der Internal Rating Based Approach (IRB), der wie der Advanced Measurement Approach (AMA) auf interne Ratings basiert, bekannt; sie definieren die Verfahren, mit denen die Bonität der Kreditnehmer und die Ermittlung der Eigenkapitalunterlegung zu berechnen sind. Siehe dazu u.a. die Bestimmungen zur Basel II.

[171] Siehe dazu auch: Börner/Rühle, Auswirkungen der Basler Reformen auf die Finanzierungssituation mittelständischer Unternehmen in Deutschland, in: Hofmann (Hg.), Basel II und MaRisk, S. 367.

[172] Eine „Typology of Operational Risk" des Europaen Financial Institutions Risk Managers Forums downloadbar unter http://www.efirm.org/Appendix1.pdf (06.08.2014). Siehe dazu auch die Websites der Nationalbanken und Aufsichtsbehörden.

[173] Bafin, Die internationale Aufsichtsstruktur im Wandel, 02.10.2012, http://www.bafin.de/ SharedDocs/Veroeffentlichungen/DE/Fachartikel/2012/fa_bj_2012_10_wandel_ internationale_aufsicht.html (06.08.2014). Siehe dazu auch die Websites der Nationalbanken und Aufsichtsbehörden.

[174] V.a. durch die Solvabilitätsverordnungen in den jeweiligen Ländern. Österreich: Rechtsnorm online unter http://www.ris.bka.gv.at/Dokument.wxe?Abfrage=Bundesnormen& Dokumentnummer=NOR40135472 (26.08.2014). Deutschland: Aktuelle Einordnung und Link zu Gesetzestext und Erläuterungen unter http://www.bafin.de/DE/Aufsicht/ BankenFinanzdienstleister/Eigenmittelanforderungen/eigenmittelanforderungen_node.html (26.08.2014).

3.5.1.3 Weiterentwicklung zu Basel III

Schon Mitte 2007 setzte weltweit eine Krise ein und sie war und ist wohl die schwerste seit den Jahren des Zweiten Weltkrieges. Banken gingen in die Insolvenz oder mussten mit Staatshilfe gerettet werden, um den „Untergang" zu verhindern.

Auch wenn die „Spitze" der Krise die Insolenz der US-amerikanischen Investmentbank Lehman Brothers im September 2008 darstellte, hatte es davor schon massive Schwierigkeiten am Finanzmarkt – gehäufte Kreditausfälle und vermehrte Liquiditätsengpässe – gegeben. Dann, nach der „Spitze", stürzte das Vertrauen der Marktteilnehmer in den Finanzmarkt ab – die Krise wurde zu einer Vertrauenskrise und jede Vertrauenskrise ist gefährlich, sehr gefährlich.

Der Basler Ausschuss legte im Herbst 2010 das Regelwerk Basel III vor – mit umfangreichen Änderungen, Verbesserungen und Verschärfungen zu Eigenkapital- und Liquiditätsbestimmungen. Die nationale Umsetzung startete 2013 und wird sich in Übergangsphasen noch über die nächsten Jahre erstrecken.

Die G 20[175] versuchten schon mit Basel II und nun mit Basel III einen „engeren" Rahmen für die Finanzindustrie zu schaffen; dabei ist die Zielsetzung klar: Banken sollten krisenfester werden, um so das Vertrauen in die Märkte zu stärken.

Was bedeutet dies nun für die Banken und das Bankgeschäft? Vereinfacht gesagt bedeutet es, dass Banken sowohl ihre Eigenkapital- als auch ihre Liquiditätsbasis verbessern müssen. Denn die Krise hat gezeigt, dass ausreichendes Eigenkapital alleine diese nicht unbedingt verhindert hätte können, da die Banken oftmals mangels ausreichender Liquidität nicht in der Lage waren, ihre Zahlungsverpflichtungen zu erfüllen.

Das Erfordernis „Mehr an Eigenmittel", das durch die neuen Kapitalbestimmungen[176] verlangt wird, stellt für die Banken einen Risikopuffer für ihre Banktätigkeit dar. Allerdings kostet es die Banken auch Geld, Kapital aufzunehmen und Liquidität zu halten. Dies führt u. a. zu der schon erwähnten Kreditklemme, aber auch zur Frage, unter welchen Bedingungen kann bzw. darf eine Bank nun Kredite vergeben?

---

[175] Die G 20 steht für die Gruppe der zwanzig wichtigsten Industrie- und Schwellenländern und besteht seit 1999 – siehe www.g20.org (26.08.2014).

[176] Details hierzu u. a. auf der Website der Europäischen Kommission unter http://ec.europa.eu/internal_market/bank/regcapital/index_de.htm (inkl. Links zu den Rechtsnormen) bzw. mit Verweis zur Umsetzung in Deutschland auf http://www.bafin.de oder http://www.bundesbank.de und für Österreich http://www.fma.gv.at oder http://www.oenb.at – Suchbegriff: Basel III.

Der Grundsatz der Bonitäts- und Sicherheitenprüfung bleibt unverändert aufrecht, jedoch müssen andere Bewertungsregeln für die Eigenmittelunterlegung, d.h. für die Risikogewichtung, herangezogen werden. Die Kosten für die Eigenmittelunterlegung müssen in die Kreditzinsen miteingerechnet werden. Vereinfacht gesagt: Je schlechter die Bonität ist, desto höher sind die Zinsen bzw. die Kosten für den Kunden. Denn das Bonitätsrisiko muss mit einem Risikopuffer, also mit mehr Eigenmittel, unterlegt werden. Der Puffer ist nötig, um in Zukunft Kreditausfälle besser „abfedern" zu können, und somit Bankinsolvenzen oder Bankrettungen durch Staaten zu vermeiden.

Gerade im Zuge der Krise kamen die Ratingagenturen „ins Gerede" – und zwar bis heute – egal ob vom Kredit- oder vom Wertpapiersektor gesprochen wird.

3.5.2   Exkurs: Ratingagenturen

„Credit ratings provide individual and institutional investors with information that assists them in determining whether issuers of debt obligations and fixed-income securities will be able to meet their obligations with respect to those securities. Credit rating agencies provide investors with objective analyses and independent assessments of companies and countries that issue such securities." [177]

Ratingagenturen nehmen – vereinfacht gesagt – Bonitätsbewertungen von Emittenten (ob Unternehmen oder auch Staaten) und Wertpapieren vor. Die Bonitätsbeurteilung erfolgt aufgrund bestimmter Methoden[178] und Regeln, das Ergebnis dieser Untersuchung, das Rating, liefert wichtige Informationen für die Investoren.

Der Ursprung der Ratingagenturen (Credit Rating Agency (CRA)) geht ins 19. bzw. in das beginnende 20. Jahrhundert zurück. So wurden in den USA u.a. die hohen Kosten der Eisenbahnbauten nicht nur durch Kredit finanziert, sondern durch die Begebung von Anleihen, für die ein Rating erforderlich war.

Die Ratingagenturen selbst aber erhitzen nun gerade im Zusammenhang mit der jüngsten Finanzmarktkrise die Gemüter[179] und führen zu neuen regulatorischen Überlegungen,

---

[177] Quelle: http://www.investopedia.com/articles/bonds/09/history-credit-rating-agencies.asp (31.12.2014).

[178] Die Methodologie ist z.T. unterschiedlich, aber doch transparent und nachvollziehbar. Auch wenn es zu den Annalen und Hypothesen unterschiedliche Auffassungen geben mag.

[179] Siehe u.a. http://www.spiegel.de/thema/ratingagenturen/ (31.12.2014). Oder auch: Sustala, Italien prüft Milliardenklage gegen Ratingagenturen, in: derstandard.at, 05.02.2014, http://derstandard.at/1389859443992/Italien-will-Rating-Agenturen-auf-Milliarden-klagen (31.12.2014).

wie z.B. der Gründung von europäischen Ratingagenturen,[180] die auch einer Aufsichts-behörde unterliegen, als Gegenpol zu den US-amerikanischen.

Banken sowie auch andere Marktteilnehmer bedienen sich der Ratingagenturen – und daran wird sich auch in Zukunft kaum etwas ändern –, da sie selbst nicht über Möglich-keiten für Bonitätsprüfungen verfügen und die Durchführung von diesen Bewertungen auch nicht ihre Aufgabe ist. Für sie ist das Vorliegen eines Ratings sowohl bei Erst-emissionen (IPO), die sie betreuen, als auch in der Folge beim Handel in Wertpapieren für die Kunden sowie auch für den Eigenhandel wichtig.

3.5.3 Schwerpunktthema – Kreditprüfung und Kreditvergabe

Banken sind generell und durch entsprechende Regelwerke angehalten, ihre Ablauf-prozesse dahingehend zu strukturieren, dass Fehler vermieden werden und sich somit auch das operationelle Risiko für die Bank minimiert.

Einige wesentliche Kernelemente sollen in der Folge dargestellt werden, wobei der ge-samte Prozess der Kreditprüfung und -vergabe sehr umfangreich und auch von Bank zu Bank unterschiedlich ist sowie einer Fülle von gesetzlichen und regulatorischen Regel-werken[181] unterliegt.

Ein Bestandteil dieses Prozesses ist bspw. die Erstellung von **Kredithandbüchern** oder *credit manuals*, die je nach Bankinstitut und Geschäftsmodell sehr umfangreich sein können bzw. müssen.

Im Rahmen dieser Kredithandbücher werden z.B. **Pouvoir-Regeln** festgelegt: Sie halten fest, wer in der Bank welche Kreditarten und v.a. bis zu welcher Höhe genehmigen darf. I.d.R. mag dies den Aufsichtsrat, den Vorstand oder ein Kreditkomitee umfassen, es können aber auch Berechtigungen für Abteilungs- oder Filialleiter vorgesehen sein. In einem Bankkonzern wird auch die Konzernstruktur mitzuberücksichtigen sein.

---

[180] Ratingagenturen, welche innerhalb der EU als solche zur Bewertung bestimmter Risiken auf Finanzmärkten anerkannt sind, werden als External Credit Assessment Institutions (ECAI) bezeichnet. Ratingagenturen unterliegen i.d.R. der jeweils staatlichen Aufsicht. Ohne Genehmigung der EU kann somit in Europa keine Ratingagentur gegründet werden. Die EU kann den Agenturen bei Verstößen die Lizenz entziehen. Die Aufsicht über die Agenturen liegt bei der europäischen Wertpapieraufsicht, European Securities and Markets Authority (ESMA), und den Behörden der Mitgliedsstaaten.

[181] Für Österreich wurde in Kooperation mit der OeNB zur Hilfestellung für Kreditinstitute eine Leitfadenreihe zu Kreditvergabe, Kreditrisiko usw. aufgelegt – siehe http://www.fma.gv.at/de/ueber-die-fma/publikationen/fmaoenb-leitfadenreihe.html (26.08.2014).

Front Office (damit ist die Kundeberaterseite gemeint) und **Back Office** (damit ist die Kreditabteilung gemeint) sind Begriffe in der Bankenwelt für eine Unterscheidung, die auf das altbekannte Vieraugenprinzip zurückgeht. Seit den zuvor angeführten Gesetzesentwicklungen findet man dafür auch die Bezeichnungen „Markt" und „Marktfolge".

Die gesetzlichen Vorgaben verlangen eine strikte aufbauorganisatorische Trennung der Bereiche „**Markt**" (Initiierung durch den Kundenbetreuer) und „**Marktfolge**" (Risiko-Controlling durch den *credit officer*).

Tabelle 1: Organisation, Aufgabenteilung und Vieraugenprinzip

Organisation	Aufgabenstellung	Vieraugenprinzip
Markt (Front Office) (Kundenberatung)	• Initiierung von Kreditgeschäften • Regelmäßige Betreuung der Kreditnehmer	• Erstvotum bei Kreditentscheidungen • Erstvotum bei regelmäßiger oder anlassbezogenen (Neu-) Risikobewertung
Marktfolge (Back Office) (Kredit-/Risikoprüfung)	• Kreditaufbereitung • Kreditprüfung • Regelmäßiges Monitoring • Unabhängigkeit vom Markt muss in der Organisation garantiert sein	• Zweitvotum bei Kreditentscheidung • Zweitvotum bei regelmäßiger oder anlassbezogenen (Neu-) Risikobewertung

Quelle: Gabler Wirtschaftslexikon (http://wirtschaftslexikon.gabler.de/Definition/markt-und-marktfolge.html (11.05.2015))

Der Hintergrund dazu ist ganz einfach und nicht neu:

Jener Mitarbeiter – egal auf welcher hierarchischen Ebene (Kundenberater, Front Office oder Markt) –, der mit dem Kunden Gespräche zu Kreditanfragen und -wünschen führt, sollte diese zwar fundiert aufbereiten und prüfen, aber nicht alleine. V.a. die Entscheidung über die Kreditvergabe sollte nicht von einer Person alleine getroffen werden.

Das Back Office, die Kreditabteilung oder die Marktfolge, ist für die Kreditaufbereitung und -prüfung verantwortlich. Diese umfasst – vereinfacht dargestellt – die Prüfung und Bewertung von Dokumenten, von Zahlen und vorgelegten Informationen und Begründungen.

Die Überprüfung der Dokumente ist sehr wichtig, um die Bonität und die Sicherheiten zu verifizieren, fehlende Unterlagen anzufordern oder Informationen beim Kunden zu hinterfragen.

Die Marktfolge ist als Unterstützung des Marktes und somit der Gesamtbank zu sehen (und nicht als „Geschäftsverhinderer" abzustempeln).

Der Entscheidungsträger, ob ein Kreditkomitee oder der Aufsichtsrat, der Vorstand oder andere, je nach Pouvoir-Regeln, wird die Aufbereitung und Argumentation der Marktfolge bei seiner Kreditentscheidung berücksichtigen.

Je besser die Kreditprüfung vor der Kreditvergabe ist, desto geringer ist das Risiko, dass dieser Kredit ein Problemkredit wird und die Bank in die Lage versetzt, Stundungen von Zins- oder Tilgungszahlungen oder auch Aufstockungen des Kreditvolumens („gutes Geld schlechtem Geld nachwerfen") vornehmen zu müssen. Letzteres geschieht oft in der Hoffnung, dass sich das Kundenprojekt doch noch irgendwann rechnet und der Kredit adäquat bedient werden kann.

Sollte der Kredit jedoch nicht bedient bzw. rückgeführt werden können, dann ist die Frage der vorliegenden Sicherheiten entscheidend. Eine Prüfung, ob eine Verwertung der gewährten Sicherheiten möglich und sinnvoll ist, um das Ausfallsrisiko der Bank zu minimieren, wird dringend nötig.

Die von der Bank verlangten und vom Kunden beigebrachten **Sicherheiten** sind – oftmals durch Dritte – im Rahmen der Kreditprüfung gemäß der externen und internen Regelwerke auf den Wert zu prüfen.

Der Wert von Sicherheiten kann sich während der Laufzeit eines Kredites durchaus ändern. Es kann sich das Wertpapierdepot durch Kursschwankungen verschlechtern oder es können die Immobilienpreise durch eine geänderte Marktsituationen fallen, wodurch sich natürlich auch die Sicherheiten im Wert verringern – dies führt i.d.R. zu einer Unterdeckung des Kredites.

Im regelmäßigen Kreditmonitoring ist daher auf Änderungen bei den Sicherheiten zu achten und u.U. sind vom Kunden zusätzliche Sicherheiten beizubringen.

Ein solches Kreditmonitoring umfasst auch die wirtschaftliche Situation des Kunden, die sich ebenfalls verändern kann. Die kreditgewährende Bank muss reagieren, wenn sich die ursprünglich angenommene Bonität des Kunden verändert oder nicht mehr gegeben ist.

3.5.4 Schwerpunktthema – Notleidende Kredite

Der Begriff „Problemkredit" wurde schon erwähnt, und für diesen findet man auch oft den Begriff „fauler Kredit".

In der englischen Sprache bzw. an den Finanzmärkten in den USA und in England kommen Begriffe vor, die nun auch in Europa immer häufiger[182] Verwendung finden, wie z.B. *distressed*[183] oder *distressed credit/loan/debt*. Ebenso sind die **Non-Performing Loans** (NPL) als Bezeichnung gebräuchlich und seit der Wirtschaftskrise auch der Begriff „toxischer"[184] (vergifteter) Kredit.

Wie schon erwähnt, muss das kreditgewährende Bankinstitut im Fall eines „notleidenden" Kredites eine Reihe von Maßnahmen ergreifen, um die Verluste so gering wie möglich zu halten.

Wenn sich abzeichnet, dass ein Kredit in absehbarer Zeit als notleidend eingestuft werden muss, verliert er für die Bank an Wert.

Von einem **notleidenden Kredit** spricht man, wenn die Rückzahlung nicht mehr sicher gewährleistet werden kann. Diese Gefährdung tritt ein, wenn es dem Kreditgeber trotz adäquater Bonitätsprüfung und Risikosicherungsmaßnahmen nicht gelungen ist, den Zahlungsausfall abzusehen und zu verhindern.

Gesetzliche Bestimmungen[185] definieren einen Kredit u.a. dann als notleidend, wenn der Kreditschuldner über 90 Tage mit der Zahlung rückständig ist oder wenn sich bspw. seine wirtschaftliche Situation derart verschlechtert hat, dass die Bank, als Gläubiger, die ordnungsgemäße Bedienung als gefährdet ansieht.[186]

„Zweifelhafte" Forderungen gehen zu Lasten des Ertrages, daher werden Banken, wenn sie eine solche Gefährdung als gegeben ansehen, eine **Einzelwertberichtigung** (EWB)[187]

---

[182] Damit sind insbesondere EU-Regelwerke gemeint.

[183] Der Gegensatz ist non-distressed oder sound – wie es i.d.R. bei Bankbewertungen vorzufinden ist.

[184] Dieser Begriff findet sich auch im Wertpapierbereich.

[185] Siehe dazu u.a. die Bestimmungen basierend auf Basel II und II sowie die jeweiligen nationalen Bestimmungen.

[186] Siehe dazu u.a.: Bafin, Jahresbericht der Bafin 2010, S 169. Siehe dazu allgemein: IWF, The Treatment of Nonperforming Loans, Eighteenth Meeting of the IMF Committee on Balance of Payments Statistics Washington, D.C., June 27–July 1, 2005, BOPCOM-05/29.

[187] Eine EWB lässt sich vereinfacht als Korrekturposten auf der Passivseite der Bilanz, die den Buchwert eines Vermögenspostens an seinen niedrigeren tatsächlichen Wert anpasst, beschreiben. Für einen Einblick in die Problematik der Bilanzierung von Krediten BCBS, Sachgerechte Methoden der Bilanzierung von Krediten, Juli 1999 – siehe http://www.bis.org/publ/bcbs55de.pdf (09.08.2014).

vornehmen. Diese ist wiederum verlusterhöhend und deshalb i.d.R. nicht besonders „gewünscht".[188]

Um Verluste aus Kreditvergaben zu vermeiden bzw. möglichst gering zu halten, hat eine Bank bei der Bearbeitung notleidender Kredite die Möglichkeit, diese Kredite, d.h. die Kreditforderungen, zu verkaufen. Ein Forderungsverkauf[189] war und ist eine durchaus gängige Vorgangsweise, die aber gerade auch vor und während der Finanzkrise 2007/2008 in Verruf geraten[190] ist.

Der **Forderungsverkauf** richtet sich nach den jeweiligen zivilrechtlichen Möglichkeiten und muss, wie jede vertragliche Gestaltung, entsprechend dokumentiert werden.

Die Kreditforderung muss bewertet werden und wird dann zu diesem Preis verkauft. Der Vorteil für den Verkäufer ist, dass er sofort Liquidität bekommt, was im Falle einer Sanierung oder einer Insolvenzabwicklung nicht gegeben ist.

Der Käufer übernimmt in der Folge somit das Kreditrisiko. Er hat aber auch die Möglichkeit, die Forderung und damit das Kreditrisiko sofort oder zu einem späteren Zeitpunkt wieder weiterzuverkaufen.

Ist der Forderungsverkauf ein neuer Begriff am Finanzsektor? Nein, sicher nicht, auch wenn im Zuge der Krise der Verkauf von Kreditforderungen als „bösartige" Vorgehensweise der Banken in Verruf geraten ist.

Zwei Begriffe, die sich in diesem Zusammenhang am Finanzmarkt finden, sind **Factoring** oder **Forfaiting** – beide sind altbekannt. Sie werden im Geschäftsleben v.a. bei kleineren und mittelständischen Unternehmen verwendet, und zwar, wenn eine Forderung abgetreten, verkauft bzw. übertragen wird, um so – schnell und einfach – Liquidität zu schaffen.

---

[188] Beispiele der Vergangenheit zeigen, dass die Bildung von EWB möglicherweise zu spät oder nicht im erforderlichen Umfang vorgenommen wurde – dabei ist aber festzuhalten, dass eine retrospektive Betrachtung sehr problematisch ist bzw. sein kann.

[189] Siehe dazu http://www.creditreform.com/news/news/news-list/details/news-detail/forderungsverkauf-sofortige-liquiditaet-aus-inkasso-faellen.html (13.06.2014).

[190] Dazu und zum Thema Verbriefungen und Kreditsicherungsinstrumente, wie u.a. Credit Default Swap (CDS) oder Asset Backed Securities (ABS).

Das Wort Factoring kommt vom lateinischen *factura* und wurde erstmals in den Textilindustrien in den USA eingeführt. Die Ausgestaltungen eines Factorings sind unterschiedlich,[191] u.a. auch in der Frage, wer das Risiko trägt bzw. ob es sich um ein echtes oder unechtes Factoring handelt.

Die Forfaitierung – oder auch Forfaiting – kommt aus dem Französischen, *vendre à forfait*, und stellt quasi einen Forderungsverkauf „im Packet" dar. Es ist ein klassisches Instrument der Exportfinanzierung, findet sich aber auch im Bereich der Leasingunternehmen, da es – wie das Factoring – eine schnelle und einfache Liquiditätsbeschaffung darstellt. Im öffentlichen Bereich wird Forfaiting ebenfalls verwendet[192] – laut Berichten wurde es erstmals anfangs der 1980er Jahre im Zusammenhang mit Weizenhandelsgeschäften zwischen der Sowjetunion und den USA und Europa gemeinsam mit Wechselbürgschaften angewandt.

Für Banken stellt der Forderungsverkauf auch eine „Erleichterung" im aufsichtsrechtlichen Bereich dar, und zwar u.a. durch weniger Aufwand und Dokumentation im Bereich des Kreditrisikomanagements.[193] Durch verstärkte regulatorische Erfordernisse, wie die bereits erwähnten Basel-III-Bestimmungen, wird von einigen Experten eine Zunahme im Bereich der Forderungsverkaufsinstrumente erwartet.

In der Folge werden nun die banktechnisch notwendigen Zusammenhänge zwischen Einlagen- und Kreditgeschäft aufgezeigt und erklärt. Wie spiegeln sich die vergebenen Kredite und die entgegengenommen Einlagen in einer Bank wider und wie hängen sie zusammen?

Eine Bank erstellt – wie jedes Unternehmen in der Wirtschaft – eine Bilanz. Das Wort Bilanz stammt vom lateinischen Begriff *bilanx* und ist auch im Italienischen unter *bilancia* bekannt – beide Ausdrücke stehen für „Waage". Auch das englische Wort *balance* spricht von *„having two scales".*[194]

---

[191] Siehe dazu u.a. http://www.factorbank.com (13.06.2014).

[192] Z.B. durch das Aufsetzen von Gesellschaften für u.a. Bau- oder Infrastrukturprojekte, oftmals unter PPP (Public Private Partnership) bekannt, die ihre Forderungen an Banken verkaufen, und so Liquidität für weitere Projekte schaffen.

[193] Bafin, Rundschreiben 10/2012 (BA) vom 14.12.2012, Mindestanforderungen an das Risikomanagement – MaRisk bzw. Finanzmarktaufsicht (FMA), FMA-Mindeststandards zum Risikomanagement und zur Vergabe von Fremdwährungskrediten und Krediten mit Tilgungsträgern vom 02.01.2013.

[194] Siehe dazu: Guralnik, Webster's New World Dictionary, Second College Edition.

Eine Bilanz[195] setzt sich aus der Aktiv- und der Passivseite zusammen, stellt also eine Waage dar – eine Waage zwischen der Herkunft der Gelder und der Verwendung der Gelder.

Die Bankbilanz umfasst – vereinfacht gesagt und nur auf diese beiden Bereiche abgestellt – auf der **Aktivseite** (*assets*) die Kredite und auf der **Passivseite** (*liabilities*)[196] die Einlagen. Auf der Aktivseite (Aktiva) stehen die Forderungen, in unserem Fall die Forderungen an Kreditnehmer. Auf der Passivseite (Passiva) stehen die Verbindlichkeiten, in unserem Fall die Verpflichtungen gegenüber den Einlegern, den Sparern.

Abbildung 9: Bankbilanz – Kredit- und Einlagengeschäft

Bilanz	
AKTIVA	PASSIVA
Forderungen gegenüber Kunden (Kreditgeschäft)	Verbindlichkeiten gegenüber Kunden (Einlagengeschäft)

Die Einlagen der Kunden werden, wie schon eingangs erwähnt, für die Vergabe von Krediten an Kunden verwendet – das Geld „arbeitet". Wenn in der Folge von Kunden gesprochen wird, sind damit immer sowohl Privatkunden als auch Unternehmungen oder die öffentliche Hand gemeint, nicht jedoch andere Banken.

Die Spareinlagen, Sicht- oder Termineinlagen von Kunden, werden daher oftmals auch als **Primäreinlagen** bezeichnet. Jene von Privatkunden (natürlichen Personen) sind gemäß den jeweiligen gesetzlichen Rahmenbedingungen im Sinne einer Einlagensicherung im Insolvenzfall der Bank geschützt.

Ohne auf einzelne Aspekte des Bankgeschäftes, wie z.B. Zinssätze, Kosten und Spesen, Fristen und Fristigkeiten, Laufzeiten und unterschiedliche Währungen, eingehen zu wollen, ist doch – auch im Sinn des Wortes „Bilanz" (egal in welcher Sprache) – offensichtlich, dass nur so viele Kredite vergeben werden dürfen, als Einlagen vorliegen. Grundsätzlich ist dies ein richtiger Ansatz, der jedoch in der Vergangenheit – bedingt durch unterschiedliche Gründe und ohne dass man sofort an eine Krisensituation denken muss – nicht immer bzw. nicht immer zur Gänze zur Anwendung kam oder kommen konnte.

---

[195] Balance Sheet: „[...] showing the status of a company's assets, liabilities and owner's equity on a given date [...]". Quelle: Downes/Goodmann, Dictionary of Finance and Investment Terms.

[196] Meist korrekterweise bezeichnet als liabilities and equity.

So ging das Volumen der Einlagen zurück (z.B. durch die Zunahme anderer Veranlagungsformen) und das Volumen der Kreditnachfrage stieg (unverändert) an – Letzteres ist grundsätzlich eine positive Entwicklung, sofern die Standards zur Kreditvergabe eingehalten werden.

Damit Banken im Sinne ihrer Bedeutung als Finanzgeber für die gesamte Volkswirtschaft weiterhin Kredite vergeben können, auch wenn die (Primär-)Einlagen rückläufig sind, ist es notwendig, dass die Banken Gelder im eigenen Namen am Finanzmarkt aufnehmen, um so eine **Refinanzierungsbasis** für die weitere Kreditvergabe zu schaffen. Eine Möglichkeit dafür, die an dieser Stelle erwähnt wird, ist die Begebung von Schuldverschreibungen (z.B. Bankanleihen).

Die Summe der Primäreinlagen und die Summe der Erlöse aus eigenen Emissionen der Bank stellen somit die **Primärmittel** dar, ein Begriff, der gerade in der letzten Finanzkrise wieder häufig Diskussionsthema wurde und dies auch nach wie vor ist.

Die begebenen Schuldverschreibungen stehen auf der Passivseite der Bilanz.

Abbildung 10: Bankbilanz – verbriefe Verbindlichkeiten[197]

Bilanz	
AKTIVA	PASSIVA
Forderungen gegenüber Kunden (Kreditgeschäft)	Verbindlichkeiten gegenüber Kunden (Einlagengeschäft)
	Verbriefte Verbindlichkeiten (Ausgabe von Schuldverschreibungen, Bankanleihen, Pfandbriefen ...)

Die Einlagen- und Kreditgeschäfte hängen zusammen – Kredite müssen refinanziert werden. Die Bank benötigt Liquidität – vereinfacht gesagt „Geld", das sie weitergeben kann – Einlagen von Kunden und die Begebung von Bankschuldverschreibungen, die Investoren/Anleger zeichnen, eignen sich dafür.

---

[197] Siehe dazu auch Wohlschlägl-Aschberger, Praxiswissen Finanzinstrumente, S. 25-41.

3.6 Die Refinanzierung – die Liquidität – ein Stolperstein in der Finanzwelt

Wie geschildert, kann es durch eine geänderte Marktlage, z.B. durch einen Rückgang der Primäreinlagen, sowohl zu einem Engpass bei der Kreditvergabe als auch zu einem Engpass in der Liquidität einer Bank kommen. Auch eine Zunahme an „faulen" Krediten (Problemkrediten), wie sie v.a. im Krisenfall stattfindet, kann zu einem Engpass bei der Kreditvergabe bzw. der Liquidität führen.

Dies bedeutet oftmals, dass Kredite gestundet, nicht oder nicht zur Gänze bedient oder Kreditvolumina aufgestockt werden – i.d.R. in der (vagen) Hoffnung, dass die Ausstockung hilft und der Kredit dann wieder „ordentlich" bedient werden kann.

Somit muss eine Bank Schuldverschreibungen (Anleihen) begeben, um ihre Primärmittel zu erhöhen, aber möglicherweise ist dies nur zu schlechten Konditionen möglich und wissend, dass die prognostizierten Erträge, z.B. Zins- und Kapitaltilgungen durch den Kreditnehmer, ausbleiben werden.

Kann es auch sein, dass die Konditionen zu schlecht sind oder dass die Bank überhaupt keine Schuldverschreibungen aufnehmen kann? Kann es sein, dass sie keine Liquidität bekommt? Dies sind Situationen, die gerade in den letzten Jahren zunahmen und zu problematischen Auswirkungen führten.

Damit stellt sich vereinfacht formuliert die Frage: Hat die Bank noch genug Liquidität?

Um diese Liquidität zu messen und zu steuern, gibt es die **Loan-to-Deposit Ratio** (LDR). Die klassische LDR hat aber einen Mangel, einen wesentlichen, wie die jüngste Vergangenheit gezeigt hat: Sie definiert sich als „Verhältnis von Ausleihungen an Kunden zu Einlagen von Kunden" und umfasst nur Spar- und Termineinlagen, also die Primäreinlagen, und nicht die anderen Positionen in der Bilanz. Sie berücksichtigt keine Geld- und Kapitalmarktgeschäfte und v.a. auch keine Fristigkeiten – Punkte, die aber meines Erachtens sehr wesentlich sind.

Somit stellt die LDR die Refinanzierungssituation einer Bank durchaus unvollständig bzw. verzehrt dar. Die LDR wird als schwache oder manchmal auch zahnlose Kennzahl bezeichnet. Änderungen[198] in der Gesetzgebung als Reaktion auf die Krise, die im Grunde

---

[198] Informationen zu Liquiditätsanforderungen, zur LiqV und zu den Neuerungen im Zusammenhang mit Basel III/CRD IV siehe Bafin-Homepage (http://www.bafin.de – Suche: Liquiditäsanforderungen).

genommen eine Liquiditätskrise war, setzen bei anderen Vorgaben und einem besseren Liquiditätsmanagement der Banken an.

Ob Kunden ihre Einlagen bei einer Bank „abziehen" oder nicht, ob eine Bank Schuldverschreibungen am Kapitalmarkt begeben kann, ob von anderen Banken kurzfristig Geld aufgenommen werden kann – all dies und so manches mehr sind Fragen des Vertrauens in die Bank/en.

Das **Bankgeschäft ist Vertrauenssache**. Die letzte Finanzkrise war und ist eine Vertrauenskrise – das Vertrauen in den Finanzmarkt und seine Akteure ging verloren. Da man sich nicht mehr vertraute, gewährten sich die Banken wechselseitig keine Liquidität mehr – eine Notwendigkeit zum Überleben ging verloren.

Es wurde im Bereich der oben angeführten Schuldverschreibungen bereits auf den Begriff Kapitalmarkt hingewiesen und im Zusammenhang mit den Bankkreditlinien auf den Begriff Geldmarkt.

In der Folge werden diese Begriffe dargestellt und erläutert, und zwar aus Sicht der Bank als Marktteilnehmer in unterschiedlichen Funktionen und aus Sicht des Marktes *per se* (damit sind die anderen Marktteilnehmer, seien es die Banken oder auch die Bankkunden gemeint).

Der Gesamtzusammenhang von Transaktionen im Bankgeschäft und am Finanzmarkt, der oft fälschlicherweise außer Acht gelassen wird, soll ebenso aufgezeigt werden wie die damit verbundenen Risiken und Auswirkungen für die Banken.

4 Geld- und Kapitalmarkttransaktionen – eine Notwendigkeit des Bankgeschäftes

4.1 Der Finanzmarkt

Der Begriff Finanzmarkt wird als Oberbegriff für jene Märkte verwendet, die im weitesten Sinn mit Geld, Kapital und v.a. mit den entsprechenden Produkten und Instrumenten zu tun haben – in welcher Form auch immer die Finanzinstrumente ausgestaltet sind, mit denen seitens der unterschiedlichen Marktteilnehmer gehandelt wird. Er ist ein international gebräuchlicher Begriff und verkörpert – vereinfacht gesagt – das Geschehen in der Finanzwelt.

Finanzmärkte – und somit die Banken als wesentliche Teilnehmer[199] dieser – sind nicht mehr nur ausschließlich national orientiert, d.h. am jeweils heimischen Markt (z.B. am Heimatmarkt einer Bank), sondern sie sind zunehmend global ausgerichtet.

Einerseits ist der Wettbewerb mit anderen Banken am internationalen Markt wichtig und daher zu unterstützten, andererseits besteht die Gefahr der oftmals schnellen und einfachen Verlagerung von Geldern und Kapital in andere Länder – u.U. gerade in jene, die mit wenig Regelwerken, mangelhafter Transparenz und Nachvollziehbarkeit bzw. geringer Rechtssicherheit ausgestattet sind.

Durch die Verknüpfungen in der Wirtschaft, in der Volkswirtschaft generell und im Bereich des Finanzmarktes im Besonderen, und die starke Zunahme neuer Technologien, die in den letzten Jahren auch in der Finanzwirtschaft Einzug gehalten haben und die auch in Zukunft die Märkte prägen werden, ist dieser Globalzugang und der internationale Wettbewerb nicht mehr wegzudenken.

Die letzten Jahrzehnte vor der Finanz- und Wirtschaftskrise[200] (es ist jene ab Mitte 2007 gemeint, mit der Spitze im September 2008 durch den Zusammenbruch von Lehman Brothers) waren von Deregulierungen geprägt – einer Vorgangsweise, die notwendig war, um dem internationalen Wettbewerbsdruck standzuhalten. Jeder Finanzplatz welt-

---

[199]   Andere Finanzmarktteilnehmer sind Versicherungen, Finanzdienstleister und Kapitalanlagegesellschaften, aber auch die Börsen, Private Equity und Venture-Capital-Gesellschaften. Auf die einzelne Bedeutung dieser Teilnehmer am Markt wird in der Folge nur beispielhaft und themenbezogen eingegangen.

[200]   In der Wirtschaftsgeschichte zeigten sich diese Entwicklungen immer wieder, z.B. die japanische Aktien- und Immobilienblase (geplatzt 1990), die Dotcom-Blase (geplatzt 2000) und zuletzt die Immobilienblase, auch Subprime-Krise genannt, in den USA (geplatzt 2007).

© Springer Fachmedien Wiesbaden GmbH, ein Teil von Springer Nature 2019
D. Wohlschlägl-Aschberger, *Bankgeschäft und Finanzmarkt*, Edition Frankfurt School,
https://doi.org/10.1007/978-3-658-23795-0_4

weit versuchte, Anreize (*incentives*) zu setzen und insbesondere die regulatorischen Vorgaben für die Erbringung von Finanzdienstleistungen oder das Begeben und das Anbieten von Finanzinstrumenten zu erleichtern.

Die Idee war jedoch nicht neu: Man stützte sich dabei u. a. auch auf die Annahme der Selbstregulierung der Märkte, einer Theorie,[201] die v.a. von Adam Smith ausging. Die Abschaffung des Trennbankensystems[202] 1986 in England und 1999 in den USA war ein einschneidender Schritt in Richtung Liberalisierung oder, wie manche sagen, in Richtung Finanzkrise.

Verstärkter Wettbewerb, Deregulierung und Globalisierung weisen nicht nur positive Aspekte auf, sondern haben auch Schattenseiten, insbesondere wenn es in manchen Bereichen des Marktes zu massiven Hypes oder zu „Auswüchsen", die nicht mehr kontrollierbar sind, kommt. Eine mangelnde Sicherheit für Investoren und Anleger oder der Zusammenbruch von Banken bzw. deren Rettung durch den Staat spiegeln einige dieser Schattenseiten wider.

Die Zielrichtung – aus den Erfahrungen der Vergangenheit lernend – sollte die Stabilität[203] des Finanzmarktes sein.

Der Finanzmarkt unterscheidet sich vom Waren- und Gütermarkt durch die Art der Handelsobjekte. Während am Waren- und Gütermarkt unterschiedliche Güter, ob es nun Investitions- oder Konsumgüter sind, gehandelt werden, handelt man am Finanzmarkt mit Geld, Kapital und Währungen in Form von Finanzinstrumenten.

Abbildung 11: Überblick Finanzmarkt

Finanzmarkt	
Geldmarkt	Kapitalmarkt

---

[201] Die Theorie der „invisible hand of the market" wurde durch den schottischen Ökonom Adam Smith im 18. Jahrhundert bekannt. Er galt als Begründer der klassischen Nationalökonomie. Sein Buch „An Inquiry into the Nature and Causes of the Wealth of Nations" wird als Geburtsstunde der englischen Nationalökonomie angesehen. Ein interessanter Artikel zu Smiths Theorie und der Finanzkrise: Horn, Finanzkrise – Der Realismus des Adam Smith, in: FAZ.net, 16.01.2009, http://www.faz.net/aktuell/wirtschaft/wirtschaftswissen/finanzkrise-der-realismus-des-adam-smith-1624647.html (26.10.2014).

[202] Siehe dazu Storbeck, Folgen der Deregulierung: Die selbst gemachte Krise, in: Handelsblatt online, 17.01.2014, http://www.handelsblatt.com/politik/oekonomie/nachrichten/folgen-der-deregulierung-die-selbst-gemachte-krise-seite-all/3765676-all.html (10.12.2014).

[203] Siehe dazu auch u.a. Dombret, Robuste Regulierung für ein widerstandsfähiges Finanzsystem, in: Grieser/Heemann (Hg.), Bankenaufsicht nach der Finanzmarktkrise, S. 613 ff.

4.2 Der Geldmarkt versus Kapitalmarkt

Der Geldmarkt wird als Markt für kurzfristige, der Kapitalmarkt hingegen als jener für langfristige Finanzinstrumente[204] angesehen.

Die Fristigkeiten am **Geldmarkt** bewegen sich bei ca. einem bis maximal zwei Jahren. Mit kurzfristigen Instrumenten (Geldmarktpapieren oder -instrumenten) werden i.d.R. kurzfristige Liquiditätsengpässe abgedeckt.

Die Teilnehmer sind Banken und Zentralbanken oder auch große Industrieunternehmen, nicht jedoch Kunden im Sinne von Privatkunden. Für Banken ist die kurzfristige Geldaufnahme am Geldmarkt ein sehr wichtiges und oftmals lebensnotwendiges Instrument.

Wie wichtig diese Instrumente sind, hat auch die Krise gezeigt: Als Banken nicht mehr gewillt waren, anderen Banken kurzfristig Geld zu leihen – da das Vertrauen in die Bonität von Banken und in die Stabilität des Systems fehlte –, war klar, dass diese Vertrauenskrise zu einer Liquiditätskrise führen musste und auch tatsächlich führte.

Bankengruppen refinanzieren sich i.d.R. am Geldmarkt und geben die Gelder, d.h. die Liquidität, über die (Bank-)Muttergesellschaft an die (Bank-)Tochter- und Beteiligungsgesellschaften weiter. Eine wichtige Maßnahme im Sinn der Gesamtbanksteuerung einer Bankengruppe.

Nachdem in einigen Fällen eine Refinanzierung über den Geldmarkt nicht mehr möglich war, konnten u.a. auch (Refinanzierungs-)Linien (Refi-Linien) der (Bank-)Muttergesellschaften nicht erweitert werden, eine Vorgangsweise, die bei diesen den Liquiditätsengpass erhöht hatte. Wenn die erhöhten Liquiditäts- und Kapitalerfordernisse nicht mehr erfüllt werden konnten, musste u.a. weiteres Kapital beschafft werden – doch dies ist in einer bereits angespannten Marktlage keineswegs einfach und auch nicht gerade billig.[205]

---

[204] Siehe auch Wohlschlägl-Aschberger, Praxiswissen Finanzinstrumente.

[205] Siehe dazu: Fehr, Geldpolitik – Wofür Banken Liquidität brauchen, in: FAZ.net, 27.11.2007, http://www.faz.net/aktuell/finanzen/anleihen-zinsen/geldpolitik-wofuer-die-banken-liquiditaet-brauchen-1118220.html (10.12.2014); Deutsche Bundesbank, Monatsbericht April 2014, 66. Jg., Heft 4.

Abbildung 12: Refi-Linie

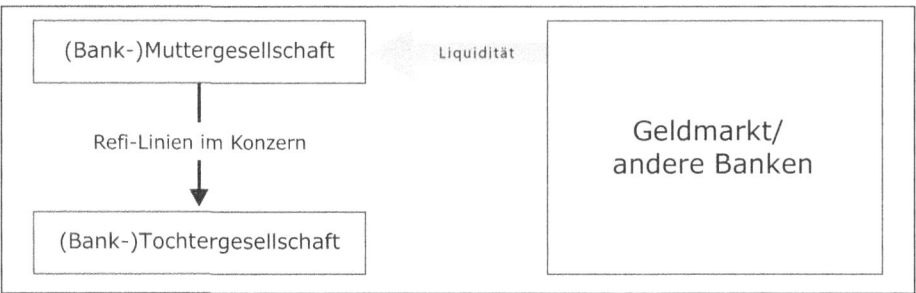

In einigen Fällen führte die Anspannung am Geldmarkt zum Kollaps von Banken, so z.B. 2007 bei der in England beheimateten Northern Rock,[206] einer der größten englischen Hypothekenbanken, bei der es durch Engpässe zu einem Bank Run – dem ersten im Königreich seit mehr als 100 Jahren – kam, der eine „Geldspritze" durch die englische Notenbank und die Privatisierung der Bank zur Folge hatte.

Die Notenbanken versuchten – v.a. nach der Spitze der Krise im Herbst 2008 (Zusammenbruch von Lehman Brothers) –, den Banken, insbesondere den großen Instituten, mittels „Geldspritzen" aus der Liquiditätskrise zu helfen, um einen Zusammenbruch des gesamten Finanzmarktes zu verhindern.

Die **Fristigkeiten am Kapitalmarkt** bewegen sich bei Laufzeiten von über zwei Jahren. Sie gehen i.d.R. bis zu zehn aber auch 15 Jahren. Längere Laufzeiten waren früher durchaus üblich, sind jedoch inzwischen seltener geworden.[207]

Der Kapitalmarkt hat für die mittel- und langfristige Beschaffung von Kapital eine große Bedeutung für die Wirtschaft. Unter diesen Markt fallen sowohl der Anleihen- oder Rentenmarkt als auch der Aktien- und der Beteiligungsmarkt.

In den letzten Jahren bzw. Jahrzehnten hat sich gezeigt, dass der Kreditmarkt nicht mehr ausreicht, um den Finanzbedarf der Unternehmen (und Banken) abzudecken. Unternehmen, die am Kapitalmarkt Gelder aufnehmen wollen, müssen gewisse Kriterien erfüllen

---

[206] Siehe dazu u.a. http://www.economist.com/node/9988865 (06.07.2014). Siehe auch: Kreditkrise – Britische Bank Northern Rock wird verstaatlicht, in: Spiegel Online, 17.02.2008, http://www.spiegel.de/wirtschaft/kreditkrise-britische-bank-northern-rock-wird-verstaatlicht-a-535858.html (02.01.2015).

[207] Siehe allgemein dazu auch Wohlschlägl-Aschberger, Praxiswissen Finanzinstrumente, S. 25-41.

bzw. kapitalmarktfähig[208] sein, haben dann aber die Möglichkeit, Geld, d.h. Kapital[209] – sei es Eigen- oder Fremdkapital –, von in- und ausländischen Investoren zu erhalten. Dieser Ansatz galt zunehmend auch für die öffentlichen Haushalte und gilt für diese nach wie vor.

Der Finanzmarkt hat an Bedeutung gewonnen, er wurde internationaler und globaler. Die Nachfrage nach geeigneten bzw. „guten" Finanzmarktprodukten stieg an, die Kreativität der Anbieter (auch bekannt unter *financial engineering* oder den Begriffen „Verbriefungen" und „strukturierte Produkte") ebenso.

Daher ist es wichtig, im Rahmen der rechtlichen Vorgaben eine adäquate Anzahl an fungiblen[210] Instrumenten zu schaffen und anzubieten. Fungible, d.h. vertretbare, Instrumente sind nötig, um die Handelbarkeit[211] für die Marktteilnehmer zu ermöglichen.

In der Folge werden einige Instrumente, gegliedert in kurz- und langfristige,[212] vorrangig aus der Sicht und der Tätigkeit einer Bank beschrieben und ihre Bedeutung im Sinne des Bankgeschäftes erläutert.

---

[208] Siehe hierzu u.a. das „Positionspapier des Bankenverbandes zur Kapitalmarktfähigkeit von Unternehmen" vom 15.12.2013, http://unternehmen.bankenverband.de/downloads/positionspapier-kapitalmarktfaehigkeit-von-unternehmen (07.12.2014).

[209] Siehe allgemein dazu auch Wohlschlägl-Aschberger, Praxiswissen Finanzinstrumente.

[210] Fungibilität liegt vor, wenn die Sachen oder Rechte durch gleich bleibende Beschaffenheit (z.B. nach Zahl, Maß oder Gewicht) im Handelsverkehr bestimmt werden und durch jede andere Sache bzw. jedes andere Recht der gleichen Gattung und Menge ersetzt werden können. Siehe auch unter http://www.wirtschaftslexikon.co/d/fungibilitaet/fungibilitaet.htm (29.06.2014). Im juristischen Bereich u.a. auch die Vertretbarkeit einer Sache gemäß § 91 BGB.

[211] Siehe auch Wohlschlägl-Aschberger, Praxiswissen Finanzinstrumente.

[212] Auf die Bedeutung der Fristigkeit im Bankgeschäft wird in der Folge eingegangen.

5 Geldmarktinstrumente – kurzfristige Instrumente im Handelsgeschäft einer Bank

Nach der Beschreibung des Geldmarktes und seiner Bedeutung werden nun einige Beispiele kurz dargelegt und in der Folge wird auch auf das Risiko und die Marktgegebenheiten eingegangen.

Zu den **Geldmarktinstrumenten**[213] zählen verbriefte Geldmarktaufnahmen und Geldmarktanlagen. Darunter werden Depositenzertifikate, Kassenobligationen, Global Note Facilities, Commercial Papers sowie alle Wertpapiere, meist *notes* genannt, mit einer Kapitallaufzeit bis zu maximal fünf Jahren und Zinsbindungsvereinbarungen bis zu ca. einem Jahr subsumiert bzw. verstanden.

Der Begriff Verbriefung[214] oder „verbriefte Papiere" stellt klar, dass es sich um fungible und handelbare Instrumente handelt, und zwar um Wertpapiere als Inhaberpapiere, die am Finanzmarkt gehandelt werden können.

5.1 Namenspapiere versus Inhaberpapiere

Wertpapiere sind i.d.R. entweder in Form eines Inhaber- oder eines Namenspapieres ausgestellt. In der Finanzwelt werden häufig auch die aus der englischen Sprache kommenden Begriffe *bearer shares* und *registered shares* verwendet.[215] Warum gibt es diese beiden Formen[216] und was ist der wesentliche Unterschied?

Namenspapiere[217] sind, wie das Wort sagt, auf einen konkreten Namen ausgestellt, und zwar auf den Eigentümer des Wertpapieres. Im Fall einer Aktie ist es demnach der Name des Aktionärs.

---

[213] Siehe u.a. auch http://www.wirtschaftslexikon.co/d/geldmarktinstrumente/geldmarktinstrumente.htm (06.07.2014).

[214] Der englische Begriff lautet securitization.

[215] Siehe dazu: „Bearer Form: Security not registered on the books of the issuing corporation and thus payable to the person possessing it. [...]" und „Registered security: Security whose owner's name is recorded on the books of the issuer or the issuer's agent, called a registrar [...]". Quelle: Downes/Goodmann, Dictionary of Finance and Investment Terms.

[216] Siehe dazu auch http://www.six-swiss-exchange.com/knowhow/products/shares/types/bearer_de.html (31.12.2014).

[217] Siehe dazu u.a. http://wirtschaftslexikon.gabler.de/Definition/namensaktie.html (31.12.2014).

© Springer Fachmedien Wiesbaden GmbH, ein Teil von Springer Nature 2019
D. Wohlschlägl-Aschberger, *Bankgeschäft und Finanzmarkt*, Edition Frankfurt School,
https://doi.org/10.1007/978-3-658-23795-0_5

Eine Übertragung eines Namenspapiers kann nur in Form einer Zession,[218] einer Forderungsübertragung, erfolgen. Der Eigentümer überträgt dabei seine Rechte und Pflichten auf einen anderen, der wiederum mit seinem Namen auf dem Wertpapier als neuer Eigentümer vermerkt wird. Oftmals war bzw. ist auch die Zustimmung der Gesellschaft für eine solche Übertragung erforderlich.[219]

Inhaberpapiere hingegen definieren den Inhaber des Wertpapiers als den Eigentümer. Da auf der Urkunde kein Name angeführt ist, muss und wird die Person, die im Besitz des Papiers ist, auch als Eigentümer angesehen.

In der Geschichte waren ursprünglich v.a. Namenspapiere üblich. Heute ist ein Handel in Wertpapieren, die in Form von Namenspapieren ausgestellt sind, nicht praktikabel. Es wäre einerseits extrem aufwendig, da jeder Eigentümerwechsel eine Zession erforderlich macht, und andererseits auch kostspielig, da diese Forderungsübertragung auf einer gedruckten Urkunde zu erfolgen hat.

Die an der Börse gehandelten Wertpapiere sind immer Inhaberpapiere, da sie einfach, schnell und unkompliziert ge- und verkauft werden können.

Bei einer Gesellschaftsgründung, die nicht mit einem Börsen-Listing verknüpft ist, sind natürlich beide Formen unverändert möglich und auch üblich. Ob Namens- oder Inhaberpapiere ausgeben werden, richtet sich nach den jeweils gültigen Normen des Gesellschaftsrechtes.[220]

---

[218] Der Begriff kommt vom lateinischen Wort cedo bzw. cedere. Und auch der Begriff Indossament ist in diesem Zusammenhang zu erwähnen, der beim Einlösen von Schecks oder Wechseln zur Anwendung kommt. Auf Schecks und Wechsel wurde in diesem Buch nicht eingegangen, da sie heutzutage kaum bzw. nur sehr selten vorkommen.

[219] Auf Details der gesellschaftsrechtlichen Erfordernisse wird hier nicht eingegangen.

[220] Siehe dazu z.B. das Gesellschaftsrechts-Änderungsgesetz (GesRÄG) 2011 in Österreich (mit einer Übergangsfrist bis 2014), die für nicht börsennotierte Unternehmen nur mehr ausschließlich die Namensaktien zulässt. Diese Änderung schien aufgrund der FATF-Empfehlungen im Zusammenhang mit der Geldwäscheprävention notwendig, da sich bei einer Inhaberaktie der „tatsächliche" Eigentümer, d.h. der Wirtschaftlich Berechtigte, laufend durch formlose Übergabe ändern kann, somit nicht nachvollziehbar ist und auch nicht dokumentiert werden kann. Siehe dazu u.a. auch http://www.dbj.at/news/newsletter/verpflichtende-umstellung-auf-namensaktien (31.12.2014). Siehe dazu auch Bydlinski/Potyka, GesRÄG 2011 – Gesellschaftsrechts-Änderungsgesetz 2011, Vorwort, Erläuterungen zu §§ 9, 10. Siehe auch Wohlschlägl-Aschberger (Hg.), Praxiswissen Geldwäsche bzw. Wohlschlägl-Aschberger (Hg.), Geldwäsche-Prävention: Praktische Maßnahmen für die Unternehmensorganisation.

5.2 Typische Geldmarktinstrumente

Wenn die einzelnen Instrumente – nicht vollständig – nun im Vergleich dargestellt werden, ist v.a. die Länge der Laufzeit ein Unterscheidungsmerkmal, das je nach Marktlage immer wieder ein wenig variieren kann.

Depositen- oder Einlagenzertifikate, auch *certificate of deposit* genannt, sind jene (Inhaber-)Papiere, die von Banken ausgegeben werden, mit einer Laufzeit von ca. 30 bis 360 Tagen ausgestattet und i.d.R. auch am Sekundärmarkt handelbar sind.

Kassenobligationen[221] werden ebenfalls von Banken emittiert und weisen grundsätzlich Laufzeiten bis zu fünf Jahren auf. Aufgrund der Laufzeit werden sie oftmals auch als mittelfristiges Instrument bezeichnet, v.a. wenn die Zinsbindung länger als ein Jahr ausgestaltet ist. Sie sind Inhaberpapiere und am Sekundärmarkt handelbar. Sie eignen sich i.d.R. auch als kurzfristige Veranlagung für Investoren/Anleger.

Wenn der Emittent jedoch keine Bank, sondern die öffentliche Hand[222] ist, dann spricht man in Deutschland von **Bundesschatzbriefen**, in Österreich von **Bundesschatzscheinen** und in den USA von **Treasury Bills** (T-bills).

Die Handelbarkeit am Sekundärmarkt stellt für Investoren/Anleger einen gewissen Schutz dar, da sie das Papier, in das sie investiert haben, am Markt jederzeit wieder verkaufen können, wenn sie selbst Liquidität benötigen.

Die am Markt bekannten **Commercial Papers**[223] sind Geldmarktinstrumente, die v.a. in England von großen *corporates* (Unternehmen), aber auch von Banken begeben und von englischen Emissionshäusern arrangiert werden. Sie weisen als kurzfristige Papiere Laufzeiten von ca. fünf bis zu maximal 270 Tagen auf. Sie dienen somit der kurzfristigen Kreditaufnahme. Die Emittenten müssen über eine gute Bonität verfügen – eine Grundvoraussetzung wie bei jeder Anleihe oder auch jedem Kredit.

---

[221] Siehe allgemein dazu auch Wohlschlägl-Aschberger: Praxiswissen Finanzinstrumente.

[222] Siehe allgemein dazu auch Wohlschlägl-Aschberger: Praxiswissen Finanzinstrumente.

[223] Commercial Paper: „Short term obligation with maturities from 2 to 270 days issued by banks, corporations and other borrowers to investors with temporarily idle cash. Such instruments are unsecured and usually discounted, although some are interest-bearing. [...].“ Quelle: Downes/Goodman, Dictionary of Finance and Investment Terms.

Wenn die Begriffe **Commercial Paper Facility** oder **Global Note Facility** vorkommen, dann handelt es sich um Emissionen von Commercial Papers, die sowohl in den USA als auch auf den europäischen Märkten zugelassen sind.

Der englische Begriff *notes* weist auf die Kurzfristigkeit eines Papiers mit einer Laufzeit von ca. ein bis maximal fünf Jahren hin.

5.3 Pensionsgeschäfte

Zu den Geldmarktgeschäften zählen auch die echten **Pensionsgeschäfte**.

Was sind Pensionsgeschäfte und warum wird zwischen echten und unechten unterschieden? Dies sind einige der Fragen und Aspekte, die für das Verständnis dieser Geldmarktinstrumente *per se* und für ihre Bedeutung für Banken und deren Liquiditätsmanagement nötig sind.

Unter Pensionsgeschäft versteht man – vereinfacht gesagt – die Übertragung von Vermögenswerten (z.B. Wertpapiere[224] oder Devisen) an einen Dritten, dem Pensionsnehmer, verbunden mit der Vereinbarung, dass diese Werte nach einer i.d.R. eher kurzen und vorher vereinbarten Frist wieder an den Pensionsgeber zurückübertragen werden.

Die Pensionsgeschäfte stellen somit eine befristete Überlassung von Wertpapieren – die im Eigentum des Pensionsgebers stehen – an den Pensionsnehmer dar. Sie werden auch als Rückkaufvereinbarung oder als Kost-Geschäft bezeichnet.

Im Bankjargon wird im Zusammenhang mit diesem kurzfristigen Finanzierungsinstrument auch von **Repo** (als Kurzform für die englische Bezeichnung *sale and repurchase agreement*)[225] gesprochen.

---

[224] In der Folge wird das Pensionsgeschäft anhand von Wertpapier-Pensionsgeschäften, bei denen Wertpapiere „in Pension gegeben" werden, beschrieben.

[225] Repurchase Agreement: „Agreement between a seller and a buyer, usually of US Government securities, whereby the seller agrees to repurchase the securities at an agreed upon price and, usually, stated time." bzw. „[...] used as money market instrument vehicle [...]." Quelle: Downes/Goodman, Dictionary of Finance and Investment Terms.

Abbildung 13: Banktechnische Vorgangsweise bei einem Repo

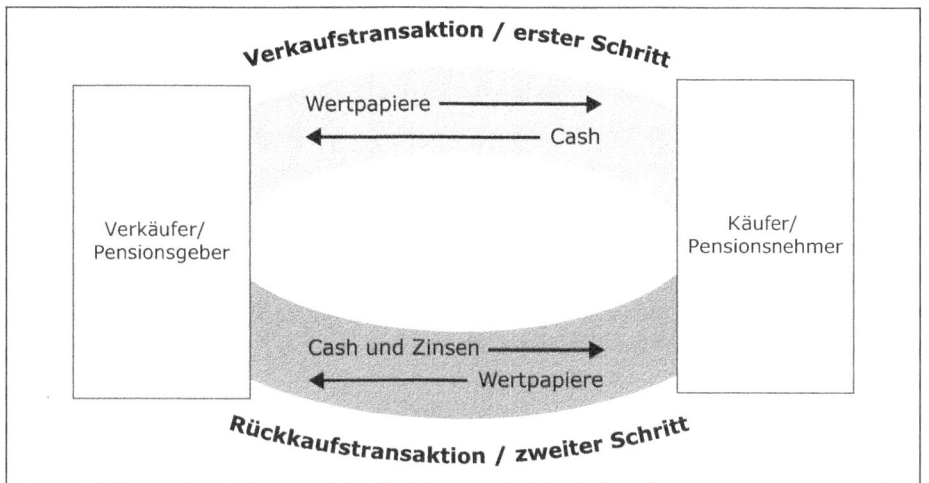

Im ersten Schritt, der Verkaufstransaktion, werden die Wertpapiere verkauft; sie stellen gleichzeitig auch das *collateral*,[226] d.h. die Besicherung, dar. Dafür erhält der Verkäufer Cash, d.h. Liquidität. Der *purchase price*, der Kaufpreis, richtet sich, vereinfacht gesagt, nach dem Marktwert mit einem Abschlag (*haircut*).[227]

Das Wertpapier, das als Besicherung gilt, wird bei einem Repo – anders als z.B. bei einem Lombardkredit – nicht verpfändet, sondern übertragen. Der Käufer/Pensionsnehmer kann daher bei einem Ausfall (*default*)[228] des Verkäufers/Pensionsgebers sofort über das Wertpapier als Eigentümer verfügen. In der Position des Eigentümers kann der Pensionsnehmer/Käufer das Wertpapier bspw. verkaufen, es für ein weiteres Repo verwenden oder damit eine *short-position*,[229] die er hat, *covern*, d.h. abdecken.

---

[226] Collateral: „Asset pledged to a lender until loan is repaid. If the borrower defaults, the lender has the legal right to seize the collateral and sell it to pay off the loan." Quelle: Downes/Goodman, Dictionary of Finance and Investment Terms.

[227] Haircut: „Securities industry term referring to the formulas used in the valuation of securities for the purpose of calculating a broker-dealer's net capital." Quelle: Downes/Goodman, Dictionary of Finance and Investment Terms.

[228] Default: „Failure of a debtor to make timely payments of interest and principal as they come due [...]." Quelle: Downes/Goodman, Dictionary of Finance and Investment Terms.

[229] Mit den englischen Begriffen „long" und „short" werden in der Finanzwelt grundsätzlich Käufer- bzw. Verkäuferpositionen i.d.R. im Derivatgeschäft bezeichnet. Mit „long" oder „long-position" wird die Käuferposition in einem Handelsgeschäft bezeichnet, und dementsprechend bezeichnet „short" oder „short-position" eine Verkäuferposition. Siehe dazu Wohlschlägl-Aschberger, Praxiswissen Finanzinstrumente, S. 57-98.

Diese Transaktionen finden in Banken in den Treasury-Abteilungen statt, werden vom Wertpapierhandel gemanagt und risikotechnisch vom Risikomanagement überwacht. Ein Repo stellt somit für die Bank ein geringeres Risiko dar als andere Transaktionen mit Wertpapier-Verpfändungen.

Im zweiten Schritt, der Rückkaufstransaktion, werden die Wertpapiere zurücküberertragen, und zwar gegen Cash und gleichzeitiger Bezahlung von vereinbarten Zinsen (Repo-Satz oder *repo rate* genannt) für die erhaltene Liquidität. Der *repurchase price* setzt sich, vereinfacht gesagt, aus dem *purchase price* plus Zinsen (Repo-Satz) zusammen.

Da es die Verpflichtung zum Rückkauf zu einem vereinbarten Preis gibt, trägt der Pensionsgeber das wirtschaftliche Risiko des Wertpapiers.

Sollte der Kurs des Wertpapiers (z.B. der Anleihe) sinken, muss dennoch der vereinbarte Preis gezahlt werden. Dies gilt auch im Falle einer Insolvenz des Emittenten. In beiden Fällen kann es daher für den Pensionsgeber zu einem Verlust kommen.

Wenn das Wertpapier allerdings im Kurs steigt, kann der Pensionsgeber einen Gewinn erzielen, da er zu einem tieferen Kurs als dem aktuellen Marktpreis zurückkauft und er mit Kursgewinn weiterverkaufen kann, wenn er das Wertpapier nicht im Portfolio halten möchte.

In der Praxis ist die Laufzeit bei Repos oftmals nicht länger als ein Jahr, erstreckt sich häufig über den Jahresbilanzstichtag und beträgt noch häufiger sogar nur wenige Tage oder auch nur eine Nacht. Im letzten Fall spricht man von einem Overnight-Repo.

Ein Repo ist für eine Bank ein wichtiges Geldmarktinstrument, um kurzfristig – gegen „Übertragung" von Wertpapieren – zu Liquidität zu kommen.

Exkurs: Echtes und unechtes Pensionsgeschäft

Der Pensionsnehmer ist bei einem **echten Pensionsgeschäft** verpflichtet, den Gegenstand zurückzuübertragen, bei einem **unechten Pensionsgeschäft** ist er hingegen dazu berechtigt, jedoch nicht verpflichtet.[230]

---

[230] Siehe dazu auch für Deutschland § 340b BGB und für Österreich § 50 BWG. Online unter http://dejure.org/gesetze/HGB/340b.html (06.07.2104) und http://www.jusline.at/50_BWG.html (02.01.2015).

Aus der Sicht des Pensionsnehmers ist ein echtes Pensionsgeschäft mit einem Future (einem Terminkontrakt) in dem beide Vertragsteile eine Verpflichtung auf Termin eingehen, zu vergleichen.

Ein unechtes Pensionsgeschäft ist aus der Sicht des Pensionsnehmers mit einer Put-Option zu vergleichen, die ein Verkaufsrecht, aber keine Verpflichtung des Käufers bzw. Inhabers der Option einräumt.

Wenn am Kapitalmarkt der Begriff Termingeschäft[231] fällt, ist grundsätzlich zwischen den unbedingten und den bedingten Termingeschäften zu unterscheiden. Erstere umfassen die Forwards (OTC-gehandelte Termingeschäfte), Futures (börsengehandelte Termingeschäfte) und Swaps. In diesen Fällen haben die Vertragspartner jeweils Rechte und Pflichten.

Genau dies ist aber der große Unterschied zu den bedingten Termingeschäften, und darunter fallen die Optionen, bei denen der eine Vertragspartner ein Recht (ein Kauf- oder Verkaufsrecht) hat, das er ausüben kann oder auch nicht, und der andere eine Pflicht (für den Fall der Ausübung des Rechtes durch den anderen).

Was bedeutet der Unterschied zwischen einem echten und einem unechten Repo-Vertrag für die jeweilige **Bilanz**[232] der beiden (Repo-)Vertragspartner?

Im Fall eines **echten Pensionsgeschäftes** sind die übertragenen Vermögenswerte in der Bilanz des Pensionsgebers (*seller*) weiterhin auszuweisen. Der Pensionsgeber hat in der Höhe des für die Übertragung erhaltenen (Geld-)Betrags eine Verbindlichkeit gegenüber dem Pensionsnehmer (*buyer*) in der Bilanz auszuweisen.

Aufgrund der Rückgabeverpflichtung geht zwar das zivilrechtliche Eigentum auf den Pensionsnehmer über, aber nicht das wirtschaftliche. Daher muss das Wertpapier beim Pensionsgeber verbucht bleiben.

Abbildung 14: Echtes Pensionsgeschäft

Pensionsgeber/Verkäufer		Pensionsnehmer/Käufer	
AKTIVA	PASSIVA	AKTIVA	PASSIVA
Wertpapiere	Verbindlichkeit gegen Pensionsnehmer	Forderung gegen Pensionsgeber	

---

[231] Siehe allgemein dazu auch Wohlschlägl-Aschberger, Praxiswissen Finanzinstrumente, S. 57-98.

[232] Siehe auch u.a. http://wirtschaftslexikon.gabler.de/Definition/pensionsgeschaefte.html (06.07.2014).

Im Falle eines **unechten Pensionsgeschäftes** sind die Vermögenswerte nicht in der Bilanz des Pensionsgebers (*seller*), sondern in der Bilanz des Pensionsnehmers (*buyer*) auszuweisen. Der Pensionsgeber (*seller*) hat unter dem Bilanzstrich als Eventualverbindlichkeit[233] den für den Fall der Rückübertragung vereinbarten Betrag anzugeben.[234]

Abbildung 15: Unechtes Pensionsgeschäft

Pensionsgeber/Verkäufer		Pensionsnehmer/Käufer	
AKTIVA	PASSIVA	AKTIVA	PASSIVA
	Eventualverbindlichkeit gegen Pensionsnehmer	Wertpapiere	

5.4 Risikobetrachtung bei Geldmarktinstrumenten

Bei der **Risikobetrachtung** von Geldmarktinstrumenten ist grundsätzlich wie bei Anleihen/Renten/Schuldverschreibungen[235] vorzugehen. Das Emittenten- bzw. das Bonitätsrisiko und somit das **Ausfallsrisiko** (das Risiko, dass der Emittent der Papiere „ausfällt", da er insolvent ist) stehen im Vordergrund.

Bei Anleihen gibt es immer einen Primärmarkt und einen Sekundärmarkt. Auf dem Sekundärmarkt werden die Anleihen nach der Emission gehandelt (gekauft und verkauft) – dieser Markt[236] verkörpert den „typischen" Wertpapierhandel (u.a. gerade auch mit Kunden, den Investoren/Anlegern; in diesem Fall spricht man vom Kundenhandel im Unterschied zum Eigenhandel der Bank).

Für Geldmarktinstrumente besteht jedoch nicht immer ein Sekundärmarkt und es ergibt sich somit bei Geldmarktpapieren z.B. im Vergleich zu Anleihen eine Besonderheit bzw. eine Erhöhung des Liquiditätsrisikos.

---

[233] Siehe auch u.a. http://wirtschaftslexikon.gabler.de/Archiv/119022/eventualforderungen-und-verbindlichkeiten-v5.html (10.12.2014).

[234] Zur Bilanzierung von Pensionsgeschäften siehe z.B.: AFRAC, Grundsatzfragen der unternehmensrechtlichen Bilanzierung von Finanzanlage- und Finanzumlaufvermögen, Stellungnahme von November 2014, S. 21-27 (http://www.afrac.at – Facharbeiten – Stellungnahmen). Auf Meldevorschriften von Banken wird hier nicht eingegangen.

[235] Siehe allgemein dazu auch Wohlschlägl-Aschberger, Praxiswissen Finanzinstrumente, S. 25-41.

[236] Die Aufgaben einer Bank im Primär- bzw. Sekundärmarkt und deren Bedeutung am Finanzmarkt werden nachstehend beschrieben.

Was bedeutet das **Liquiditätsrisiko** und zu welchen Konsequenzen führt es – generell betrachtet?

Abbildung 16: Wechselseitige Abhängigkeiten der Banken

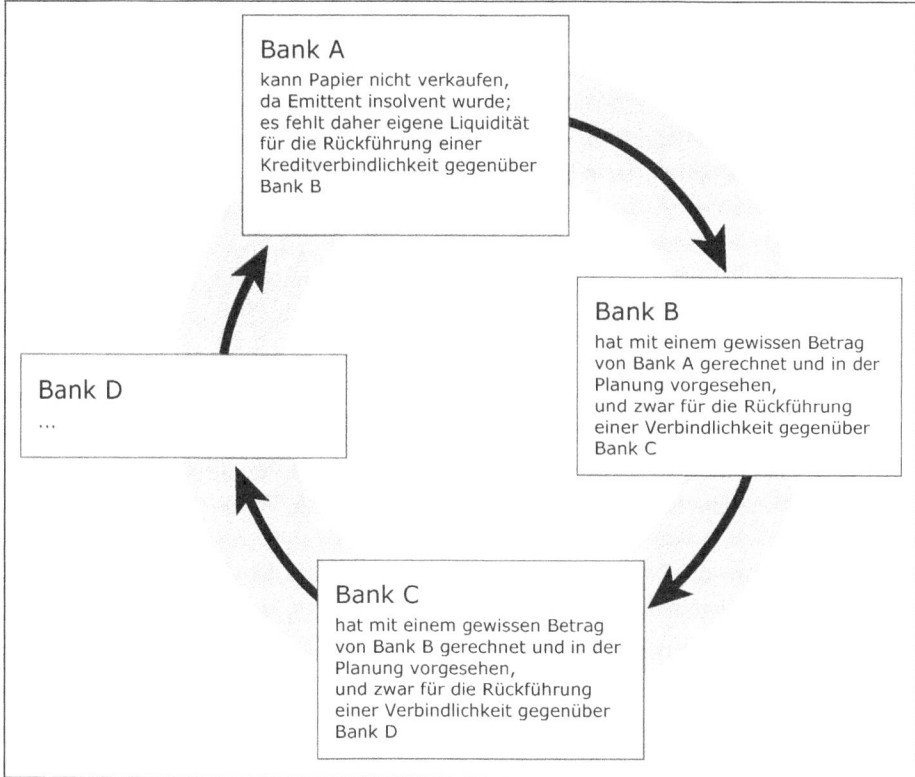

Banken stehen zu einander in Geschäftsbeziehung und sind auch voneinander abhängig, wie Abbildung 16 vereinfacht zeigt: Bank A wollte mit dem Verkaufserlös einer Anleihe eine Verbindlichkeit gegenüber der Bank B erfüllen. Sie kann diese Anleihe, da der Emittent insolvent wurde, nicht mehr verkaufen, und somit auf Grund der dadurch fehlenden eigenen Liquidität die Verpflichtungen gegenüber B nicht erfüllen.

Dieser Kreislauf wird beim Ausfall eines einzigen Emittenten (z.B. dieser Anleihe) unterbrochen. Eine solche Unterbrechung kann in der Folge zu Problemsituationen bei mehreren Marktteilnehmern weltweit führen.

Diese Situation tritt auch ein, wenn z.B. kein geregelter Sekundärmarkt existiert und somit auch die jederzeitige Verkaufbarkeit des Papiers, d.h. die Handelbarkeit, nicht sichergestellt ist.

Ist diese jederzeitige Verkaufbarkeit nicht gegeben, dann kann der Inhaber das Papier nicht zu „Geld machen" und kommt somit nicht zur Liquidität, die jedoch für ihn wiederum genau in diesem Zeitpunkt entscheidend sein kann. Das Spiel – wie vorstehend beschrieben – beginnt.

Das Liquiditätsrisiko, das somit für die Partner der Banken entsteht, kann u.U. etwas minimiert werden, wenn die Bonität der Partner entsprechend nachgewiesen ist, oder wenn der Emittent bzw. auch ein Dritter die Rückzahlung des veranlagten Kapitals garantiert und diese Garantie ebenfalls durch eine entsprechende Bonität sichergestellt ist. In so einem Fall wäre u.U. in der obigen Darstellung der erste Liquiditätsengpass gar nicht eingetreten.

Die Finanzkrise hat gezeigt, dass sich die Bonität eines Marktteilnehmers sehr schnell verschlechtern kann und somit das Liquiditätsrisiko schlagend wird, das von einer Bank auf die anderen Marktteilnehmer „ausstrahlt" und dadurch den gesamten Finanzmarkt beeinflusst.

Dass die Liquidität am Markt für alle Teilnehmer wichtig ist, hat ebenfalls die jüngste Krise gezeigt, denn für den Bestand einer Bank ist nicht alleine die Kapitalausstattung entscheidend, sondern auch die Verfügbarkeit der Liquidität.[237]

Wer sind nun z.B. die **Partner** bzw. **Teilnehmer** am Repo-Markt, dem kurzfristigen Geldmarkt, und für wen bieten sich solche Transaktionen an bzw. warum sind sie wichtig?

Grundsätzlich sind Repo-Transaktionen typische Bank-zu-Bank-Geschäfte, d.h. beide Partner eines Repo-Vertrages sind Banken. Aber auch Versicherungen und Unternehmen mit einem entsprechenden Wertpapierportfolio sehen dieses Instrument für die kurzfristige Liquiditätssteuerung des Portfolios als geeignet an. Für Privatanleger sind Repo-Transaktionen – u.a. auch aus den vorher genannten Gründen – sicher nicht geeignet, denn sie setzen eine fundierte Marktexpertise, ein adäquates Portfolio und ein entsprechendes Risikomanagement voraus.

---

[237] Siehe dazu auch die folgenden Beiträge zum Thema Bankenliquidität: Hazart/Apaydin, Das ausserbilanzielle Geschäft der Banken: Liquidität, Risiko und Fortbestand, in: Swiss Global Finance Magazine 8/2012, S. 54-56; Mildner, Ursachen der Finanzkrise: Ein Blick in die USA, http://www.bpb.de/politik/wirtschaft/finanzmaerkte/135463/ursachen-der-finanzkrise?p=all (10.12.2014); Schöchli, Globale Standards zur Bankenliquidität im Gegenwind, in: nzz.ch, 15.08.2012, http://www.nzz.ch/aktuell/wirtschaft/wirtschaftsnachrichten/bankregeln-in-frage-gestellt-1.17479435 (10.12.2014); Summer, Die Finanzkrise 2007/08 aus der Perspektive der ökonomischen Forschung, in: Geldpolitik & Wirtschaft Q4/08, S. 91-107.

Repo-Geschäfte finden sich jedoch auch bei der EZB oder bei den nationalen Zentralbanken, z.B. der Deutschen Bundesbank oder der OeNB.[238]

Für diese Banken sind Repo-Märkte sehr wichtig, da diese Instrumente für die Offenmarkt- und Geldmarktpolitik und somit für die Refinanzierung des Eurosystems regelmäßig verwendet[239] werden, und zwar nicht nur in Krisensituationen.

5.5 Exkurs: Geldmarkt – ein Steuerungsinstrument der Geldpolitik

Die EZB setzt im Rahmen der Geldpolitik – die Steuerung der Geldpolitik ist eine ihrer Aufgaben – am Bankensystem an. Dafür stehen ihr verschiedene Instrumente zur Verfügung.

Vereinfacht gesagt sind dies einerseits die **Offenmarktgeschäfte**, i.d.R. **Hauptrefinanzierungsgeschäfte**, auch bekannt unter dem Schlagwort „Leitzins", und andererseits die ständigen Fazilitäten, wie **Einlagen-** oder **Spitzenrefinanzierungsfazilitäten**, aber auch der Ankauf von Staatsanleihen, bekannt auch unter dem Schlagwort „**Mindestreserve**".[240]

Der erwähnte **Leitzins**[241] ist jener Zinssatz (der Hauptrefinanzierungssatz), zu dem sich die (Geschäfts-)Banken bei den National- bzw. Zentralbanken Geld leihen können. Die Notenbanken bzw. die Währungshüter – so werden die jeweiligen National- bzw. Zentralbanken genannt – haben damit die Möglichkeit, auf die wirtschaftliche Situation in den jeweiligen Ländern oder Regionen zu reagieren, die Inflation einzudämmen und das Wirtschaftswachstum anzukurbeln.

---

[238] Siehe dazu http://www.ecb.europa.eu/pub/pdf/other/erm201407en.pdf oder Deutsche Bundesbank, Finanzsystem im Wandel: neue Bedeutung der Repomärkte, Monatsbericht Dezember 2013, S. 59-74.

[239] Siehe dazu u.a.: Ruhkamp, Belastungen für Repomarkt: Börsensteuer könnte Bankenfinanzierung schaden, in: FAZ.net, 06.05.13, http://www.faz.net/aktuell/finanzen/anleihenzinsen/belastungen-fuer-repomarkt-boersensteuer-koennte-bankenfinanzierung-schaden-12174727.html (10.12.2014).

[240] Siehe Leitlinie der Europäischen Zentralbank vom 20.09.2011 über geldpolitische Instrumente und Verfahren des Eurosystems (EZB/2011/14) sowie die Änderung dieser Leitlinie vom 12.03.2014 (EZB/2014/10).

[241] Siehe dazu u.a. http://www.finanzen.net/leitzins/ (13.07.2014); Abwarten: Britische Notenbank tastet Leitzins nicht an, in: nzz.ch, 10.07.2014, http://www.nzz.ch/wirtschaft/britische-notenbank-tastet-leitzins-nicht-an-1.18340726/ (13.07.2014); http://de.euribor-rates.eu/ezb-leitzins.asp/ (13.07.2104); EZB-Entscheid: Leitzins im Euroraum bleibt auf Rekordtief, in: FAZ.net, 04.12.2014, http://www.faz.net/aktuell/wirtschaft/wirtschaftspolitik/ezb-belaesst-leitzins-im-euroraum-auf-rekordtief-13302291.html (09.12.2014).

Banken nützen diese Möglichkeit der Refinanzierung, wenn Liquiditätsmangel herrscht, d.h. wenn Liquidität nicht durch andere Instrumente „beschafft" werden kann. Ein Großteil des Geld-/Liquiditätsbedarfs der Geschäftsbanken wird durch die Offenmarktgeschäfte der Notenbanken abgedeckt und innerhalb dieser oft durch Repo-Transaktionen.[242]

Einerseits können Notenbanken – wie erwähnt – die Liquiditätslage am Markt steuern, andererseits reagieren Interbankzinssätze, wie z.B. der Euribor,[243] stark auf Änderungen des Leitzinses. Dies verdeutlicht die Bedeutung von Geldmarktinstrumenten für Notenbanken, deren Geldmarktpolitik Auswirkungen auf das gesamte Finanzsystem hat.

5.6   Forward Rate Agreement

Ein weiteres Instrument, das meines Erachtens dem **Geldmarkt** zuzuordnen ist und bisher noch nicht erwähnt wurde, ist das **Forward Rate Agreement** (FRA).[244] Ein FRA ist ein wichtiges Instrument jeder Treasury-Abteilung und für jedes Finanzmanagement. Der Boom dafür war sicherlich in den 1980er und 1990er Jahren, die Tendenz ist seither eher rückläufig.

Dieses Instrument zählt zu den Zinsderivaten.[245] Es ist ein Zinsterminkontrakt, bei dem ein Zinssatz auf „Termin", d.h. nicht sofort wie beim Kassageschäft (*spot*), sondern für einen in der Zukunft liegenden Zeitpunkt, gesichert wird.

Es stellt keine Geldanlage oder -aufnahme im eigentlichen Sinn dar, denn die Vereinbarung (*agreement*) regelt nur den Tausch von Zinszahlungen, und zwar berechnet von und bezogen auf ein Nominale.

---

[242] Siehe dazu: Deutsche Bundesbank, Finanzsystem im Wandel: neue Bedeutung der Repomärkte, Monatsbericht Dezember 2013, S. 64, Grafik: Ausstehendes Reprovolumen in Europa.

[243] Euribor steht als Abkürzung für „Euro Interbank Offered Rate" und bezeichnet die Zinssätze, zu denen europäische Banken einander Gelder in Euro verleihen, d.h. Kredite oder Veranlagungen, z.B. Anleihen, gewähren; die Laufzeiten bewegen sich von einer Woche bis zu zwölf Monate. Siehe dazu http://de.euribor-rates.eu/ (13.07.2014).

[244] Definition of FRA: „An over-the-counter contract between parties that determines the rate of interest, or the currency exchange rate, to be paid or received on an obligation beginning at a future start date. The contract will determine the rates to be used along with the termination date and notional value. On this type of agreement, it is only the differential that is paid on the notional amount of the contract." Quelle: http://www.investopedia.com/terms/f/fra.asp (13.07.2014).

[245] Siehe dazu auch Wohlschlägl-Aschberger, Praxiswissen Finanzinstrumente, S. 57-98.

Das bedeutet, dass sich der Käufer eines FRA gegen steigende Zinsen für eine Geldaufnahme absichert. Der Verkäufer hat jedoch die gegenteilige Markterwartung, seine Position ist genau umgekehrt – er sichert sich auf fallende Zinsen ab.

Aus Sicht des Zinsrisikos oder Marktpreisrisikos kann ein FRA jedoch auch als eine Finanzierung oder Veranlagung – je nachdem von welcher Vertragsseite – in der Zukunft, auf Termin, gesehen werden.

Somit ist ein FRA als ein OTC[246] gehandeltes Zinsderivat auch ein Finanzinstrument des Geldmarktes mit einer Laufzeit bis zu maximal zwölf Monaten.

Für dieses Instrument gilt grundsätzlich, was u. a. für die Repos erläutert wurde: Es ist ein Instrument für Banken, nicht für Kunden und es bietet Liquidität und Zinsabsicherung.

5.7 Überblick Geldmarktinstrumente

Die folgende Darstellung zeigt als Überblick einige Instrumente (nicht vollständig) des Geld- und Devisenmarktes.

Abbildung 17: Beispiele für Instrumente am Geldmarkt

Finanzmarkt	
Geldmarkt	Kapitalmarkt
– Depositenzertifikate – Kassenobligationen – Global Note Facilities – Commercial Papers – Commercial Paper Facilities – Notes – Pensionsgeschäft/Repo – Forward Rate Agreements	

---

[246] OTC steht für Over the Counter und heißt außerbörslich. Siehe Wohlschlägl-Aschberger, Praxiswissen Finanzinstrumente, S. 57-98.

Diese Instrumente dienen der kurzfristigen Geldaufnahme oder -veranlagung. Sie sind für die Liquiditätsbeschaffung aller Finanzmarktteilnehmer absolut notwendig.[247]

Unter dem Begriff kurzfristige Finanzierung sind im weitesten Sinn auch die **Banklinien** zu nennen, die ein lebensnotwendiges Refinanzierungsinstrument der Banken darstellen.

Banken stehen weltweit miteinander in Geschäftsbeziehung – sie halten wechselseitig (Geschäfts-)Konten (Nostro- und Loro-Konten). Auf diesen Konten stehen entweder Guthaben oder sie weisen einen Minusstand, d.h. Schulden, auf. Sie können in der nationalen Währung oder auch in einer Fremdwährung denominiert sein.

5.8   Exkurs: Due-Diligence-Prozess

Eine Geschäftsbeziehung zu einer anderen Bank wird nur nach eingehender Prüfung, dem **Due-Diligence-Prozess** aufgenommen. Vereinfacht gesagt, „durchleuchtet" dieser Prozess das „Gegenüber", den Geschäftspartner, den Kunden, denn es geht – wie in jedem Geschäft – um Bonität und Sicherheit.

Im Rahmen einer Bank-zu-Bank-Geschäftsbeziehung werden auch Banklinien vergeben. Es handelt sich dabei um Kredit- bzw. Veranlagungslinien, die i.d.R. kurzfristig sind und den Banken helfen, entweder kurzfristig Liquidität aufzunehmen oder auch umgekehrt zu veranlagen.

Wenn jedoch eine Bank in Schieflage gerät (und alleine Gerüchte über angebliche Schwierigkeiten können schon dazu führen), dann ist es grundsätzlich üblich und internationale Marktpraxis, dass jene von anderen Banken gewährten Bankkreditlinien fällig gestellt oder mit den Guthaben auf anderen Konten, eventuell auch mit jenen auf Fremdwährungskonten, gegengerechnet werden (immer natürlich in der Annahme, dass dies den vertraglichen Bestimmungen entspricht). Diese Regeln bzw. Usancen können eine Kettenreaktion am Markt auslösen und bei einigen Banken zu wirklich existenziellen Problemen führen – wie es in den letzten Jahren auch mehrfach passierte.

Transaktionen von Banken am Geldmarkt sind typische Bankgeschäfte, sie werden täglich und regelmäßig getätigt, sie orientieren sich an Marktgegebenheiten, sie ermöglichen das Bank-Kunden-Geschäft und sie stellen – wie schon ausgeführt – wichtige Liquiditäts- und Refinanzierungsquellen für den gesamten Bankensektor dar. Der Geldmarkt

---

[247] Siehe dazu: Aebersold Szalay, Analyse der Bundesbank: Schattenbanken erschweren die Geldpolitik, in: nzz.ch, 04.04.2014, http://www.nzz.ch/aktuell/startseite/schattenbanken-erschweren-die-geldpolitik-1.18277987 (10.12.2014).

kann u.U. – so geschehen auch in der Finanzkrise – zum notwendigen jedoch auch gefährlichen zentralen „Knackpunkt" für die Banken werden, er stellt den Lebens- bzw. Überlebensnerv der Banken dar.

5.9 Liquidität

Nachdem im Kapitel zum Kreditgeschäft das Kreditrisiko und auch Begriffe wie Markt und Marktfolge – wichtige organisationsrechtliche Anforderungen der Kreditrisikosteuerung einer Bank – erklärt wurden, sollen nun andere Aspekte der **Banken(Gesamt-)-Risikosteuerung** angesprochen werden, und zwar jene Erfordernisse, die eine Bank im Bereich des Liquiditätsrisikos einzuhalten hat.

Wie schon angeführt, ist die **Liquidität** für alle Unternehmen und somit auch oder gerade für Banken sehr wichtig, denn sie müssen jederzeit in der Lage sein, den entsprechenden Zahlungsverpflichtungen nachzukommen, um nicht eine Insolvenz des Unternehmens oder der Bank herbeizuführen.

Ohne auf die umfangreichen regulatorischen Erfordernisse,[248] die in den letzten Jahren auch zugenommen haben, im Detail eingehen zu wollen, ist es naheliegend, dass eine Bank Maßnahmen ergreifen muss, um mit entsprechender vertraglicher Absicherung jederzeitigen Zugang sowohl zu unterschiedlichen Refinanzierungspartnern mit guter Bonität als auch zu geeigneten Refunding-Instrumenten zu haben.

Es ist erforderlich, eine **Diversifizierung** vorzunehmen, um ein Klumpen- oder Konzentrationsrisiko zu minimieren. Sich nur von einer Refinanzierungsquelle abhängig zu machen, stellt auch ein Risiko dar, das schlagend wird, wenn dieser Finanzierungspartner „ausfällt", d.h. insolvent wird – ein Ereignis, das gerade in Krisensituationen immer wieder vorkommt und auch eine Vertrauenskrise auslösen kann.

Ob die Liquiditätssteuerung pro Währung erfolgt oder nicht, ist je nach Bank unterschiedlich geregelt und hängt sicherlich auch von der Größe des Hauses und v.a. von den Aktivitäten der Bank im Devisenhandel ab.

Die **Fristenkonformität** ist ein weiterer Teil des Liquiditätsmanagements, der zu berücksichtigen ist. Konkret bedeutet dies, dass die Bank ihre kurzfristigen Verpflichtungen kurzfristig und ihre langfristigen Verbindlichkeiten langfristig finanzieren soll. In der Praxis ist die Einhaltung der Fristenkongruenz allerdings nicht ganz so einfach, jedoch

---

[248] Siehe u.a. SolvV und Basel III.

sollte das Gesamtrefinanzierungsportfolio einer Bank eine vertretbare Mischung zur Risikominimierung darstellen. Die Bank hat somit regelmäßig einzuschätzen, ob die Liquiditätsreserven den getroffenen Annahmen und der zugrunde gelegten Berechnungsbasis sowie den bankintern festgelegten Bandbreiten bzw. den gewählten Überwachung-Tools und Aktualisierungen entsprechen.

Zudem hat die Bank zu überprüfen – seit der Finanzkrise 2007 ein besonders wichtiges regulatorisches Erfordernis –, ob ihre Liquiditätsplanungen auch in einer volatilen und v.a. angespannten Marktlage als ausreichend anzusehen sind. Von den Banken wird ein Notfallplan (*contingency plan*) für einen möglichen Liquiditätsengpass gefordert.

Der gefürchtete Begriff in diesem Zusammenhang ist „**Stresstest**".[249] Der Stresstest verlangt von den Banken eine Analyse der unterschiedlichen Quellen und Ursachen bzw. Zusammenhängen von Liquiditätsrisiken, die Bewertung dieser Risiken und in der Folge das Einführen von Maßnahmen zur Gegensteuerung (Risikominimierung).

Ein solides, effizientes und nachhaltiges Liquiditätsrisikomanagement einer Bank – und zwar jeder Bank weltweit – steht immer mehr im Vordergrund der regulatorischen Aspekte.[250] Die Vergangenheit hat gezeigt, dass auch die Stabilität einer einzelnen Bank enorm wichtig für die Stabilität des gesamten weltweiten Finanzsystems ist, da die Verflechtungen am Finanzmarkt schnell zu einem gefährlichen Dominoeffekt führen können.

---

[249] Siehe u.a. dazu: OeNB, Leitfaden zur Gesamtbankrisikosteuerung, http://www.oenb.at/dms/oenb/Publikationen/Finanzmarkt/Bankenaufsichtliche-Publikationen/icaap_leitfaden_tcm14-38311.pdf (30.12.2014). Bafin, Mindestanforderungen an das Risikomanagement, Rundschreiben 10/12, http://www.bafin.de/SharedDocs/Veroeffentlichungen/DE/Rundschreiben/rs_1210_marisk_ba.html. Walter, Liquidität, Vorlesungsunterlagen WS 2011/12, http://www.gesamtbanksteuerung.info/WS1112/2011-12%20WS-Liquidaet.pdf (15.07.2104). Basler Ausschuss für Bankenaufsicht, Basel III: Internationale Rahmenvereinbarung über Messung, Standards und Überwachung in Bezug auf das Liquiditätsrisiko, online unter http://www.bis.org/publ/bcbs188_de.pdf (30.12.2014).

[250] Siehe dazu Fiedler/Gassmann/Wackerbeck, Managing Liquidity in a New Regulation Era – Tactical and Strategic Consequences for Banks, in: Grieser/Heemann (Hg.), Bankenaufsicht nach der Finanzmarktkrise, S. 171-203.

6 Kapitalmarktinstrumente – langfristige Finanzinstrumente im Bankgeschäft

Im Unterschied zum Geldmarkt werden am **Kapitalmarkt**[251] mittel- und v.a. langfristige Finanzinstrumente[252] gehandelt. Es ist der Markt für langfristige Kredite und Finanzierungen, aber auch für langfristige Veranlagungen und Beteiligungen. Laufzeiten von mehr als fünf Jahren und v.a. bis zu zehn, 15 oder in Einzelfällen sogar bis zu 25 oder 30 Jahren prägen die Struktur des Marktes.

Häufig wird in diesem Zusammenhang auch vom Anleihen- bzw. Rentenmarkt, vom Aktienmarkt und vom Markt für Beteiligungskapital gesprochen. Auch der Begriff Wertpapiermarkt wird verwendet und bezieht sich v.a. auf die Anleihen bzw. Rentenpapiere als verzinste Wertpapiere (Zinspapiere) und die Aktien als Dividendenpapiere. Der Markt der Derivate ist, wenn die Laufzeiten der Strukturen nicht kurzfristig sind, ebenfalls unter dem Kapitalmarkt zu subsumieren und ist auch dem Wertpapiermarkt zuzurechnen, da Derivate[253] i.d.R. Wertpapiere sind.

Wer sind nun die **Teilnehmer** des Kapitalmarktes und wie kommt der **Markt** zustande? Allgemein gesprochen sind all jene Institutionen Teilnehmer des Kapitalmarktes, die entweder als **Kapitalgeber** oder **Kapitalnehmer** auftreten, oder auch jene, die zwischen den beiden als Vermittler, als **Finanzintermediäre**, agieren.

Die Kapitalgeber bieten Kapital, d.h. Geld, für gewisse Zwecke an (z.B. für Investitionen) und die Kapitalnehmer sind jene, die dieses Kapital benötigen. Kapitalgeber und Kapitalnehmer, also die Akteure, oft auch *player* genannt, sind – ähnlich wie am Geldmarkt – Banken, Versicherungen, Unternehmen (*corporates*), Privatanleger/Investoren sowie die Öffentliche Hand. Finanzintermediäre sind i.d.R. Banken, oft als Investmenthäuser/Investmentbanken bezeichnet, oder Wertpapierfirmen, in vielen Ländern auch unter den Begriffen Vermögensvermittler oder -berater bekannt.

Der Markt funktioniert durch **Angebot** und **Nachfrage** bzw. durch das Zusammenwirken der Finanzmarktakteure, die Angebote und Nachfragen entsprechend zusammenführen und somit eine Preisbildung ermöglichen. Der Preis eines Finanzinstrumentes kommt immer erst durch ein Angebot und dessen Annahme zustande.

---

[251] Siehe u.a. http://www.wirtschaftslexikon24.com/d/kapitalmarkt/kapitalmarkt.htm (20.07.2014).

[252] Siehe dazu auch Wohlschlägl-Aschberger, Praxiswissen Finanzinstrumente.

[253] Siehe dazu auch Wohlschlägl-Aschberger, Praxiswissen Finanzinstrumente, S. 57-98.

© Springer Fachmedien Wiesbaden GmbH, ein Teil von Springer Nature 2019
D. Wohlschlägl-Aschberger, *Bankgeschäft und Finanzmarkt*, Edition Frankfurt School,
https://doi.org/10.1007/978-3-658-23795-0_6

6.1 Exkurs: Preis – Bewertung – Wert

Gerade am Finanzsektor wird insbesondere in volatilen Marktlagen und in Krisensituationen oft die Frage gestellt, wie Preise zustande kommen, wer sie beeinflusst bzw. wie transparent und nachvollziehbar sie sind – eine schwierige, aber vielleicht auch einfache Frage.

Der „Preis" kommt durch **Angebot** und **Nachfrage** zustande – am Finanzsektor ebenso wie in der Realwirtschaft. Der eine möchte kaufen, der andere verkaufen – sie einigen sich auf einen Preis. Natürlich hat jeder der Vertragspartner eine Vorstellung bzw. eine Erwartungshaltung, wie der Preis sein sollte bzw. wie er sich u.U. entwickeln kann.

Die Preisbildung bei Wertpapier- bzw. Finanzmarkttransaktionen gestaltet sich folgendermaßen: Es werden Verkaufs- und Kaufkurse für ein Wertpapier gestellt – *bid* und *offer* – diese signalisieren, zu welchem Preis jemand gewillt ist zu verkaufen bzw. zu kaufen.

Warum ist ein Marktteilnehmer gewillt, auf Termin einen bestimmten Preis für ein Gut zu bezahlen? Das Gut kann eine definierte Menge an Weizen, Roggen oder Kaffeebohnen sein, aber auch ein Wertpapier, eine Währung oder ein Derivat. Seine Markterwartungshaltung ist, dass sich der Preis nach oben entwickelt. Er kauft zum vorab vereinbarten Preis und hat dann die Möglichkeit, das Gut zu einem höheren Preis wieder zu verkaufen. Genau umgekehrt ist die Markterwartungshaltung des Verkäufers, er geht davon aus, dass der Preis sinkt.

Ebenso wichtig ist die Frage der **Bewertung** eines Wertpapiers. Und gerade dieses Wort „Bewertung" beschäftigte und beschäftigt viele und so wird es auch in Zukunft bleiben.

In Anbetracht der jüngsten Finanzmarktkrise und den damit verbundenen globalen Auswirkungen auf die Märkte stellt sich immer häufiger die Frage der Bewertung von Wertpapieren in Bankbilanzen (zur Jahres- oder Halbjahresbilanz, aber auch dann, wenn eine Bewertung zu einem anderen Stichtag, aus welchen Gründen auch immer, erforderlich ist). Insbesondere bei der Bewertung von Derivaten gibt es einige kritische Punkte, z.B. den Kontraktabschluss, den Bilanzstichtag oder gewisse Erfüllungs- bzw. Ausübungszeitpunkte.

Bewertungen[254] von Finanzinstrumenten sind wichtig, da sie sich im Wert der Bank zu den entsprechenden Stichtagen niederschlagen – es sind stichtagsbezogene Bewertungen, die sich nach dem gewählten Stichtag z.T. sehr schnell wieder ändern können.

Bewertungen erfolgen, wie auch die o.a. Beispiele zeigen, immer im Nachhinein und nach bestimmten Grundsätzen, wie z.B. den genannten der Rechnungslegung. Je volatiler die Märkte, je komplexer die Finanzprodukte desto schwieriger die Bewertung und umso problematischer ist es, daraus Ableitungen anzustellen.

Im Zusammenhang mit Wertpapieren kommt auch das Wort „Wert" (bzw. Kurs) vor. Daher stellt sich immer wieder auch die Frage der Bedeutung des „Wertes" (z.B. des Kurses) eines Wertpapiers.

Der Kurs einer Anleihe ändert sich laufend, er spiegelt den Wert der Anleihe wider. Das bedeutet bspw. Folgendes: Die meisten Anleihen notieren in Prozent des jeweiligen Nominalwerts (dies ist u.a. im Kurszettel der Börse ersichtlich). Somit bedeutet ein Anleihekurs von 101%, dass der Käufer 101% des Nominalwerts der Anleihe beim Kauf zu bezahlen hat[255] – somit entspricht der Wert, d.h. der Kurs, dem Kaufpreis des Wertpapieres, der durch Angebot und Nachfrage zustande kommt.

Marktteilnehmer, die nicht nur für die Emissionen, beginnend mit dem Antrag auf Börsennotiz (*listing*) bis zum Löschen der Börsennotiz, dem „Streichen des Wertpapiers" (*delisting*), und der Überwachung der Emittenten, sondern auch für die Preisbildung am Markt sehr wichtig sind, sind die **Börsen** in den jeweiligen Ländern. In diesem Sinne werden Börsen manchmal auch als „Drehscheiben" der Kapitalmärkte gesehen.

---

[254] Auf bilanztechnische Bewertungsregeln wird hier nicht eingegangen. Siehe dazu aber u.a. die gesetzlichen Möglichkeiten nach dem Unternehmensrecht in Bezug auf die Bewertung von Wertpapieren im Anlage- und Umlaufvermögen. Siehe dazu auch (in der jeweils gültigen Fassung) http://www.afrac.at/wp-content/uploads/AFRAC_Stellungnahme_UGB_Finanzvermoegen_Juni2010.pdf (11.02.2015).

[255] Auf die Stückzinsen – darunter versteht man vereinfacht die aufgelaufenen Zinsen, die vom Käufer einer Anleihe an den Verkäufer gezahlt werden müssen – wird hier nicht gesondert eingegangen.

Aber auch die **Aufsichtsbehörden** in den einzelnen Ländern und die EU-Finanzmarkt-institutionen[256] sind als Marktteilnehmer zu sehen. Die Funktion und die Rolle von Aufsichtsbehörden haben sich über die Jahrhunderte laufend entwickelt. Änderungen im Aufsichtsbereich wurden, wie auch die jüngsten Entwicklungen zeigen, meist durch konkrete Ereignisse am Finanzmarkt ausgelöst.

Welche **Unterscheidungen** sind noch vorzufinden? Der Markt für langfristige Kapitalbeschaffungen unterscheidet zwischen **Eigenkapital**, wie Aktienemissionen, und **Fremdkapital**, wie Anleiheemissionen. Die Unterscheidung ist für die Funktion und somit auch für die Rechte und Pflichten des Aktionärs, als Eigenkapitalgeber, und des Anleihegläubigers, als Fremdkapitalgeber, sehr wichtig. In Krisensituationen wird die Unkenntnis darüber besonders evident und wirkt sich oftmals fatal aus.

Man teilt den Kapitalmarkt auch in einen **Primär-** und **Sekundärmarkt**. Auf beiden Märkten spielen die Banken zwar sehr entscheidende, doch jeweils unterschiedliche Rollen.

Der Primärmarkt umfasst die Emission und Erstplatzierung (Begebung), während auf dem Sekundärmarkt der Wertpapierhandel (d.h. der Kauf und Verkauf unter den Teilnehmern) nach der Erstemission stattfindet. Banken spielen sowohl am Primärmarkt wie auch am Sekundärmarkt eine wichtige Vermittlerrolle. Die getätigten Transaktionen stellen – weltweit – typisches Bankgeschäft dar.

Eine am Primärmarkt tätige Bank wird oft als **Investmenthaus** (Investmentbank) bezeichnet und vermittelt zwischen Emittent und Markt vor bzw. während der Begebung von Wertpapieren.

Am Sekundärmarkt hat die Bank eine **Vermittlerrolle** im Handel von Wertpapieren (Kauf und Verkauf), der entweder börslich oder außerbörslich erfolgen kann. Beim börslichen Handel erfolgt er, wie das Wort schon sagt, über die Börse, beim außerbörslichen, auch OTC-Handel genannt, erfolgt er unter den Marktteilnehmern bilateral.

---

[256] In diesem Buch wird auf aufsichtsrechtliche Strukturen und die jüngsten Änderungen nicht eingegangen. Zum Nachlesen siehe dazu u.a.: Lautenschläger, Die neue Europäische Aufsichtsstruktur. Rede anlässlich des 5. Finanzplatztages der Börsen-Zeitung, http://www.bundesbank.de/Redaktion/DE/Reden/2012/2012_03_14_lautenschlaeger_aufsicht_europa.html (30.12.2014). Bafin, Die internationale Aufsichtsstruktur im Wandel, in: Bafin-Journal 10/12, S. 16-20. Hysek, Harmonisierung des europäischen Bankenaufsichtsrechts, Fachvortrag im Rahmen der Veranstaltung Dialog der Wirtschaftskammer Niederösterreich am 08.05.2014 in St. Pölten, https://www.wko.at/Content.Node/branchen/noe/BankVersicherung/DIALOG_08_05_2014_Dr_Hysek_europ_Bankenaufsicht.pdf (30.12.2014).

Abbildung 18: Grundstruktur – Selling, Buying and Trading in Securities

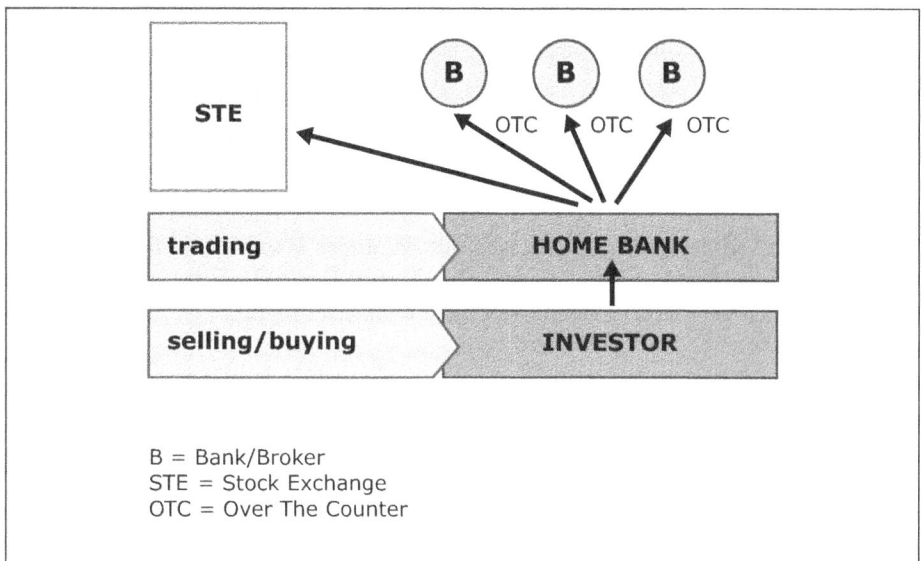

Quelle: Wohlschlägl-Aschberger, Praxiswissen Finanzinstrumente, S. 20

Abbildung 19: Überblick über die Handelsmöglichkeiten

Börsenhandel	OTC-Handel
Geschäfte, die an einer Börse (oder an einer anderen regulierten Handelsplattform) abgeschlossen werden	Außerbörslich abgeschlossene Geschäfte
➡ Zentralisierter Handel (teilweise mit zentralisiertem Clearing) ➡ Hohe Transparenz ➡ Standardisierung	➡ Meist bilateraler Handel (zunehmend mit zentralisiertem Clearing) ➡ Eingeschränkte Transparenz ➡ Maximale Flexibilität

Quelle: Wohlschlägl-Aschberger, Praxiswissen Finanzinstrumente, S. 21

Am Kapital- und Börsenmarkt wird zwischen **geregelten** und **ungeregelten Märkten** differenziert – *regulated market* versus *non-regulated market*. Diese wichtige Unterscheidung findet sich in den aufsichtsrechtlichen Bestimmungen[257] und bezieht sich auch auf die Zulassungskriterien.[258] Der geregelte Markt, auch als regulierter Markt bezeichnet, wird von der jeweiligen zuständigen Finanzmarktaufsicht kontrolliert und beaufsichtigt, der ungeregelte Markt hingegen unterliegt, wie das Wort sagt, keiner oder nur einer minimalen bzw. eingeschränkt punktuellen Aufsicht.

In Österreich,[259] an der Wiener Börse, sind der „Amtliche Handel" und der „Geregelte Freiverkehr" unter dem Begriff „Geregelter Markt" zu subsumieren; der „Sonstige Handel" oder der „Dritte Markt" galt lange als nicht regulierter Markt.

Banken haben i.d.R. sowohl im Emissions- als auch im Handelsbereich je nach Wertpapierart und -transaktion immer mit beiden genannten Märkten zu tun.

In der Folge werden nun die langfristigen Finanzinstrumente und ihre Rolle am Kapitalmarkt beschrieben, und zwar primär aus der Sicht der Banken, die dabei unterschiedliche Funktionen haben können – Kapitalgeber, Kapitalnehmer, Finanz-Intermediär und Teilnehmer an der Börse – Rollen, die für den Finanzsektor aber auch für die gesamte Volkswirtschaft von hoher Bedeutung sind.

---

[257] Diese Unterscheidung findet sich erstmals in der Investment Services Directive (ISD) aus 1993, auch als Wertpapierdienstleistungsrichtlinie bekannt. Sie ist der Vorläufer der MiFID I (2004) und auch von der MiFID II aus 2014. MiFID steht für Financial Market Instruments Directive und umfasst auch den Begriff MTF (Multilateral Trading Facility), und die jüngste Fassung setzt sich mit einer weiteren Unterscheidung im Handelsbereich, dem OTF (Organised Trading Facility), auseinander. Zu ISD/MiFID vgl. u.a. auch http://ec.europa.eu oder Fachartikel auf http://www.bafin.de.

[258] Siehe u.a. http://www.boerse-frankfurt.de/de/lexikon/g/geregelter+markt+762 (20.07.2014).

[259] Siehe dazu u.a. http://www.fma.gv.at/de/unternehmen/boerse-wertpapierhandel/boerse.html (20.07.2014).

Abbildung 20: Instrumente des Kapitalmarkts

Finanzmarkt	
Geldmarkt	Kapitalmarkt
– Depositenzertifikate – Kassenobligationen – Global Note Facilities – Commercial Papers – Commercial Paper Facilities – Notes – Pensionsgeschäft/Repo – Forward Rate Agreements	– Aktien – Partizipationskapital – Anleihen – Pfandbriefe – Kommunalschuldverschreibungen – Dept-Issuance-Programmes – Private Equity Capital – Venture Capital

Zunächst werden jene Finanzinstrumente dargestellt, die **Dividendenpapiere** sind, Eigenkapital darstellen und somit Eigentümerpositionen gewähren – die Aktie,[260] jedoch durchaus mit unterschiedlichen Ausgestaltungen. Das in den letzten Jahren öfter in den Vordergrund getretene Partizipationskapital – unter Fachleuten auch PS-Kapital genannt – wird ebenso erläutert.

Sodann werden Finanzinstrumente dargestellt, die Gläubigerpapiere verkörpern, also Fremdkapital darstellen und somit keine Eigentümer-, sondern eine Gläubigerposition einräumen – die Anleihen[261] (wiederum mit unterschiedlichen Ausgestaltungen).

6.2 Die Aktie – eine Eigenkapitalfinanzierung

Die Aktie verkörpert einen Anteil an einem Unternehmen. Der Investor, der eine Aktie zeichnet (d.h. kauft), wird damit Aktionär an diesem Unternehmen und verfügt über gewisse Rechte, wie z.B. die Ausübung von Stimmrechten und somit auch das Recht zur Teilnahme an der Hauptversammlung, sofern es sich nicht um stimmrechtslose Aktien handelt.

Es gibt verschiedene Ausgestaltungen von Aktien, wie z.B. die schon genannte stimmrechtslose Aktie, die über kein Stimmrecht verfügt, oder auch die Vorzugsaktie, die – wie das Wort schon sagt – gewisse Vorrechte eingeräumt bekommt, wie u.a. höhere Dividendenzahlungen, im Gegenzug aber auf gewisse Rechte, wie u.a. die Stimmrechte, verzichten muss.

---

[260] Siehe dazu auch Wohlschlägl-Aschberger, Praxiswissen Finanzinstrumente, S. 5-24.

[261] Siehe dazu auch Wohlschlägl-Aschberger, Praxiswissen Finanzinstrumente, S. 25-41.

Die Ausgabe von Aktien ist für Unternehmen, d.h. für Aktiengesellschaften – denn nur diese können Aktien ausgeben –, und somit auch für Banken, die i.d.R.[262] Aktiengesellschaften sind, ein sehr gutes und wichtiges Instrument, um Kapital, und zwar Eigenkapital, aufzunehmen.

Die Aufnahme erfolgt in Form einer Aktienemission, die eine Kapitalerhöhung darstellt und entsprechend den jeweiligen gesellschaftsrechtlichen Regelwerken am Sitz der Aktiengesellschaft genehmigt werden muss. Das genehmigte „zusätzliche" Kapital kann am Finanzmarkt in Form von Aktien angeboten werden. Die Bank, die Aktien begibt/emittiert, ist der Emittent bzw. der Angebotsteller oder Kapitalnehmer. Die Investoren/Anleger, ob Banken, Versicherungen oder Privatanleger, investieren ihre Gelder in diese Aktien und sind somit Kapitalgeber.

Warum und wann führt eine Bank eine **Aktienemission** durch und was sind die **Vorteile** für die Bank? Eine Bank benötigt wie jedes Unternehmen Kapital, um bspw. zu wachsen, zu expandieren oder um neue Geschäftsfelder und Produkte für ihre Kunden anbieten zu können. Ohne Kapitalaufstockungen sind diese Schritte i.d.R. nicht möglich. Mit der Ausgabe von Aktien bekommt die Bank die dafür notwendigen finanziellen Ressourcen und Mittel. Sie bindet die neuen Aktionäre, die von der Bonität, dem Geschäftsfeld und dem Geschäftsplan der Bank überzeugt sind, an sich. Dafür bekommen diese Dividenden und haben üblicherweise auch ein Stimmrecht.

In der Folge können dann entweder weitere **Kapitalerhöhungen** vorgesehen sein oder auch die Emission von Anleihen – u.U. auch kurz nach einer Aktienemission – überlegt werden.

Über viele Jahre galten **Bankaktien** – so die weitverbreitete, aber nicht ganz richtige Meinung – als ein gutes und „absolut sicheres" Investment, d.h. Anlageinstrument. Fälle in der Vergangenheit, nicht nur der jüngsten, belegen teilweise das Gegenteil – auch bei Banken ist wie bei jedem anderen Emittenten die Frage der Bonität und des nachhaltigen Geschäftsmodells entscheidend. Das Emittentenrisiko ist immer gegeben.

---

[262] Als eine Ausnahme seien hier Genossenschaftsbanken angeführt, die eine andere Rechtsform darstellen; auf diese wird aber nicht eingegangen. Siehe dazu u.a.: Institut für Bankhistorische Forschung e.V. (Hg.), Die Geschichte der DZ Bank: Das genossenschaftliche Bankwesen vom 19. Jahrhundert bis heute. Weiterführende Informationen auch auf der Homepage der Stiftung GIZ, Genossenschaftshistorisches Informationszentrum: http://www.giz.bvr.de.

Es gibt aber auch Situationen, in denen eine Bank „Gelder" benötigt, um aufgelaufene Verluste, die z.B. im Kreditgeschäft entstanden sind, abzudecken und um kapitalmäßig gestärkt Neugeschäfte ausbauen zu können. Derartige Situationen kommen insbesondere in oder nach Finanzmarktkrisen häufig vor.

6.3 Das Partizipationskapital

Wie schon vorher erwähnt, gibt es diverse Formen und unterschiedliche Ausgestaltungen von Aktien bzw. Dividendenpapieren, die hier nicht alle aufgelistet und beschrieben werden, die sich jedoch nach den jeweils nationalen gesellschaftsrechtlichen (aktienrechtlichen) Bestimmungen richten und gemäß dieser ausgestaltet sind bzw. sein müssen.

Auf eine Kapitalstruktur, auf das Partizipationskapital, soll an dieser Stelle jedoch eingegangen werden – eine Form, die v.a. seit den letzten Krisenjahren öffentlich im Gespräch war und ein wichtiges Kapitalinstrument für Banken darstellt, das in der derzeitigen wirtschaftlichen Situation nicht mehr wegzudenken ist.

Die Finanzkrise hat gezeigt – wenn auch nicht das erste Mal[263] –, dass Banken insolvent werden können. Um Bankinsolvenzen zu vermeiden und v.a. um die Finanzmarktstabilität wieder herzustellen und in der Folge zu erhalten, wurde die so genannte „Bankenhilfe" oder das „Bankenrettungspaket" ins Leben gerufen. Dies geschah auf EU-Ebene,[264] um die Stabilität am gesamten europäischen Banken- und Finanzsektor zu gewährleisten. Durch die Globalisierung am Banken- und Finanzsektor, insbesondere in den letzten zwei Jahrzehnten, hat die Bedeutung einer weltweiten Stabilität zugenommen, und zwar für die gesamte Weltwirtschaft.

Das Partizipationskapital als Instrument für eigenkapitalstärkende Maßnahmen – was ist es, wer begibt es, wer bekommt es, wie funktioniert es und was bringt es?

Partizipationskapital ist „Bestandteil der Eigenmittel eines Kreditinstitutes. Es wird unter Verzicht auf das ordentliche und außerordentliche Kündigungsrecht auf Unternehmensdauer zur Verfügung gestellt. Dividendenzahlungen an die Kapitalgeber sind

---

[263] Siehe dazu u.a. auch den Herstatt-Fall in Deutschland oder die Barings-Pleite in Großbritannien, um nur zwei der internationalen Fälle zu nennen.

[264] Siehe dazu u.a. auch die „Bankenmitteilung 2008" (ABl C\270 vom 25.10.2008) und die „Bankenmitteilung 2013" (ABl C\216 vom 30.07.2013) der Kommission. Insgesamt hat die Kommission sechs Krisenmitteilungen verabschiedet, die Kriterien regeln, damit die Beihilfe – im Sinne der staatlichen Beihilfen nach Art. 107 Abs. 3 Buchst. b AEUV – als vereinbart erklärt werden kann. Siehe auch http://www.aeuv.de (11.08.2014).

abhängig vom Ergebnis eines Geschäftsjahres (nach Rücklagenbewegung). Es kann zwischen Partizipationskapital mit und ohne Dividendennachzahlungsverpflichtung unterschieden werden. Jenes ohne Dividendennachzahlungsverpflichtung kann dem Kernkapital unbegrenzt angerechnet werden. Partizipationskapital nimmt bis zur vollen Höhe am Verlust teil und darf im Falle einer Liquidation des Kreditinstitutes erst nach Befriedigung oder Sicherstellung aller anderen Gläubiger zurückgezahlt werden."[265]

Der **Staat**, meist vertreten durch das Finanzministerium, übernimmt im Rahmen des jeweils geltenden nationalen Finanzmarktstabilitätsgesetzes[266] eine Eigentümerrolle, in dem er das Partizipationskapital Kreditinstituten zur Verfügung stellt – es wird Kapital durch den Staat, der somit Eigentümer oder Miteigentümer wird, zur Stärkung der Bank geschaffen.

Der Vorteil für die Banken ist, dass sie dadurch mehr Eigenkapital bekommen und daher gestärkt als Bank ihren Bankgeschäften nachkommen können.

Der Nachteil – so wird es oftmals empfunden – ist, dass zuerst eine sehr umfangreiche Prüfung durch die jeweilige Notenbank und Aufsichtsbehörde erfolgt und eine Bewertung der Bank vorgenommen werden muss. Daran anknüpfend sind mit der Vergabe des Partizipationskapitals auch gewisse Konditionen und konkrete Bedingungen verbunden.

Die Prüfung muss klären, ob die Bank eine *sound bank* oder eine *distressed bank* ist. Die Kriterien hierfür sind EU-weit normiert und geregelt. Ebenso ist festgelegt, bis zu welchem maximalen Betrag das Partizipationskapital gegeben werden darf. Die Bank kann daher nicht mit einem unbeschränkten Kapitalvolumen rechnen. Auch wenn eine Bank höhere Volumina beantragt, ist eine Obergrenze regulatorisch vorgegeben.

Bei den konkreten Bedingungen des Partizipationskapitals ist genau zwischen den oben genannten Kriterien, nämlich einer gesunden (*sound bank* oder auch manchmal als *non-distressed* bezeichnet) und nicht gesunden Bank (*distressed bank*) zu unterscheiden.

---

[265] http://www.oenb.at/Service/Glossar.html?letter=P#index-624b98b2-608f-4449-abaa-4eeaa1a441c7 (10.08.2104).

[266] Österreich: Finanzmarktstabilitätsgesetz (FinStaG) 2008 i.d.j.g.F. http://www.bmf.gv.at (11.08.2014). Deutschland: Finanzmarktstabilisierungsgesetz (FMStG) 2008 i.d.j.g.F. – der mit Artikel 1 beschlossene Fonds wird mit dem Finanzmarktstabilisierungsfondsgesetz (FMStFG) 2008 i.d.j.g.F. geregelt. Siehe dazu auch Kraßnig, Was der Bankenaufsichtsrat zum Partizipationskapital wissen sollte – bilanzielle, gesellschaftsrechtliche und steuerliche Aspekte, in: Aufsichtsrat aktuell 3/2009, S. 17-22.

Die Auswirkungen werden hier exemplarisch anhand des österreichischen Finanzstabilitätsgesetzes aufgezeigt:[267] „[...] Im Fall von gesunden Kreditinstituten wird vom Bund (Republik Österreich) eine marktorientierte, unternehmensspezifische Vergütung in Form von Dividendenausschüttungen eingefordert, die für Partizipationskapital jährlich nicht unterhalb von 9,3% liegt. Diese Mindestdividende kann jedoch auf 8% abgesenkt werden, wenn

- die Rückzahlung zu 110% des Nennwertes erfolgt, oder

- mindestens 30% der Kapitalzufuhr von Privaten gezeichnet werden, solange diese 30% zu nicht mehr als einem Drittel von bestehenden Aktionären und zu mindestens zwei Dritteln von Dritten gezeichnet werden. Für Dividenden von „Altaktionären" besteht für den Zeitraum der Inanspruchnahme staatlicher Hilfe eine Ausschüttungsbegrenzung von 17,5% des ausschüttungsfähigen Gewinns vor Rücklagendotierung. Diese Begrenzung entfällt, wenn sich Private zu mehr als 30% an der Kapitalzufuhr beteiligt haben, solange wiederum von diesen 30% zu nicht mehr als ein Drittel von bestehenden Aktionären und zu mindestens zwei Drittel von Dritten gezeichnet werden.

Für nicht-gesunde Kreditinstitute ist eine marktorientierte Vergütung in Form von Dividendenausschüttungen von mindestens 10% vorgesehen. Ferner gilt für nicht-gesunde Banken ein absolutes Verbot von Dividendenausschüttungen an andere Aktionäre, das nur im Rahmen eines von der Europäischen Kommission notifizierten Umstrukturierungsplans gelockert oder aufgehoben werden kann."

Mit Hilfe von Partizipationskapital haben Banken u.a. die Möglichkeit – nach erfolgter Umstrukturierung und (Risiko-)Portfoliobereinigung (beide Aspekte werden geprüft, sowohl von den nationalen Behörden als auch von der EU-Kommission, und ein Umstrukturierungsplan ist ebenso vorzulegen) –, wieder Kredite zu vergeben, denn eine angemessene Kreditversorgung ist für die Realwirtschaft nötig und auch für die Sicherstellung eines wirtschaftlichen Wachstums essenziell. Allerdings ist es entscheidend und daher zu betonen, dass auch die Nachhaltigkeit des Geschäftsmodells der Bank, die Partizipationskapital in Anspruch nehmen möchte, gewährleistet sein muss.

Nach der bisherigen Darstellung von ausgewählten Kapitalmarkinstrumenten, den Dividendenpapieren, werden nun andere, ebenso wichtige Finanzierungsinstrumente für Banken beschrieben.

---

[267] http://www.boerse-express.com/wiki/Partizipationskapital (10.08.2014).

6.4 Die Anleihe – eine Fremdkapitalfinanzierung

Die Anleihe verkörpert Fremdkapital und bringt den Investor/Anleger in die Gläubigerposition – ähnlich jener als Kreditgeber bei einem Kreditengagement –, macht ihn aber nicht zum Eigentümer, wie dies bei einer Aktie der Fall ist.

Unternehmen und somit auch Banken können Schuldverschreibungen ausgeben/emittieren, mit denen es möglich ist, am Kapitalmarkt Geld aufzunehmen. Anleihen stellen ein wichtiges Instrument dar, Fremdkapital zu beschaffen.[268]

Es wurden bereits kurzfristige Finanzierungsmöglichkeiten von Banken genannt, und zwar Geldmarktinstrumente sowie Banklinien, die sich die Banken wechselseitig gewähren. Lang- bzw. längerfristige Finanzierungen sind für Banken jedoch ebenso notwendig. Die Anleiheemissionen am Kapitalmarkt bieten für Banken die Möglichkeit einer langfristigen Finanzierung und dabei die finanzierungstechnische Unabhängigkeit von „einer einzigen" Bank. Sie werden oftmals auch als Bankenanleihen oder Bankschuldverschreibungen bezeichnet, die jedoch durchaus unterschiedliche Zusatzbezeichnungen aufweisen können.[269]

6.5 Pfandbriefe und Kommunalschuldverschreibungen

Bankschuldverschreibungen, die auf Basis spezieller Gesetze[270] und bestimmter Vorgaben von einzelnen Banken begeben werden dürfen, werden als Pfandbriefe oder Kommunalschuldverschreibung bezeichnet.

Pfandbriefe[271] werden als Bankanleihen ersten Ranges bezeichnet, da sie mit Sicherheiten unterlegt (besichert) sind, die aus dem Vermögen der Bank ausgesondert werden (Sondervermögen). Die Pfandbriefe sind dadurch vor Zahlungsausfällen im Falle der Insolvenz der Bank geschützt. Sie sind mit einem Deckungsstock versehen, der als Sondervermögen behandelt wird. Im Deckungsstock werden als Sicherheiten entweder Hypotheken oder Forderungen an die öffentliche Hand verlangt.

---

[268] Deutsche Bundesbank (Hg.), Kapitalmarktstatistik November 2012, Statistisches Beiheft 2 zum Monatsbericht, S. 22-29.

[269] Siehe dazu: http://www.wallstreet-online.de/anleihen/wissen/anleihetypen (30.12.2014).

[270] Rechtsgrundlage ist z. B. in Österreich das HypBG und das PfandbriefG oder in Deutschland das PfandBG vom 19.07.2005.

[271] Siehe u. a. www.finanz-seiten.com/anleihen/arten-von-anleihen/pfandbriefe/ (20.09.2014).

Sie sind immer nach den nationalen Bestimmungen aufzusetzen, unterliegen den nationalen Aufsichten und der Deckungsstock wird auch von definierten Experten geprüft.

In den meisten Ländern gilt der Pfandbrief aufgrund seiner hohen Sicherheit als mündelsichere Anlage (z. B. in Deutschland, Österreich und der Schweiz) und darf nur von einigen spezifisch definierten Banken begeben werden. Auch wenn sie grundsätzlich durchaus vergleichbar sind, müssen im konkreten Fall Unterschiede berücksichtigt werden.

Andere Begrifflichkeiten,[272] die in diesem Zusammenhang vorkommen, sind die „fundierten Bankschuldverschreibungen", die auf Englisch auch *covered bonds* genannt werden. Der Begriff *covered* bedeutet *„an amount of net-asset value underlying a bond or equity security. Coverage is an important aspect of a bond safety rating."*[273] Banken stellen bei diesen fundierten Schuldverschreibungen adäquate und definierte Sicherheiten zur Verfügung, die entsprechend nachgewiesen, dokumentiert und auch in einem Deckungsstock gesondert dargestellt sein müssen.

Warum begeben Banken solche „besicherten" Anleihen? Die Antwort ist einfach: Bei gut besicherten Wertpapieren sind vom Emittenten niedrigere Zinsen zu bezahlen als bei einer nicht besicherten und riskanten Anleihe. Die Bank hat somit, wenn sie die entsprechenden Sicherheiten bieten kann, eine durchaus günstige Finanzierungsmöglichkeit am Kapitalmarkt.

6.6 Debt Issuance Programmes

Ein Debt Issuance Programme ist international üblich und v.a. für große Banken geeignet, die regelmäßig Gelder am Kapitalmarkt – u.a. in unterschiedlichen Währungen und mit unterschiedlichen Laufzeiten oder Volumina – aufnehmen wollen.

Ein Debt Issuance Programme stellt einen Rahmenvertrag dar, der mit einer internationalen Bank – einer Investmentbank – abgeschlossen wird, und der emittierenden Bank Emissionen in verschiedenen Währungen, Laufzeiten, Volumina und Strukturen ermöglicht.

---

[272] Einen guten Überblick für Details siehe: www.pfandbriefforum.at/gesetze.html/ (20.09.2014) und http://www.wallstreet-online.de/anleihen/wissen/anleihetypen (30.12.2014). Informationen finden sich auch auf der Homepage des Verbands deutscher Pfandbriefbanken – www.pfandbrief.de (30.12.2014).

[273] Quelle: Downes/Goodman, Dictionary of Finance and Investment Terms.

Im Rahmen dessen können – wann immer erforderlich – von der Bank (Einzel-)Schuld-verschreibungen (auch mit oder ohne Börsennotiz) begeben werden. Damit wird der Bank eine große Flexibilität eingeräumt, um ihren eigenen Finanzierungsbedarf adäquat zu decken.

6.7 Fazit

In den bisherigen Ausführungen wurden Finanzierungsinstrumente für Banken beschrieben. Banken müssen für ihren „ganz normalen" Geschäftsbetrieb regelmäßig Finanzierungen aufnehmen – sei es als Eigen- oder Fremdkapital, sei es am Geld- oder Kapitalmarkt –, um den Bankbetrieb aufrechterhalten oder expandieren zu können. Diese Finanzierungsinstrumente nutzen die Banken nicht – wie immer wieder vermutet wird – zu Spekulationszwecken, diese Instrumente unterstützen sie bei ihrer Kernbankgeschäftstätigkeit und machen sie zu einem wesentlichen Marktteilnehmer. Die Banken sind daher – ebenso wie jeder andere Marktteilnehmer – den Marktrisiken ausgesetzt, z.B. Änderungen in der Zins- oder Währungslandschaft bzw. politische Ereignisse in einem Land oder einer Region. Eine seriöse Bank wird Maßnahmen ergreifen, um diese Risiken rechtzeitig zu erkennen, und Vorsorge für den Fall treffen, dass die Risiken schlagend werden.

Die langfristigen Finanzierungsinstrumente stehen in der Bankbilanz auf der Passivseite.

Abbildung 21: Bankbilanz – Aktienemissionen

Bilanz	
AKTIVA	**PASSIVA**
Forderungen gegenüber Kunden (Kreditgeschäft)	Verbindlichkeiten gegenüber Kunden (Einlagengeschäft)
	Verbriefte Verbindlichkeiten (Ausgabe von Schuldverschreibungen, Bankanleihen, Pfandbriefen ...)
	Aktienemissionen (Ausgabe von Aktien, PS-Kapital ...)

Banken haben jedoch auch eine andere wesentliche Rolle am Finanzsektor. Einige Banken konzentrieren sich auf das bereits dargestellte Kredit- und Einlagengeschäft, andere haben einen anderen Schwerpunkt im Bankwesen.

Mit Banken und dem Kapitalmarkt wird auch der Begriff des Investmentbanking in Verbindung gebracht, oft ohne Kenntnis, was genau darunter zu verstehen ist.

7 Investmentbanking

Der Begriff Investmentbanking kommt gerade in den letzten Jahren, den Jahren der Finanz- und Wirtschaftskrise, immer häufiger vor. Man verbindet damit u. a. die „Zocker", die großen Banken mit ihrer Gier, die Schuld an der Krise tragen, die reichen Manager, die zuerst „abcashen" und sich dann „verdrücken", wenn es Probleme gibt – vereinfacht gesagt, alle negativen Assoziationen mit dem Finanzsektor.

In den Jahren davor, in den Boomjahren, oft auch als die Bullenjahre[274] bezeichnet, verkörperte das Investmentbanking die „goldenen" Seiten der Bankenwelt: die Welt der immensen Bonuszahlungen, die Wall Street in New York, die City in London, die erfolgreichen Kanzleien der Anwalts- und Wirtschaftsprüfer mit den zahlreichen und v.a. gewinnbringenden Deals.

Und in letzter Zeit denken so manche wieder wie vor der Finanzkrise, denn auch heute ist der Beruf eines Investmentbankers sehr gefragt und gilt bei der Jugend durchaus als Traumberuf.[275]

Ist das Investmentbanking nun gut oder schlecht? Nun, so einfach ist diese Frage nicht – weder zu stellen noch zu beantworten –, denn es hängt wie immer vom Einzelfall ab. Im Finanzsektor sind Transparenz und Offenlegung sowie Erklären und Verstehen Grundvoraussetzungen, die im Einzelfall vorliegen müssen.

Doch vorab sollte die Frage geklärt werden, was der Begriff Investmentbanking überhaupt bedeutet und welche Tätigkeiten er umfasst.

Die Definition des englischen Wortes *investment* spricht von *„use of capital to create more money, either through income-producing vehicles or through more risk-oriented ventures designed to result in capital gains."*[276]

---

[274] Der Bullenmarkt steht dem Bärenmarkt gegenüber – „Bulls & Bears", wie man sie als Tierstatuen u.a. auch vor Börsen, z.B. in der Wall Street, vorfindet. Der Begriff Bulle steht für einen boomenden Markt oder den Anstieg von Kursen. Der Begriff Bär steht für einen fallenden Markt und sinkende Kurse. Im Französischen kennt man dafür auch die Begriffe hausse bzw. baisse. „The bull is a person who thinks prices will rise. The bear is a person with a pessimistic market outlook." Quelle: Downes/Goodman, Dictionary of Finance and Investment Terms.

[275] Siehe u.a.: Schäfer, Wunschberuf für Studenten: Traumgehälter und steile Aufstiege im Investmentbanking, 06.02.2014, http://www.faz.net/aktuell/beruf-chance/campus/wunschberuf-fuer-studenten-traumgehaelter-und-steile-aufstiege-im-investmentbanking-12777796.html (24.08.2014).

[276] Quelle: Downes/Goodman, Dictionary of Finance and Investment Terms.

© Springer Fachmedien Wiesbaden GmbH, ein Teil von Springer Nature 2019
D. Wohlschlägl-Aschberger, *Bankgeschäft und Finanzmarkt*, Edition Frankfurt School,
https://doi.org/10.1007/978-3-658-23795-0_7

Ein **Investmentbanker** ist *„a firm, acting as underwriter or agent, that serves as intermediary between an issuer of securities and the investing public.“*[277]

Eine **Investmentbank** ist *„a financial intermediary that performs a variety of services. Investment banks specialize in large and complex financial transactions such as underwriting, acting as an intermediary between a securities issuer and the investing public, facilitating mergers and other corporate reorganizations, and acting as a broker and/or financial adviser for institutional clients.“*[278]

Unter **Investmentbanking** wird „i.w.S. das Geschäft moderner Investmentbanken verstanden. Dazu gehören Mergers & Acquisitions (M&A) (Fusionen und Übernahmen), Corporate Finance (Unternehmensfinanzierung), Structured Finance (Projektfinanzierung und Asset Backed Securities (ABS), Capital Markets (Emission und Platzierung von Wertpapieren), Sales & Trading (Sekundärhandel am Kapitalmarkt), Asset Management (Kapitalanlage für Kunden) sowie Principal Investment (Eigengeschäft der Investmentbank). I.e.S. ist es das Kerngeschäft der klassischen Investmentbank im anglo-amerikanischen Raum, das auf die Kapitalaufnahme am Primärmarkt und den Wertpapierhandel am Sekundärmarkt gerichtet war“.[279]

Die exemplarisch angeführten Definitionen zeigen, dass – vereinfacht gesagt – eine Investmentbank eine Vermittlerrolle innehat, und zwar zwischen jenem Unternehmen, das am Kapitalmarkt Geld (Kapital) aufnehmen möchte, und jenen Personen oder Unternehmen, die ihr Geld veranlagen (investieren) wollen.

In der Folge werden nun – bevor dann auf Einzeltransaktionen eingegangen wird – die Aufgabenstellungen einer (Investment-)Bank und ihre Bedeutung bei der Unterstützung von Fremdemissionen (Emissionen von Kunden) dargestellt:

- Unterstützung bei Fremdemissionen – Emissionen von Kunden;

- kundenbezogenes Geschäft – Vermittlerrolle;

- Funktionen – Lead Manager, Underwriter, Market Maker.

---

[277] Quelle: Downes/Goodman, Dictionary of Finance and Investment Terms.

[278] http://www.investopedia.com/terms/i/investmentbank.asp (24.08.2104).

[279] http://wirtschaftslexikon.gabler.de/Definition/investment-banking.html (24.08.2014).

7.1 Emissionsbanken

Wenn sich ein Unternehmen entscheidet, am Kapitalmarkt Geld aufzunehmen, so ist das ein u. U. sehr attraktiver Weg der Geld- und Kapitalbeschaffung. Allerdings sind dabei im Unterschied zum Kreditmarkt einige Voraussetzungen zu erfüllen und das Unternehmen selbst hat mit massiven Änderungen zu rechnen.

Um sich diesen neuen Herausforderungen bestmöglich stellen zu können, bedarf es der Unterstützung einer Bank, einer **Emissionsbank**. Die Investmentbank wird das Unternehmen für den Kapitalmarkt vorbereiten und bei Transaktionen regelmäßig betreuen.

Je umfassender bzw. komplexer eine Transaktion ist, desto wichtiger ist die profunde und professionelle Beratung einer kapitalmarkterfahrenen Bank. Diese Unterstützung ist i. d. R. nicht punktuell, sondern erstreckt sich über Jahre (z. B. über die gesamte Dauer der Transaktion), wobei sich in dieser Zeit auch weitere, zusätzliche Kapitalmarktprodukte für das Unternehmen als geeignet herausstellen können.

Bevor auf unterschiedliche Transaktionsmöglichkeiten am Kapitalmarkt, dessen Aufgabenstellung und insbesondere auf die Rolle einer Investmentbank im Detail eingegangen wird, ist die zweite Frage zu klären: Ist das Investmentbanking nun **nötig**?

Diese Frage ist zu bejahen, denn eine Investmentbank kennt den Markt, die Marktteilnehmer, Konditionen, Chancen und Risiken. Sie analysiert das Unternehmen und sie analysiert den Markt. Sie beobachtet laufend und reagiert auf Marktveränderungen.

Keine Kapitalmarkttransaktion, sei es ein Börsengang, eine M&A-Transaktion, strukturierte Transaktionen oder der Handel in Wertpapieren, kann ohne eine oder mehrere Banken durchgeführt werden.

7.1.1 Aufgaben einer Emissionsbank

Wie schon erwähnt, stellt der Gang an den Kapitalmarkt eine große Herausforderung für das Unternehmen dar, denn der Kapitalmarkt unterscheidet sich in einigen Aspekten doch sehr wesentlich vom Kreditmarkt.

Der Schritt muss wohlüberlegt sein und genau durchdacht werden, denn einerseits wird dadurch einer so genannten Börsenöffentlichkeit, also Dritten als neue Eigentümer oder Gläubiger, je nach Transaktionsart, der Zugang zu Unternehmensdaten und -entscheidungen gewährt und andererseits ist eine solche Entscheidung kaum mehr zu ändern bzw. rückgängig zu machen, zumindest nicht ohne großen Reputationsverlust.

Im Idealfall wird die Hausbank[280] und langjährige Vertraute des Unternehmens die Vorbereitung für diese i.d.R. doch schwerwiegende Entscheidung von Anfang an mitbegleiten. Sie wird auf die Vorteile aufmerksam machen, aber auch auf die massiven Änderungen – u.a. in der Verhaltensweise, in der Publizitäts- und Informationspolitik – sowie auf die Verantwortung als Emittent, als Kapitalmarktteilnehmer hinweisen.

Oftmals geht es dabei nicht so sehr um die Frage der Einhaltung von bis *dato* nicht berücksichtigten und somit „neuen" Gesetzen oder Regularien, sondern eher um eine rein emotionale und mentale Einstellung. V.a. alteingesessenen Eigentümern, die Unternehmen mit Herzblut über Jahrzehnte aufgebaut haben, macht die neue Rolle als Emittent und Kapitalmarktteilnehmer oftmals zu schaffen. Sie sind nun konfrontiert mit Neuaktionären oder den *de facto* neuen (Anleihe-)Gläubigern. Die Hausbank als Kreditgläubiger kannte man bereits, doch Aufsichtsbehörden, Börse und die Medien, die sich plötzlich auch für das Unternehmen interessieren, sind noch gänzlich fremd. Je besser die Bank das Unternehmen kennt, desto besser die Vorbereitung für eine solche Entscheidung und Veränderung.

In diesem Sinn wird das Unternehmen von der Bank regelmäßig analysiert, wobei u.a. insbesondere ein Branchenvergleich, auch ein internationaler, eine wichtige Rolle spielt. Ebenso wesentlich ist es, dass der Kapitalmarkt laufend beobachtet, analysiert und beurteilt wird, einerseits hinsichtlich der allgemeinen Zins- oder Konditionenlage und andererseits mit spezifischer Ausrichtung auf die geplante Unternehmenstransaktion.

Entscheidend für den Erfolg einer jeden Kapitalmarkttransaktion sind der richtige Zeitpunkt, das richtige Marktumfeld und die Auswahl der Börse an sich. Dies ist besonders wichtig für den ersten Zugang zum Kapitalmarkt – somit für jeden „Neuen" am Markt.

7.1.2   Company Picking und Beauty Contest

Es ist aber nicht immer die Hausbank eines Unternehmens, die in der Folge auch die Rolle der Emissionsbank einnimmt oder einnehmen muss. Und dafür gibt es eine Reihe guter Gründe: Ein Grund kann sein, dass die Hausbank nicht über die nötigen Erfahrungen eines Emissionshauses mit internationaler Ausrichtung verfügt. Ein anderer mag sein, dass sich das Unternehmen vielleicht auch ganz bewusst eines Dritten bedienen möchte. Es kann sein, dass dieser Dritte, die Bank, die nicht in einer langjährigen, inten-

---

[280]   Die Rolle der Hausbank ist in diesem Zusammenhang bei Unternehmen (corporates) anders und umfassender als bei Emissionen der öffentlichen Hand, von Staaten oder auch internationalen Organisationen. Die Kernaufgaben der Emissionsbank sind jedoch unverändert.

siven und eventuell auch nicht konfliktfreien Geschäftsbeziehung mit dem Unternehmen stand, offener, kritischer und distanzierter an die Analyse herangeht – wie dies außenstehende Dritte oftmals tun.

Wie kommt nun eine solche Emissionsbank, als außenstehender Dritter, zu solchen Aufträgen? Dazu gibt es – vereinfacht gesagt – zwei Möglichkeiten.

Die eine Möglichkeit geht von den großen international tätigen Investmentbanken aus und wird auch **Company Picking** genannt. Die Investmentbanken analysieren regelmäßig – auch ohne konkreten Auftrag – öffentlich zugängliche Finanzdaten, Berichte von Ratingagenturen, selektiv auch interessante und boomende Branchen oder Wirtschaftsregionen. Sie erstellen entsprechende Unternehmens- oder Branchenanalysen, ermitteln den Finanzierungsbedarf bei ausgewählten Unternehmen in den unterschiedlichen Wirtschaftsregionen oder -branchen. Die Basis bzw. Folge einer solchen Analyse kann sein, dass das Emissionshaus mit dem Vorschlag einer Kapitalmarkttransaktion an ein konkretes Unternehmen herantritt.

Eine andere Möglichkeit, die auch unter dem Schlagwort „**Beauty Contest**" bekannt ist, geht vom Unternehmen aus. Die Einladung zu einer Kapitalmarkttransaktion kann in so einem Fall vom Unternehmen selbst oder von dessen Beratern ausgehen, wie z.B. Wirtschaftsprüfern, Anwälten oder auch direkt von der Hausbank. Zielsetzung ist es dabei immer, das bestmögliche Ergebnis für den potenziellen Emittenten zu erzielen. Emissionsbanken, die zu so einem Beauty Contest eingeladen werden, legen i.d.R. oftmals unter Zeitdruck ein Konzept und ein entsprechendes Offert vor. Denn im Unterschied zum Company Picking haben sie keine lange Vorbereitungsmöglichkeit für die Analysen der meist doch sehr umfangreichen Finanzdaten und Kennzahlen des Unternehmens. Erst nach Auftragserteilung durch den Emittenten kann und muss die Emissionsbank in die Tiefe der Zahlen und Analysen gehen.

7.1.3   Lead Manager

Wenn von Emissionsbank gesprochen wird, muss auch noch der Begriff des **Lead Managers**, der in diesem Zusammenhang immer vorkommt, erklärt werden. Der Lead Manager ist jene Bank, die ein Konsortium von mehreren Banken im Rahmen einer Kapitalmarkttransaktion anführt (engl. *lead*).

Bei solchen Transaktionen sind immer mehrere Banken involviert, oftmals auch aus unterschiedlichen Ländern oder Börsenplätzen, um eine für den Emittenten optimale Platzierung der Emission – Aktien- oder Anleiheemission – zu ermöglichen. Je nach Transaktion und Volumen kann es auch einen Co Lead Manager oder Joint Lead Manager geben, die sich dann die Aufgaben, vertraglich dokumentiert, aufteilen.

Abbildung 22: Grundstruktur – Issuing of Securities (IPO)

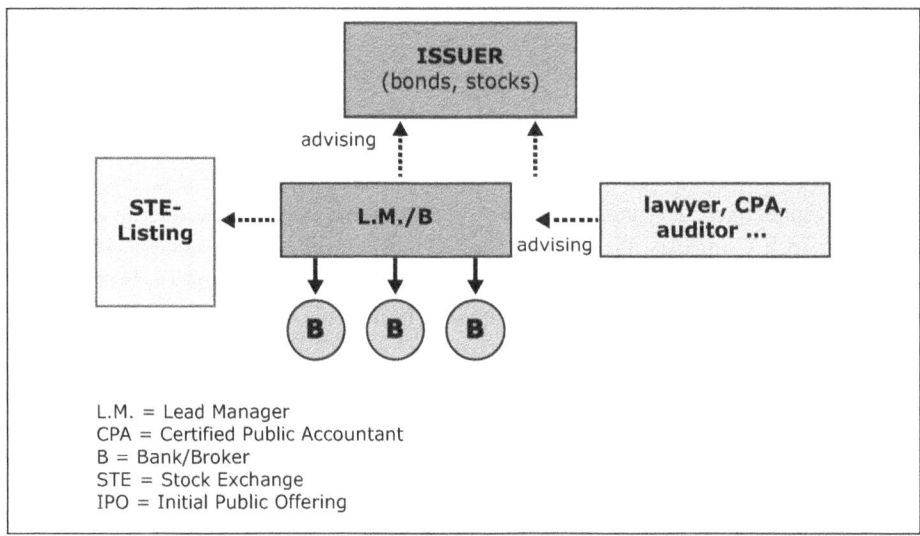

Quelle: Wohlschlägl-Aschberger, Praxiswissen Finanzinstrumente, S. 16.

I. d. R. steht der Lead Manager in regelmäßigem Kontakt und Informationsaustausch mit dem Emittenten (wie auch den Mitgliedern des Konsortiums). Er ist für einige Kernaufgaben verantwortlich, u. a. für die Leitung und Überwachung des Due-Diligence-Prozesses, die Durchführung und Prüfung der Unternehmensbewertung sowie für die Erstellung des Emissionsprospektes. Ferner wird er auch bei der Festsetzung des Emissionspreises, bei der Fixierung der Book-Building-Spanne und bei der Marktpflege eine wichtige Rolle einnehmen.

Due-Diligence-Prozess

Der **Due-Diligence-Prozess**[281] ist für jede Kapitalbeteiligung ein absolut notwendiger, sehr umfangreicher und mehrere Wochen bzw. Monate dauernder Prozess, in dem mehrere Fachleute involviert sind – seien es Wirtschaftsprüfer, Anwälte oder andere Experten. Dieser Prozess kann nur von einer Investmentbank in Gang gesetzt bzw. in diesem Fall v. a. analysiert und bewertet werden, da er auch die wesentliche Grundlage für die Preisfestsetzung bildet.

---

[281] Siehe dazu u. a. auch Thun/Timmreck/Keul, Private Equity: Leitfaden zur erfolgreichen Unternehmensfinanzierung.

Im Rahmen der Due Diligence werden die Unterlagen, die vorzulegen sind, in einem Katalog definiert, der oftmals als Due Diligence Requested List bezeichnet wird. Die Unterlagen werden in einen gesondert dafür vorgesehenen Raum, dem Data Room, gebracht. Man unterscheidet hinsichtlich der Vertraulichkeit auch noch zwischen einem Green Data Room und einem Red Data Room, der besonders heikle Informationen umfasst und nicht für jeden zugänglich ist. Heutzutage findet man, trotz der damit verbundenen erhöhten Sicherheitsrisiken, meist nur mehr virtuelle Data Rooms, denn anders wären die Datenmengen nicht mehr zu bewältigen.

Inhaltlich wird i.d.R. noch zwischen den einzelnen Prüfungsgebieten unterschieden, und somit sind u.a. die Begriffe Legal Due Diligence, Tax Due Diligence, Financial Due Diligence oder Business Due Diligence bekannt und vorzufinden. Der Bereich einer Compliance Due Diligence nimmt auch einen immer wichtigeren Stellenwert im Rahmen von Übernahmen von Unternehmen und bei Börsengängen ein.[282]

Der Lead Manager ist für den Screening Prozess, der sowohl die Situation des potenziellen Emittenten als auch die Marktsituation widerspiegeln soll, verantwortlich. Dies muss sich auch in der Preisfestsetzung zeigen und in diesem Fall in der Platzierbarkeit der Emission.

7.1.4 Platzierung

Die Frage der **Platzierung** ist essenziell – für den Emittenten aber auch für die involvierten Banken. Platzieren einer Emission (egal ob Aktie oder Anleihe) bedeutet, dass diese am Markt an Investoren/Anleger verkauft wird.

Die nachstehende Beschreibung gibt einen Einblick in eine Anleiheemission: „Die Platzierung einer Anleihe bei Investoren ist der entscheidende Punkt bei einer Neuemission. Aus diesem Grund wird der Verkauf einer Anleihe an Investoren im Regelfall mit Hilfe einer oder mehrerer Banken vorgenommen, die über die notwendige Platzierungskraft bei institutionellen Investoren sowie Retail-Investoren verfügen.

Die federführende Emissionsbank (Book Runner, Lead Manager) koordiniert die Vorbereitungen im Vorfeld einer Emission sowie ein allfälliges Konsortium von Banken, die die Platzierung einer Anleihe vornehmen. Dies umfasst u.a.

- Strukturierung der Emission

- Due Diligence des Emittenten

---

[282] Siehe dazu auch Eckel/Ibesich, Compliance Due Diligence bei Unternehmensverkäufen, in: Compliance Praxis 3/2014, S. 26 ff.

- Dokumentation und Verträge

- Erstellung von Credit Reports für Investoren

- Begleitende Erstellung der Marketing-Materialien für den Retail-Vertrieb

- Unternehmenspräsentation bei den Konsortialbanken sowie bei institutionellen Investoren

- Finanzmarkt-Kommunikation

- Investorenansprache im Verkaufsprozess und Führung des Orderbuchs

- Pricing (Festsetzung des Zinssatzes und des Ausgabekurses)

- Settlement der Transaktion und Übernahme der Zahlstellenfunktion."[283]

Wie viel wird „am Markt untergebracht" und somit platziert? Welches Volumen muss auf den eigenen Büchern des Lead Managers oder des Konsortiums (je nach vertraglicher Vereinbarung) gehalten werden, um es später über den Sekundärmarkt zu verkaufen? Hat das Konsortium den Markt richtig eingeschätzt und z. B. die Vertriebskanäle für die Platzierung ausreichend geprüft?

Die Platzierung der Anleihe ist für alle involvierten Parteien wichtig, daher ist jeder bestrebt, das Platzierungsrisiko möglichst gering zu halten.

Ein Begriff, der in diesem Zusammenhang noch zu erklären ist, ist jener des **Underwriters**. Ein Underwriter „is an investment banker, who, singly or as a member of an underwriting group or syndicate, agrees to purchase a new issue of securities from an issuer and distribute it to investors, making a profit on the underwriting spread".[284]

Ein wesentlicher Aspekt einer Emission ist auch die der Preisfestsetzung, denn sowohl der Emittent als auch die Emissionsbank sind an einer Platzierbarkeit der Emission zu einem adäquaten Preis, der Angebot und Nachfrage des Marktes widerspiegelt, interessiert.

---

[283] Quelle: http://www.wienerborse.at/listing/anleihen/emissionsbanken/ (15.09.2104).
[284] Quelle: Downes/Goodman, Dictionary of Finance and Investment Terms.

Die schon erwähnten Begriffe „Book Runner" oder „Book Building" sind bei Banken, die im Investmentbanking tätig sind, üblich und deuten auf die Funktion der Bank bei Transaktionen am Kapitalmarkt hin.

- **Book Runner**: „Der Bookrunner ist ein Kreditinstitut, das im Rahmen eines Bankenkonsortiums als Konsortialführer fungiert und dabei für die Zuteilung und Platzierung einer Emission verantwortlich ist."[285]

- **Book Building**: „Das Bookbuilding-Verfahren (deutsch auch Orderbuch-Verfahren) beschreibt ein Verfahren der Platzierung von Wertpapieren, bei dem interessierte Investoren innerhalb einer bestimmten Zeichnungsfrist auf den Kauf dieser in einer vorgegebenen Preisspanne bieten können und am Ende der Frist entschieden wird, welche Bieter die zu emittierenden Wertpapiere zu welchem Preis erhalten."[286]

Book wird definiert als *„1. in underwriting of securities, (1) preliminary indications of interest rate on the part of the prospective buyers of the issue, or (2) record of activity in the syndicate account. 2. record maintained by a specialist of buy and sell orders in a given security. The term derives from the notebook that specialists traditionally used for this purpose."*[287]

Mit diesen Definitionen wird allgemein die Aufgabe der Investmentbank beschrieben, nämlich sowohl für eine adäquate **Preisfestsetzung** als auch für Angebot und Nachfrage, u. a. auch **Marktpflege** genannt, zu sorgen.

Die Preisfestsetzung kann – vereinfacht gesagt – als Festpreis- oder als Tender- bzw. Auktionsverfahren erfolgen. Am Markt ist seit einigen Jahren das (schon erwähnte) Book Building üblich. In diesem Verfahren sind Investoren in die Preisbildung eingebunden, der Preis wird am Ende der Angebotsfrist (wie bei einer Auktion) festgelegt und veröffentlicht.

Im Rahmen von Emissionsübernahmen kann es auch zu **Block Trades** kommen. Darunter versteht man die Übernahme eines großen bzw. größeren Aktienpakets, wobei hier oftmals ein Altaktionär dieses größere Aktienpaket abstoßen möchte – i.d.R. mit Hilfe der Emissionsbank.

---

[285] Quelle: http://de.wikipedia.org/wiki/Bookrunner (23.01.2015).
[286] Quelle: http://de.wikipedia.org/wiki/Bookbuilding-Verfahren (23.01.2015).
[287] Quelle: Downes/Goodman, Dictionary of Finance and Investment Terms.

In der Vorbereitung für eine Kapitalmarkttransaktion ist aber nicht nur für die Emissionsbank viel zu tun, sondern es sind auch Bemühungen seitens des Emittenten zu setzen.

In diesem Zusammenhang ist der unter Bankleuten sehr bekannte Begriff „**Road Show**" zu erwähnen:[288] *„It is a presentation by an issuer of securities to potential buyers about the merits of the issue. Management of the company issuing stocks or bonds doing a road show of the company travels around the country presenting financial information and an outlook for the company and answering questions of analysts, fund managers and other potential investors. It is also known as a dog and pony show."*[289]

Der Emittent präsentiert auf einer Road Show sein Unternehmen potenziellen Investoren, um eine Platzierbarkeit zu für ihn „guten" Konditionen zu unterstützen. Dies erfolgt immer in Abstimmung bzw. gemeinsam mit der Emissionsbank.

Am Ende des Tages steht nach allen intensiven Bemühungen seitens der Investmentbank und des Emittenten eine Kapitalmarkttransaktion – die Begebung einer Emission, sei es eine Aktie, eine Anleihe oder auch eine andere gewählte Struktur.

In diesem Kapitel über den Finanzmarkt wurden bisher Geld- und Kapitalmarkttransaktionen aus der Sicht einer Bank beschrieben, wenn sie Eigenemissionen, sei es als Eigen- oder Fremdkapital, begibt oder auch Fremdemissionen bei Kunden unterstützt. Bevor auf weitere wichtige Aspekte im Zusammenhang mit dem Emissions- und Wertpapierhandelsgeschäft eingegangen wird, sollte ein wichtiger Marktteilnehmer, nämlich die Börse, dargestellt werden, um dann eine weitere Rolle einer Bank aufzuzeigen.

---

[288] Siehe auch: „A road show is a presentation made about an investment opportunity usually given by a representative of a company at the offices of potential investors. Businesses must travel and meet with potential investors, partners and customers to gain their support. One of their key marketing tools is a powerful, succinct presentation of the business case for the product or investment opportunity. Road shows usually include a very high level version of the company's business plan, including the background of the company, experience of the management team, product features, analysis of the competitive landscape, and expected (and actual) results. The presentation is referred to as a road show." Quelle: http://www.investinganswers.com/financial-dictionary/stock-market/road-show-1619/ (14.09.2014).

[289] Quelle: Downes/Goodman, Dictionary of Finance and Investment Terms.

7.2 Die Börse

Der Begriff der Börse stammt vom lateinischen Wort *bursa*, was so viel wie „Geld-säckchen" bedeutete. Der Name könnte auch in Brügge (Belgien) entstanden sein, wo die erste Börse 1409 gegründet wurde. In dieser Zeit wurde mit Wechseln gehandelt, die man in Ledersäckchen aufbewahrte.[290]

Mit Geld hat die Börse allemal zu tun, das ist klar.

Die Börse könnte auch als „Zentrum" des Kapitalismus bezeichnet werden. Sie ist ein Markt – der Börsenmarkt –, bei dem es um Geld, um handelbare (fungible) Waren geht. Ohne Börsen wären weder der Kolonialismus noch die Industrialisierung, weder die Boomjahre noch der „schwarze Freitag" im Jahre 1929 (in Amerika „Black Thursday" genannt, da es dort noch Donnerstag war), noch das Dotcom-Sterben[291] im Jahre 2000, noch die letzte Finanzmarktkrise 2007/2008 möglich gewesen.

Der englische Begriff *exchange* bezeichnet die Tätigkeit und Funktion einer Börse sehr gut und definiert sie als *„a central location where securities or futures trading takes place"*.[292]

Börsen blicken auf eine lange Geschichte zurück,[293] sie entstanden als Treffpunkt des Handels, zuerst für Waren und dann auch für Wertpapiere. Heute gibt es die unterschied-lichsten Börsenformen – Börsen, die sich auf den Handel mit Waren oder mit Wertpa-pieren spezialisiert haben, oder auch kombinierte Waren- und Wertpapierbörsen. Einige sind groß, bekannt und einflussreich, andere sind weniger bekannt und ihr Einfluss auf den Markt ist geringer.

---

[290] Siehe dazu u. a. http://boerse.ard.de/boersenwissen/boersengeschichte-n/die-vorlaeufer-rom-und-genua-100.html (21.09.2104).

[291] So wird das Platzen der Internetblase oft bezeichnet.

[292] Quelle: Downes/Goodman, Dictionary of Finance and Investment Terms.

[293] Die Börse in Wien gilt als eine der ältesten Wertpapierbörsen, ins Leben gerufen 1771 durch ein Kaiserliches Patent von Kaiserin Maria Theresia. Quelle: http://www.wienerborse.at/about/unternehmen/geschichte/ (21.09.2014).

Die Wirtschaftsgeschichte[294] aber auch die letzten Jahre und die heutige Marktsituation zeigen, dass sich die Bedeutung von Börsen zwar laufend geändert hat, die Börsen in ihrem eigenen Wachstum aber immer von der wirtschaftlichen Situation des jeweiligen Landes oder der Region abhängig sind. Dies führt auch manchmal zu Börsenzusammenschlüssen[295] oder Plattformen bzw. elektronischen Handelssystemen,[296] um v.a. auch größere Volumina abwickeln zu können.

Es gab und gibt unterschiedliche Arten von Börsen – Wertpapier- oder Warenbörsen,[297] Devisen- oder Terminbörsen.[298]

Nachstehend wird nun die **Bedeutung und die Funktion einer Wertpapierbörse** für den Kapitalmarkt sowie die Rolle von Banken im Börsengeschehen dargestellt.

Grundsätzlich muss man, wenn von Börse gesprochen wird, zwischen der Börsenzulassung, auch Börsennotiz genannt, und dem Börsenhandel unterscheiden – eine Unterscheidung, die wichtig ist, jedoch oft nicht getroffen wird. Banken spielen in beiden Bereichen eine wichtige Rolle – als wesentliche Teilnehmer des globalen Finanzmarktes.

Wie schon dargestellt, besteht für Unternehmen und auch für Banken die Möglichkeit, am Kapitalmarkt Geld aufzunehmen. Wenn eine solche Entscheidung getroffen wird, wird auch eine Zulassung an einer Börse überlegt bzw. geprüft.

---

[294] Sowohl in Deutschland als auch in Österreich kam es um die Mitte des 19. Jahrhunderts zu einem wirtschaftlichen Aufschwung, auch genannt die Gründerjahre, und somit auch zu einem Anstieg im Börsenhandel und zur Errichtung von neuen Börsengebäuden (in Wien z.B. das von Theophil Hansen entworfene historische Börsengebäude am Schottenring, als einer der wichtigen Ringstraßen-Bauten).

[295] Z.B.: 2000 ist die Amsterdamer Börse in dem Börsenkonglomerat NYSE Euronext aufgegangen ist. Siehe u.a. http://de.wikipedia.org/wiki/Amsterdamer_Börse (21.09.2014).

[296] Z.B.: XETRA, das steht für Exchange Electronic Trading, mit dem Kürzel ETR, und ist das vollelektronische Handelssystem der Deutschen Börse. Siehe u.a. http://www.boerse-frankfurt.de/de/wissen/marktplaetze/der+elektronische+boersenplatz+xetra/21.09.2014 und http://xetra.com/xetra/dispatch/de/kir/navigation/xetra (21.09.2014).

[297] Die alte Warenbörse in Amsterdam (von 1611) gehörte sicherlich zu den bedeutendsten Warenbörsen im 17. Jahrhundert. Sie war auch eine Wertpapierbörse und ist die älteste Effekten(Wertpapier)-Börse der Welt. 1612 wurde die (erste) Aktie, als Actie der Ostindischen Compagnie ausgegeben und gehandelt. Der Begriff „Amsterdamer Pfeffersäcke" geht auch auf diese Aktie, die Schiffsbeteiligung, zurück. Siehe auch: http://de.wikipedia.org/wiki/Amsterdamer_Börse (21.09.2104) und http://boerse.ard.de/boersenwissen/boersengeschichten/die-aktienpioniere-die-amsterdamer-pfeffersaecke-100.html (21.09.2104). Die Augsburger Börse war die älteste Börse Deutschlands. Sie entstand 1540 und ging auf die Fugger zurück. Siehe u.a. http://de.wikipedia.org/wiki/Augsburger_Börse (21.09.2014).

[298] Weltweit bekannte Terminbörsen sind z.B. die Chicago Mercantile Exchange oder der Chicago Board of Trade oder die EUREX.

7.2.1   Börsenzulassung

Eine **Börsenzulassung** setzt die Erfüllung von gewissen Erfordernissen voraus und damit ist u. a. auch die Entscheidung für ein Zulassungs- bzw. Marktsegment, an dem der Emittent notieren will, verbunden. Grundsätzlich gibt es – wenn Nachstehendes anhand der Börsen in Deutschland und Österreich dargestellt wird – drei Marktsegmente.

In Deutschland waren es die Segmente des Amtlichen und des Geregelten Marktes, wobei „es seit November 2007 nur mehr den „Regulierten Markt" gibt, und somit die bis dahin bestehende Unterteilung der organisierten Zulassungssegmente in den Amtlichen und Geregelten Markt aufgehoben wurde. Jene Wertpapiere, die vor November 2007 zum Geregelten Markt zugelassen waren, gelten seither als zum Regulierten Markt zugelassen".[299] Der Dritte Markt ist, wie auch in Österreich, ein „Ungeregelter Markt".

In Österreich[300] sind es die Segmente des Amtlichen Handels (das höchste Zulassungssegment), des Geregelten Freiverkehrs und der Dritte Markt bzw. der Sonstige Handel, wie er früher genannt wurde. Die beiden ersten sind „Geregelte Märkte", der letzte ist ein „Ungeregelter Markt", der nicht in die Liste der Geregelten Märkte der EU aufgenommen wurde.[301] Der Dritte Markt wird nunmehr als Multilateral Trading Facility (MTF) bezeichnet, d.h. er wird von der Wiener Börse AG – als konzessioniertes Börsenunternehmen[302] – als multilaterales Handelssystem betrieben. In den Dritten Markt werden Wertpapiere einbezogen, die weder zum Amtlichen Handel noch zum Geregelten Freiverkehr zugelassen sind. Der MTF geht auf Änderungen der EU-Richtlinien[303] zurück. Für den MTF (Dritter Markt) gilt, dass der Handel mit Finanzinstrumenten nicht aufgrund einer formellen Zulassung zum Börsenhandel – wie z.B. zum Geregelten Markt – erfolgt. Er wird oft auch als Handelsmarkt bezeichnet.

---

[299] http://www.boerse-frankfurt.de/de/boersenlexikon/r/regulierter+markt+979/ (28.09.2014).

[300] Einen guten Überblick siehe u.a.: http://www.wienerborse.at/listing/anleihen/zulassung-einbeziehung. Nähere Ausführungen sind auch in den jeweils geltenden Bestimmungen des Börsegesetzes nachzulesen.

[301] Siehe dazu u. a. Wolfbauer, Der Dritte Markt aus europarechtlicher Sicht, in: ecolex 2001, S. 236-238.

[302] In Europa verfügen Börsen über eine entsprechende Konzession. Früher waren Börsen nicht als rechtlich selbstständige Aktiengesellschaft aufgesetzt, sondern z.B. in Wien bis 1999 als Börsekammer.

[303] Siehe dazu MiFID – Market in Financial Instruments Directive (Richtlinie 2004/39/EG vom 21.04.2004 über Märkte für Finanzinstrumente).

Vereinfacht gesagt können die Geregelten Märkte als jene mit den höchsten Anforderungen[304] an den Emittenten, nicht nur bei der Begebung, sondern während der gesamten Dauer der Börsennotiz, angesehen werden, wobei der Ungeregelte Markt mit viel weniger formalen Voraussetzungen ausgestattet ist.

Abbildung 23: Zulassungssegmente

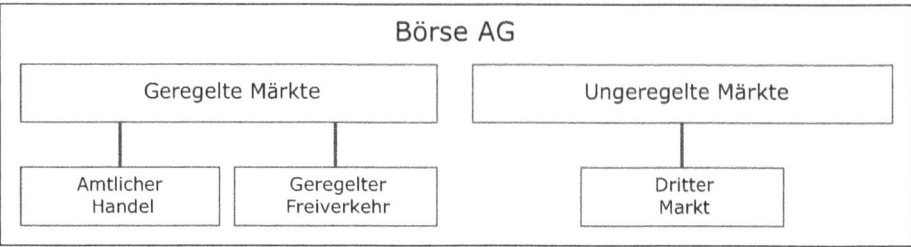

Die hohen Anforderungen der Geregelten Märkte, wie z.B. die Verpflichtung zur Erstellung eines Börsenprospektes, dienen der Transparenz und Fairness am Markt, auch wenn sie von Emittenten oftmals als Belastung und Kostenfaktor angesehen werden.

Bei einem Börsengang sollte aus Sicht des Emittenten u.U. auch geprüft werden, ob die Zulassung national, d.h. nur an der Heimatbörse, oder international erfolgen soll oder ob vielleicht auch beides (ein Dual-Listing) gewünscht bzw. empfehlenswert ist.

7.2.2   Delisting

Wie beschrieben, kann eine Aktie (oder eine Anleihe) an einer Börse gelistet werden. Die AG als emittierendes Unternehmen beantragt nach den an der ausgewählten Börse geltenden Bestimmungen eine Börsennotiz. Auch ein Dual-Listing (ein Listing an zwei Börsen) ist – wie erwähnt – grundsätzlich möglich.

Eine Börsennotiz unterliegt aber auch in der Folge einigen Bedingungen, die der Emittent erfüllen muss, solange seine Aktie notiert.

---

[304] Wie z.B. Jahres-, Halbjahres- und Quartalsberichte oder ad-hoc Meldungen bzw. andere Publizitätsvorschriften.

Sollte der Emittent diese nicht mehr erfüllen will oder kann, wird die Aktie von der Börse genommen – dieser Vorgang wird als Delisting[305] bezeichnet. Ein Delisting erfolgt aber auch, wenn der Emittent zahlungsunfähig (insolvent) wird – wie auch einige Beispiele[306] in der Vergangenheit zeigen.

Immer häufiger hat ein Delisting von Aktien auch Auswirkungen für die Anleger,[307] da diese u. U. davon überrascht werden bzw. dadurch viel Geld verlieren können.

Banken sind in ihrer Verpflichtung, Kunden zu beraten, auch angehalten, z.B. beim Kauf von börsennotierten Wertpapieren auf ein mögliches Delisting hinzuweisen und über die daraus resultierenden Folgen aufzuklären.

7.2.3 Börsenhandel

Der **Börsenhandel** spielt sich erst nach erfolgter Börsennotiz ab und beginnt nach dem erwähnten IPO und auch einem SPO (Secondary Public Offering),[308] d.h., wenn nach einer Erstemission (IPO) weitere Wertpapiere ausgegeben werden. Das SPO folgt somit der Erstemission, dem IPO. Ein SPO wird folgendermaßen definiert: *„the issuance of new stock for public sale from a company that has already made its initial public offering (IPO)."*[309]

---

[305] Siehe dazu auch „Delisting is the removal of a listed security from the exchange on which it trades. The stock is removed from an exchange because the company for which the stock is issued, whether voluntarily or involuntarily, is not in compliance with the listing requirements of the exchange." Quelle: http://www.investopedia.com/terms/d/delisting.asp (31.12.2104). „Delisting: removal of a company's security from an exchange because the firm did not abide by some regulation or the stock does not meet certain financial rations or sales levels." Quelle: Downes/Goodman, Dictionary of Finance and Investment Terms.

[306] Siehe dazu: Mohr/Kuls, Delistings: Prominente Namen nehmen Abschied von der Börse, in: FAZ.net, 13.02.2013, http://www.faz.net/aktuell/finanzen/aktien/delistings-prominente-namen-nehmen-abschied-von-der-boerse-12060833.html (24.01.2015).

[307] Siehe dazu auch: Mohr, Delisting – Und plötzlich ist die Aktie verschwunden, in: FAZ.net, 31.10.2014, http://www.faz.net/aktuell/finanzen/aktien/delisting-und-ploetzlich-ist-die-aktie-verschwunden-13239357.html (31.12.2014). Reiman/Bergermann/Schwerdtfeger, Abgang von der Börse – Wie Aktionäre durch Delisting faktisch enteignet werden, in: Wirtschaftswoche, 04.07.2014, http://www.wiwo.de/finanzen/boerse/abgang-von-der-boerse-wie-aktionaere-durch-delisting-faktisch-enteignet-werden/10113304.html/ (31.12.2014).

[308] Siehe u.a.: http://www.wienerborse.at/beginner/lexicon/s/secondary-public-offering.html (28.09.2014).

[309] Quelle: http://www.investopedia.com/terms/s/secondaryoffering.asp (28.09.2104).

Abbildung 24: Primärmarkt versus Sekundärmarkt

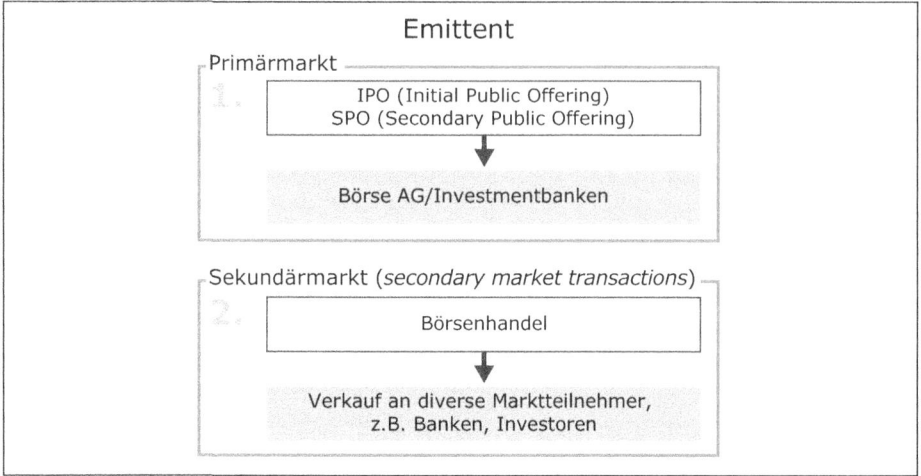

Banken spielen im Wertpapierhandel eine wichtige Rolle, wenn auch in durchaus unterschiedlichen Funktionen, die für den Handel, d. h. für die Preisbildung und die entsprechende Liquidität am Markt (Marktliquidität), und somit für alle Kunden – ob institutionelle oder private – wichtig sind. Denn ohne Preisbildung erfolgt kein Handel und ohne Preisbildung gibt es keine Investitions- und Anlagemöglichkeiten.

Dies wird nun anhand der Funktionen eines Specialist und eines Market Maker dargestellt, ein System, das 1999 z. B. an der Wiener Börse[310] eingeführt wurde.

Die Übernahme der Funktion eines **Specialist** bedeutet die Verpflichtung zur permanenten Quotierung, d. h. zum ständigen Stellen von Ankauf- und Verkaufspreisen, die wiederum für eine Preisbildung erforderlich ist.

Die Funktion des **Market Maker** ist im Hinblick auf die (Markt-)Liquiditätssteigerung für die Emittenten und für den Markt im Allgemeinen wichtig und nachstehende Definition zeigt dies sehr schön: *„A broker-dealer firm that accepts the risk of holding a certain number of shares of a particular security in order to facilitate trading in that security. Each market maker competes for customer order flow by displaying buy and sell quotations for*

---

[310] „Am 1. April 1999 wurde das Specialist- und Market Maker System an der Wiener Börse eingeführt, um zusätzliche Liquidität in den Handel zu bringen. Der Specialist hat wie ein Market Maker die Aufgabe, verbindlich kompetitive Kauf- und Verkaufsorders zu stellen und in Verbindung mit zusätzlichen Maßnahmen für eine intensivere Betreuung und Vermarktung der Titel und Produkte zu sorgen." Quelle: http://www.wienerborse.at/members/marketmaker (28.09.2014).

a guaranteed number of shares. Once an order is received, the market maker immediately sells from its own inventory or seeks an offsetting order. This process takes place in mere seconds."[311]

Die Frankfurter Börse beschreibt diese Funktion: „Market Maker garantieren die fortwährende Handelbarkeit von Wertpapieren und stellen so die Marktliquidität und Funktionsfähigkeit einer Börse sicher. Durch ihre ständige Bereitschaft, im Handel als Gegenpartei zu fungieren, kompensieren Market Maker den asynchronen Orderfluss der Investoren und stabilisieren kurzfristige Marktungleichgewichte. Market Maker werden v.a. bei umsatzschwachen Wertpapieren eingesetzt."[312] Sie werden manchmal Designated Sponsors genannt, so auch in Frankfurt, und arbeiten dort auch mit dem Handelssystem XETRA.

Gerade bei einer Liquiditätsschwäche oder bei illiquiden Finanzinstrumenten ist die Preisbildung (An- und Verkaufskurse) wichtig, da andernfalls kein Handel stattfinden kann und Investoren weder verkaufen noch kaufen könnten – dies hätte einen Nachteil für die Investoren und eine Verunsicherung des Marktes zur Folge.

Eine Verunsicherung des Marktes, sei es durch intransparente Preisbildungen, sei es durch illiquide Instrumente oder durch ein nicht faires bzw. adäquates Verhalten von Marktteilnehmern – ob vom Emittent oder einer Investmentbank – ist auf jeden Fall zu vermeiden, denn sie könnte – im *worst case* – zu nachhaltigen Turbulenzen und auch zu einem Zusammenbruch des Finanzmarktes mit schwerwiegenden Folgen für die gesamte Volkswirtschaft führen.

Die Rolle einer Investmentbank bei der Begebung von Emissionen für Kunden, d.h. für Unternehmen, wurde beschrieben – eine wichtig Rolle, aber nicht die einzige einer Bank am Kapitalmarkt.

---

[311] Quelle: http://www.investopedia.com/terms/m/marketmaker.asp (28.09.2104).
[312] Quelle: http://www.boerse-frankfurt.de/de/boersenlexikon/m/market+maker+878 (28.09.2104).

8 Wertpapierhandel, Depotgeschäft und Wertpapierabwicklung

In der Folge wird der Wertpapierhandel dargestellt, insbesondere wiederum aus der Sicht einer Bank und ihrer damit verbundenen Tätigkeiten:

- Wertpapieremissionsgeschäft versus Wertpapierhandelsgeschäft

- Eigenhandel versus Kundenhandel

- Chinese Wall – Eigenhandel und Kundenhandel

- Vermögensberatung und -vermittlung

- Vermögensverwaltung

8.1 Wertpapieremissionsgeschäft versus Wertpapierhandelsgeschäft

Nach der erfolgreichen Begebung eines Wertpapieres (**Emissionsgeschäft**) – einer Aktie oder einer Anleihe – erfolgt der Handel mit dem (emittierten und handelbaren) Wertpapier unter den verschiedenen Marktteilnehmern, seien es Banken, Versicherungen, Fondsgesellschaften oder auch private Investoren. Sie alle wollen investieren, d.h. ein Wertpapier erwerben, um es später wieder mit Ertrag verkaufen zu können – ein typisches Handelsgeschäft, bei dem jedoch oftmals nicht an das Risiko und einen allfälligen Verlust gedacht wird. Dieser Markt wird, wie schon erwähnt, Sekundärmarkt genannt, im Unterschied zum Primärmarkt, der den Erwerb aus der Emission umfasst.

Unter dem Begriff **Wertpapierhandel** versteht man den Handel in Wertpapieren im weitesten Sinn,[313] der von Banken vorgenommen wird und entweder auf eigene Rechnung (Eigenhandel) oder auf fremde Rechnung (Kundenhandel) erfolgt. Beides stellt ein Bankgeschäft dar, sodass dafür nach den jeweiligen Gesetzen[314] eine entsprechende Konzession erforderlich ist.

---

[313] Darunter fallen auch Derivate, auf die später gesondert eingegangen wird.

[314] Z.B. in Deutschland nach dem KWG und in Österreich nach dem BWG.

© Springer Fachmedien Wiesbaden GmbH, ein Teil von Springer Nature 2019
D. Wohlschlägl-Aschberger, *Bankgeschäft und Finanzmarkt*, Edition Frankfurt School,
https://doi.org/10.1007/978-3-658-23795-0_8

8.2 Eigenhandel

Der **Eigenhandel** zählt zwar zum Kerngeschäft einer Bank, doch nicht jede Bank betreibt ihn auch. I.d.R. wird der Eigenhandel von größeren Häusern betrieben, da er umfangreichen Regelwerken unterliegt, die in Zukunft noch weiter ausgebaut werden.[315] Außerdem stellt er ein erhöhtes Risiko dar, sodass zusätzlich zu den dafür nötigen Handelssystemen und Börsenanbindungen auch adäquate Risikomanagementsysteme erforderlich sind. Diese Systeme sind auch ein nicht zu vernachlässigbarer Kostenfaktor, den sich nicht jede Bank leisten kann oder will.

Der Eigenhandel erfolgt im eigenen Namen und auf eigene Rechnung der Bank und wird nicht unmittelbar durch eine konkrete Kundenanfrage oder ein Kundengeschäft ausgelöst bzw. für ein bereits definiertes in der Zukunft liegendes Kundengeschäft abgeschlossen. Diese Transaktion „für das eigene Buch", wie es im Bankjargon genannt wird, ist eine Entscheidung für das eigene „Bankportfolio" unter Berücksichtigung des damit verbundenen Risikos. Dieser Bereich wird in der Treasury-Abteilung – im Bereich Eigenhandel – einer Bank verwaltet.

Vordergründig ist der Eigenhandel einer Bank auf Gewinnerzielung bzw. -maximierung ausgerichtet.

Es darf aber nicht übersehen werden, dass der Eigenhandel von Banken eine wichtige Funktion am „Markt" erfüllt – z.B. die schon vorher erwähnte Market-Maker-Funktion. Diese schafft Preisbildung bzw. Preis-/Kursregulierung und Stabilisierung von Aktienkursen und trägt somit zur Funktionsfähigkeit des Marktes bei. Diese kommt wiederum allen anderen Marktteilnehmern, d.h. auch oder gerade den Kunden, zugute.

---

[315] Siehe zur aktuellen Diskussion u.a.: Kafsack, Verbot des Eigenhandels: So will die EU die großen Banken sicherer machen, in: FAZ.net, 29.01.2014, http://www.faz.net/aktuell/wirtschaft/wirtschaftspolitik/verbot-des-eigenhandels-so-will-die-eu-die-grossen-banken-sicherer-machen-12774165.html (18.09.2014) und Landmesser, Barnier liegt EU-Pläne vor: Zügel für zockende Banker, in: tagesschau.de, 29.01.2014, http://www.tagesschau.de/wirtschaft/eu-bankenreform102.html (18.09.2014).

Abbildung 25: Eigenhandel

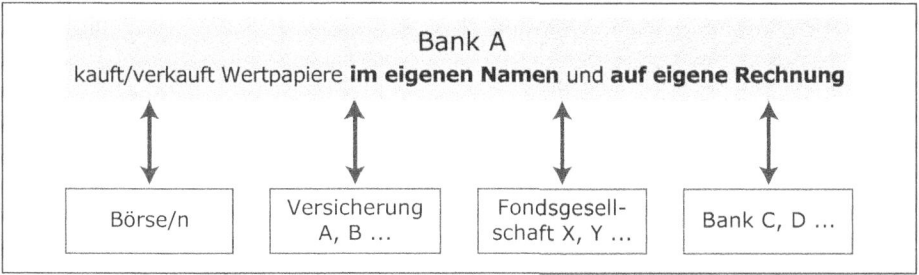

Bevor die Risikoaspekte des Eigenhandels aufgezeigt werden, muss ein wichtiger banktechnischer Aspekt in Kürze[316] erklärt werden, da gewisse Begriffe auch für das Verständnis von Banktransaktionen essenziell sind.

8.3 Exkurs: Bankbuch versus Handelsbuch

In einer Bank unterscheidet man grundsätzlich zwischen dem **Bankbuch**,[317] auch Anlagebuch genannt, und dem **Handelsbuch**.[318] Die beiden rechtlichen bzw. bankaufsichtsrechtlichen Begriffe sind komplementär.

Im **Handelsbuch** sind „alle Positionen in Finanzinstrumenten und Waren, die ein Institut entweder mit Handelsabsicht oder zur Absicherung anderer mit Handelsabsicht gehaltener Positionen des Handelsbuchs hält",[319] gelistet.

---

[316] D.h., ohne auf oftmals schwierige Bewertungs- und Bilanzfragen einzugehen.

[317] Das Anlagebuch eines Kreditinstituts bildet alle Geschäfte ab, die nicht gemäß Art. 4 (86) CRR dem Handelsbuch zuzuordnen sind. Wichtige Positionen des Anlagebuchs sind z.B. vergebene Kredite sowie Sach- und Finanzanlagen. Quelle: Glossar auf http://www.bundesbank.de (23.01.2015).

[318] Dem Handelsbuch eines Kreditinstituts werden gemäß CRR alle Positionen in Finanzinstrumenten und Waren zugeordnet, die das Institut zum kurzfristigen Wiederverkauf – also mit Handelsabsicht – im Eigenbestand hält. Diese dienen meist dazu, Schwankungen der Marktkurse für einen Eigenhandelserfolg zu nutzen oder sind Ausfluss von Kundenbetreuung und Marktpflege. Darüber hinaus werden dem Handelsbuch auch alle Positionen zugeordnet, die zur Absicherung der Positionen in mit Handelsabsicht gehaltenen Finanzinstrumente und Waren dienen. Positionen im Handelsbuch unterliegen entweder keinen Beschränkungen in Bezug auf ihre Marktfähigkeit oder können abgesichert werden. Alle Handelsbuchpositionen müssen nach den in der CRR genannten Standards für eine vorsichtige Bewertung täglich bewertet werden. Quelle: Glossar auf http://www.bundesbank.de (23.01.2015).

[319] Quelle: Verordnung (EU) Nr. 575/2013, Art. 4, Begriffsbestimmungen (86).

Das Handelsbuch sieht jene Transaktionen in Finanzinstrumenten vor, die von der Bank zum Zwecke des kurzfristigen Wieder-/Weiterverkaufs unter Berücksichtigung von Preis- bzw. Zinsänderungen/-schwankungen – also, wie das Wort sagt, zum Handel – gehalten werden.

Im **Bankbuch** hingegen werden jene Transaktionen verbucht, die nicht dem Handelsbuch zuzurechnen sind.

Entscheidend ist, dass das Handelsbuch und das Bankbuch eindeutig und klar abgegrenzt dargestellt sind – eines von vielen Prüfungskriterien der Aufsichtsbehörden.

Transaktionen im Eigenhandel können sowohl im Bank- als auch im Handelsbuch gebucht werden.

Häufig wird für den Eigenhandel das Handelsbuch herangezogen, d.h., es werden jene Positionen erfasst, die mit dem Ziel getätigt werden, sie kurzfristig weiterzuveräußern und dabei Erträge aufgrund von Kurs- bzw. Preisdifferenzen zu erzielen – wiederum ein typisches Handelsgeschäft mit Gewinnerzielung. Auch jene Positionen, die der Absicherung von Marktrisiken dienen, wie Hedging-Instrumente, sind im Handelsbuch zu finden.

Eigenhandel kann aber auch im Bankbuch erfolgen, und zwar, wenn bspw. die dem Bankbuch zugeordneten Kundentransaktionen nicht bis spätestens zum (Tages-)Geschäftsschluss weitergehandelt (weiterverkauft) worden sind.

Kundentransaktionen werden immer dem Bankbuch zugerechnet. Sie sind nur dann in das Handelsbuch umzuwidmen – und dies ist auch genau zu dokumentieren –, wenn sie nicht bis spätestens zum Ende (Tages-)Geschäftsschluss gehandelt (glattgestellt)[320] worden sind. Denn dann entsteht eine Risikoposition, die im Handelsbuch entsprechend risikotechnisch erfasst und gemanagt werden muss.

8.4 Kundenhandel

Der **Kundenhandel** stellt ebenso ein Kernbankgeschäft dar und dient der Erbringung von Finanzdienstleistungen gegenüber Kunden, nämlich der Vermögensvermittlung, -beratung und -verwaltung. Dieser Bereich wird in der Abteilung Wertpapierhandel verwaltet, und zwar im Bereich Kundenhandel.

---

[320] „Glattstellen" bedeutet, vereinfacht gesagt, eine Transaktion abzuschließen, um eine Risikominimierung für die Bank zu erzielen: Dies kann u. a. ein Weiterverkaufen sein oder auch der Abschluss eines Hedging-Instrumentes.

Abbildung 26: Kundenhandel

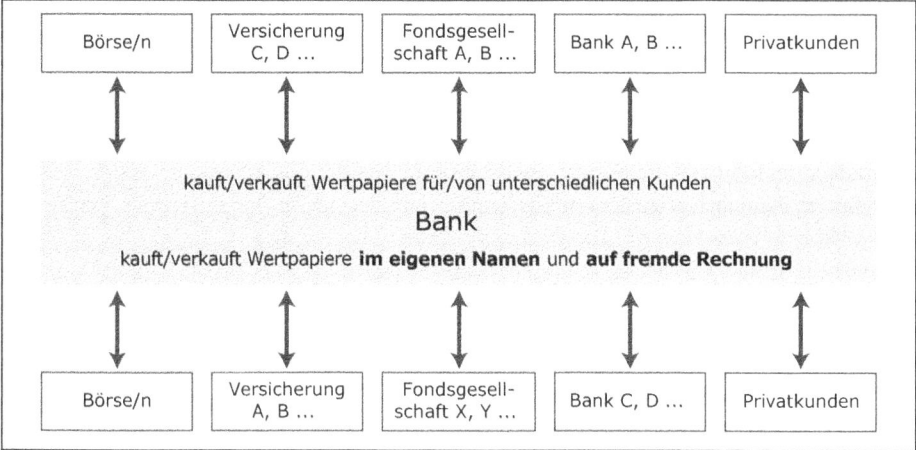

Die Bedeutung des Kundenhandels und die damit verbundenen Dienstleistungen für Kunden sind essenziell für das Bankgeschäft, wobei die Bank hierbei natürlich auf die Wünsche und Erfordernisse der Kunden eingeht.

8.5 Risikoaspekte

Für den **Eigenhandel** sind, wie schon erwähnt, **Risikoaspekte** zu berücksichtigen, denn der Eigenhandel ist für eine Bank keineswegs risikolos, auch wenn manchmal der Eindruck entsteht, dass immer nur die Ertrags- und Gewinnchancen und nicht das damit verbundene Risiko gesehen werden.

Wann und wie entsteht ein Risiko für eine Bank im Eigenhandel? Um **welche Risiken** handelt es sich dabei?

Die Aktivitäten im Eigenhandel umfassen – und das ist ein typisches Bankgeschäft – den Kauf oder Verkauf (den Handel) von Wertpapieren und Derivaten, aber auch von Devisen oder Edelmetallen. Kurzfristige Handelstransaktionen, oft auch *trading positions* genannt, sowie ein langfristiger Aufbau von Positionen in gewissen Finanzinstrumenten sind im Rahmen der Eigenportfolio-Strategie möglich, üblich und absolut nötig – wie bei jedem Portfoliomanagement. Die schon erläuterte Kurspflege eines Wertpapiers, u.a. in der Position eines Market Makers, fällt auch unter diese Aktivitäten.

Die Zielsetzung dabei ist die Ertrags- bzw. Gewinnsteigerung der Bank.

Dabei kann es aber strategisch, taktisch und somit auch praktisch zu einem Aufbau von „offenen" Positionen kommen – zu Positionen, die nicht „glattgestellt" oder durch ein Hedging-Instrument abgesichert werden.

Werden solche „offenen" Positionen aufgebaut oder gehalten, gehen Banken Risiken, so genannte **Eigenhandelsrisiken**, ein, mit denen sie natürlich gewisse Gewinnerwartungen verbinden, denn dies ist die primär gewünschte Zielsetzung. Die Risiken werden in Kauf genommen, denn sich abzusichern kostet und reduziert somit den möglichen Ertrag.

Bei diesen Risiken handelt es sich einerseits um Adressenausfallsrisiken und Counterparty-Risiken und andererseits um Marktpreisrisiken.[321]

Unter **Adressenausfallsrisiko** – auch Erfüllungsrisiko oder Bonitätsrisiko genannt – versteht man den Ausfall bzw. Wegfall des Emittenten eines Wertpapieres. Im *worst case* kann es auch die Insolvenz des Emittenten bedeuten, sodass dann die vereinbarten Leistungen (z.B. Zins-/Dividendenzahlungen oder Kapitaltilgungen) nicht mehr erbracht werden können, mit denen die Bank aber rechnete.

Abbildung 27: Beispiel für ein Adressenausfallsrisiko

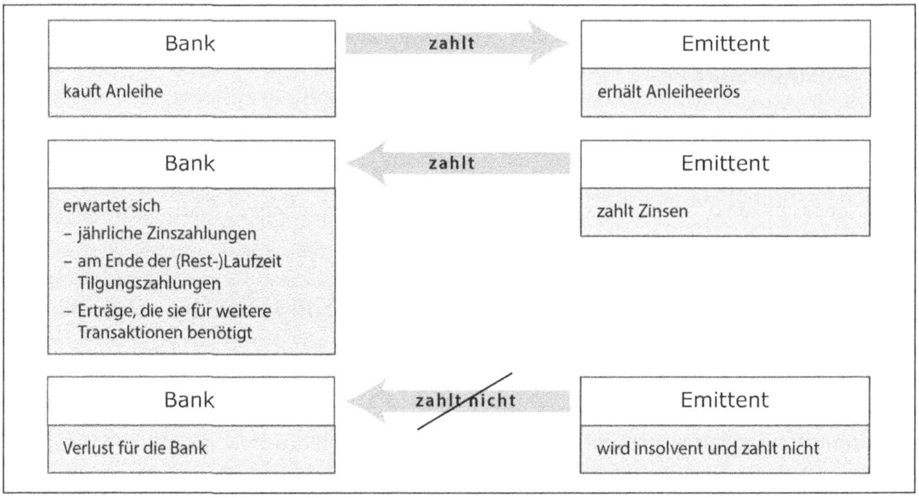

[321] Siehe dazu auch folgende Beiträge: Höltschi, EU-Kommissar Barnier will «Trennbanken-Regeln light»: Kein Eigenhandel für grösste EU-Banken, in: nzz.ch, 07.01.2014, http://www.nzz.ch/wirtschaft/wirtschafts-und-finanzportal/kein-eigenhandel-fuer-groesste-eu-banken-1.18215934 (14.12.2014). Eisenring, Volker-Regel unter Dach: Die USA verbieten den Eigenhandel, in: nzz.ch, 11.12.2013, http://www.nzz.ch/aktuell/startseite/die-usa-verbieten-den-eigenhandel-1.18202043 (14.12.2014). Bafin, Merkblatt – Hinweise zu den Tatbeständen des Eigenhandels und des Eigengeschäfts (Stand: Oktober 2014).

Geschäfte generell, und somit auch diese Eigenhandelspositionen, werden mit einem Geschäftspartner (*counterpart*) abgeschlossen. Wenn dieser ausfällt und seine versprochenen Leistungen nicht erbringen kann, muss die Bank, da sie mit diesen Leistungen gerechnet hat, den Verlust tragen oder sich „schnell" einen neuen „Partner als Ersatz" für diese Leistungen suchen.

Abbildung 28: Beispiel für den Ausfall eines Partners und der Versuch, diesen Ausfall mit einem „Ersatzpartner" zu kompensieren

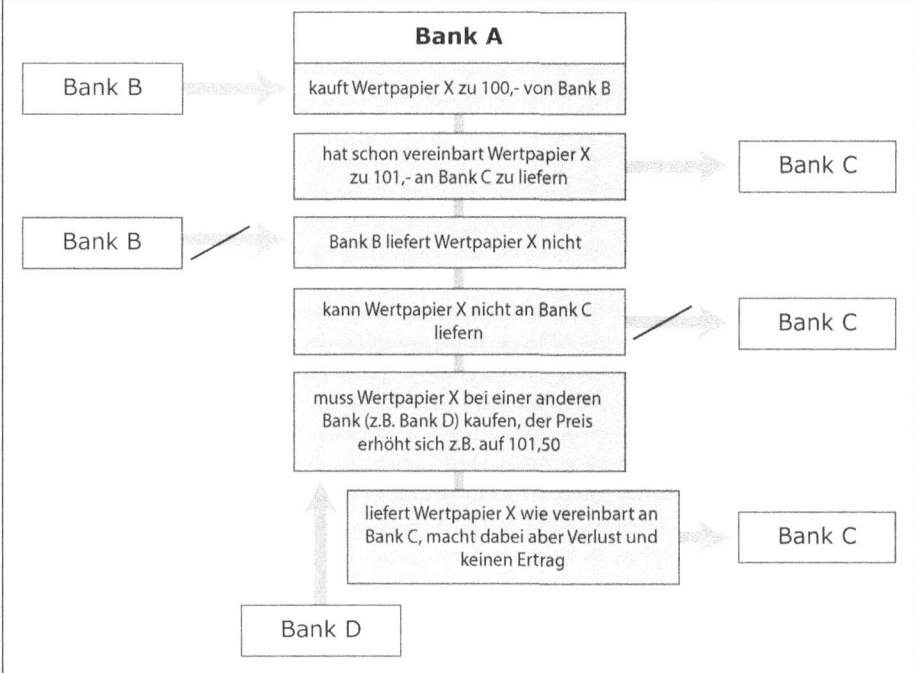

Das **Marktpreisrisiko** wiederum bedeutet eine Änderung am Markt – damit kann sowohl der Zinssatz oder auch der Kurs eines Wertpapiers gemeint sein. Diese Änderungen gehen sehr schnell und oftmals unerwartet vor sich, sodass durch diese Marktänderungen auch ein Verlust für die Bank eintreten kann.[322]

---

[322] Siedenbiedel, Aktienmärkte: Die Angst ist wieder da, in: Faz.net, 20.10.2014, http://www.faz.net/aktuell/finanzen/aktien/auf-den-aktienmaerkten-ist-die-angst-wieder-da-13216707.html/ (14.12.2014).

Banken – aber nicht „Kunden", ob sie Unternehmen, Kommunen, Gemeinden oder auch Privatpersonen sind – haben die Möglichkeit, sich gegen diese Risiken zu schützen, indem sie risikominimierende Techniken anwenden. Zu diesen gehören u. a. das Glattstellen, das Hedging oder das Covering.[323]

Je volatiler die Märkte sind, desto wichtiger sind risikominimierende Maßnahmen im Eigenhandel. Allerdings ist auch klar, dass die risikominimierenden Transaktionen auch Kosten verursachen und somit den erwarteten Ertrag minimieren. Demgegenüber steht natürlich das Risiko eines Verlustes – eine tägliche Gratwanderung im Eigenhandel einer Bank.

Exkurs: Hedging

To hedge kommt aus dem Englischen[324] und bedeutet absichern. Absichern bedeutet im Zusammenhang mit Finanzinstrumenten, dass eine Bank eine Transaktion abschließt, um damit das Risiko für eine andere Transaktion zu minimieren.

> *Beispiel 1: Eine Bank muss an einem bestimmten Tag ein Wertpapier an einen Counterpart liefern (z. B. das Underlying im Rahmen eines Optionsgeschäftes[325] bei einer geschriebenen Call-Option).*
>
> *Damit sie dieser Verpflichtung nachkommen kann (d. h. wenn die Option vom Optionskäufer bzw. -inhaber ausgeübt wird), hat die Bank die Möglichkeit, dieses Wertpapier vorab zu einem festen Preis von einem Dritten (z. B. über ein Termingeschäft) „einzukaufen".*
>
> *Mit diesem Vorgang sichert sie ihre Lieferverpflichtung ab.*
>
> *Sollte der Käufer die Option jedoch nicht ziehen, dann verbleibt das Wertpapier im Portfolio der Bank. Sie kann es dann entweder behalten oder zu jedem späteren Zeitpunkt wieder verkaufen – das ist immer die Entscheidung der Bank.*

---

[323] Covern kommt aus dem Englischen und bedeutet „sich decken/eindecken".

[324] Siehe dazu auch http://www.wirtschaftslexikon24.com/d/hedging/hedging.htm (31.12.2014). „A risk management strategy used in limiting or offsetting probability of loss from fluctuations in the prices of commodities, currencies or securities. In effect, hedging is a transfer of risk without buying insurance policies." Quelle: http://www.businessdictionary.com/definition/hedging.html (31.12.2014). „Hedge/Hedging: strategy used to offset investment risk. A perfect hedge is one eliminating the possibility of future gain or loss." Quelle: Downes/Goodman, Dictionary of Finance and Investment Terms.

[325] Siehe dazu auch Wohlschlägl-Aschberger, Praxiswissen Finanzinstrumente.

Abbildung 29: Hedging

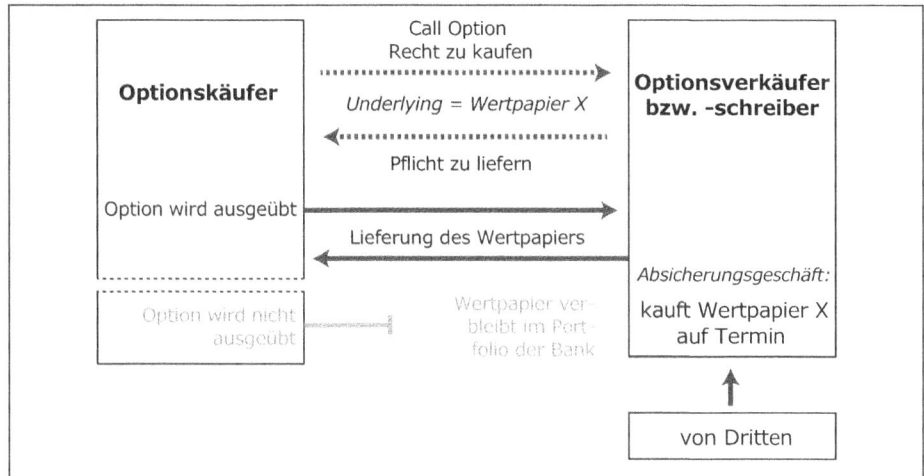

Beispiel 2: Eine Bank bekommt regelmäßig zu gewissen Kuponterminen Zinszahlungen in US-Dollar aus einer US-Dollar-Anleihe, die sie gezeichnet hat.

Da sie aber Euro benötigt, um aus einer Eigenemission (Euro-Anleihe) ihren eigenen Zinsverpflichtungen nachkommen zu können, schließt sie Devisentermingeschäfte oder auch einen Währungsswap in US-Dollar/Euro ab.

Auch das ist ein typischer Vorgang der Absicherung.

In diesem Fall kann sich der Währungskurs während der Laufzeit allerdings auch zum Nachteil der Bank entwickeln. Möglicherweise bekommt sie dann weniger Euro als wenn sie die US-Dollar bei jeder Zinszahlung zum jeweiligen Kassakurs (spot) getauscht hätte.

Es darf dabei daher nicht übersehen werden, dass durch diese Transaktion, die eigentlich der Absicherung dient, auch ein (neues) Risiko eingegangen wird. Dieses kann natürlich wiederum abgesichert werden usw. usw. – eine Vorgehensweise, die jedoch nur solange funktioniert, solange es neue „Partner" gibt.

Das Wort Hedging verleitet oft dazu zu glauben, dass durch diese Absicherungsgeschäfte kein Risiko mehr besteht – was aber ein Irrglaube ist. Hedging ist daher meines Erachtens nur für Banken (oder einzelne Unternehmen, wie z.B. Energieversorger, Raffinerien oder andere Rohstoffbetriebe) zulässig, die über entsprechende Marktkenntnisse und v.a. über Risikomanagementsysteme verfügen, jedoch keineswegs für andere Marktteilnehmer, schon gar nicht für „Kunden", die nur das Upside-Potenzial und nicht das Risiko sehen, das sie auch gar nicht managen können. Das Upside-Potenzial steht für Kurs- oder

Ertragschancen und spiegelt die Erwartungshaltung wider, dass der Kurs eines Wertpapiers, v.a. in kurzer Zeit, steigen kann.[326]

Banken verwenden diese Technik i.d.R. für den Eigenhandel, auch *proprietary trading*[327] genannt bzw. im Bankjargon oftmals als *prop-trading* bezeichnet. Gerade durch die Finanzmarktkrise wurden in diesen Bereichen die Risiken der Banken ebenso wie die Interessenkonflikte gegenüber den Kunden bzw. dem Kundenhandel sichtbar, sodass nun Regulatoren versuchen, dem Eigenhandel Einhalt[328] zu gebieten.

8.6 Chinese Wall

Wenn Bankleute von **Chinese Wall**[329] sprechen, dann meinen sie i.d.R. nicht die Chinesische Mauer, mit deren Bau vermutlich bereits ab dem 7. Jahrhundert v. Chr. begonnen wurde und die sich in China über viele tausende Kilometer erstreckt, sondern die wesentlich kürzere „Mauer" innerhalb der Bankräumlichkeiten.

Abteilungen oder Bereiche einer Bank – je nachdem wie sie in der jeweiligen Organisationsstruktur bezeichnet sind –, die unterschiedliche Funktionen und Aufgaben haben, sind so voneinander zu „trennen",[330] dass es zu keinem Informationsaustausch kommen kann, der anderenfalls Interessenkonflikte auslösen würde, die immer zu Lasten einer Partei (z.B. eines Kunden) gehen.

---

[326] „The difference between the current trading price of a security and the level to which it is most likely to rise in the short term." Quelle: businessdictionary.com/definition/upsidepotential.html/ (22.04.2015).

[327] Darunter versteht man: „Engaging, as an investment bank, in trading in securities for one's own account with one's own money to make profit much like a hedge fund." Quelle: Smith, Why I left Goldman Sachs: A Wall Street Story.

[328] Siehe dazu: Piper, Neues Gesetz: So wollen die USA Banken bändigen, in: Süddeutsche.de, 10.12.2013, http://www.sueddeutsche.de/wirtschaft/neues-gesetz-so-wollen-die-usa-banken-baendigen-1.1839789 (24.01.2015). Section 619 of the Dodd-Frank Wall Street Reform an Consumer Protection Act (Volker Rule), http://www.volckerrule.com/ (01.02.2015).

[329] Chinese Wall: „Imaginary barrier between the investment banking, corporate finance, and research departments of a brokerage house and the sales and trading departments. Since the investment banking side has sensitive knowledge of impending deals such as take overs, new stock or bond issues, divestitures, spinoffs and the like, it would be unfair to the general investing public if the sales and trading side of the firm had advance knowledge of such transactions." Quelle: Downes/Goodman, Dictionary of Finance and Investment Terms.

[330] Ein aufsichtsrechtliches Erfordernis, vgl. dazu: Bafin, Rundschreiben 4/2010 (WA) – MaComp (Stand: 07.08.2014), insbesondere AT 6.2 Punkt a Vertraulichkeitsbereiche (sog. Chinese Walls), http://www.bafin.de/SharedDocs/Veroeffentlichungen/DE/Rundschreiben/rs_1004_wa_macomp.html (14.12.2014).

Grundsätzlich geht der Begriff „Chinese Wall" auf die US-amerikanische Gesetzgebung[331] nach dem Börsencrash im Jahr 1929 zurück. Er hat sich jedoch international und auch in Europa bei allen Banken als ein Compliance-Erfordernis[332] etabliert, wird aber sehr häufig noch als eher „lästig" betrachtet. Aus der Entstehung heraus war grundsätzlich die Trennlinie zwischen dem Kunden- bzw. Kreditgeschäft und dem Emissionsgeschäft entscheidend.

Heute wird der Begriff immer dann verwendet, wenn es um die Vermeidung von Interessenkonflikten geht. Ein solcher kann im Bereich Eigen- und Kundenhandel entstehen, sodass hier klare Trennungen, auch räumlicher Art, vorzunehmen sind – diese werden von Aufsichtsbehörden regelmäßig geprüft.

Trotz aller rechtlichen Verpflichtung und Überprüfung durch die Behörden, es bleibt das Faktum, dass sie nicht immer ganz so wirkungsvoll sind, wie sie sein sollten.

8.7   Exkurs: Compliance

Das Wort Compliance[333] prägt seit einigen Jahren den Finanzsektor, wobei leider oftmals Compliance nach wie vor als Geschäftsverhinderung angesehen wird. Dies ist keineswegs wahr und darf so auch nicht gesehen werden.

Compliance als etwas „Neues" darzustellen, wäre ebenfalls nicht ganz korrekt, denn den Begriff Sorgfalt gibt es schon sehr lange – die „Sorgfalt eines ordentlichen Kaufmannes" ist keine Erfindung dieses Jahrhunderts. Und *to comply with* oder „compliant sein" heißt nichts anderes, als sorgfältig und im Sinne der Gesetze und der externen und internen Regelwerke zu handeln.

An dieser Stelle soll aber nicht generell über Compliance und Begriffe philosophiert, sondern einige der wichtigen Compliance-Maßnahmen in Banken, insbesondere in Bezug auf das Wertpapiergeschäft, aufgezeigt werden.

---

[331] Securities Exchange Act 1934, SEC Rule 10b-5. Quelle: Downes/Goodman, Dictionary of Finance and Investment Terms. SEC steht für Securities Exchange Commission, und sie ist die US-amerikanische Wertpapieraufsichtsbehörde.

[332] Dies insbesondere im Zusammenhang mit der Vermeidung von Marktmissbrauch, z.B. Insiderhandel.

[333] Siehe dazu u.a. MiFID I und MiFID II bzw. auch die Homepage der IOSCO – http://www.iosco.org (01.02.2015).

Der Begriff „Chinese Wall", die Themen Eigen- und Kundenhandel und die damit verbundenen Interessenkonflikte – klassische Compliance-Themen – wurden bereits erwähnt. Nun soll auf das im Rahmen der Wertpapier-Compliance wichtige Thema **Marktmissbrauch**[334] eingegangen werden.

Market abuse, wie es im Englischen heißt, zeigt Verhaltensformen am Finanzsektor auf, die weder transparent noch fair für andere Marktteilnehmer sind. Grundsätzlich sind zwei unterschiedliche Bereiche damit gemeint, einerseits der Insiderhandel und andererseits die Marktmanipulation. Ohne auf alle damit verbundenen Rechtsfragen und auch Möglichkeiten des Missbrauches eingehen zu können, sind einfache – aber in der Praxis relevante – Beispiele heranzuziehen, um auch die Bedeutung der erforderlichen Compliance-Maßnahmen in Banken zu zeigen.

Der **Insiderhandel** ist kein Kavaliersdelikt, sondern eine Straftat:[335] Wenn eine Bank, wie vorstehend ausgeführt, im Wertpapiergeschäft – sei es im Emissions- und oder im Handelsgeschäft – tätig ist, dann kann es für einzelne Mitarbeiter, aber natürlich auch für die Organe einer Bank u. U. sehr leicht sein, an Informationen oder Teilinformationen über einen Emittenten zu gelangen, die andere Marktteilnehmer noch nicht haben. Wenn diese Information den Kurs der Aktie erheblich beeinflussen könnte, wenn sie auch allen anderen Marktteilnehmern bekannt wäre, dann handelt es sich um eine **Insiderinformation**.

Eine solche Information ist z. B., dass ein börsennotiertes Unternehmen eine Expansion oder die Begebung neuer Produkte plant (ein Ereignis, das den Aktienkurs steigen lassen könnte), aber auch dass ein massiver Rechtsstreit anhängig ist oder dass ein Wechsel im Vorstand bevorsteht (Ereignisse, die den Aktienkurs fallen lassen könnten).

Diese Insiderinformationen dürfen nicht verwendet werden, um z. B. die Aktie des Unternehmens zu kaufen oder zu verkaufen und sich so einen Vermögensvorteil zu

---

[334] Die „neue" Marktmissbrauchs-Richtlinie (MAD II): RL 2014/57/EU über strafrechtliche Sanktionen bei Marktmanipulation und die Verordnung (EU) Nr. 596/2014 über Marktmissbrauch (MAR – Market Abuse Regulation), welche die bisherige RL 2003/6/EG (MAD I) aufhebt, zu finden auf http://eur-lex.europa.eu (02.01.2015). Mehr dazu auf http://www.bafin.de; http://fma.gv.at; http://ec.europa.eu (02.01.2015). Thaler, Sanktionen bei Marktmissbrauch: Marktmanipulation, Insiderhandel und Ad-hoc-Publizität.

[335] Siehe dazu u. a. folgende Zeitungsberichte: Frühauf, Büros durchsucht: Großrazzia wegen Insiderhandels, in: FAZ.net, 25.02.2014, http://www.faz.net/bueros-durchsucht-grossrazzia-wegen-insiderhandels-12820749.html (01.02.2015). Verdacht auf Insiderhandel beschert Airbus-Managern Strafprozess, in: Spiegel Online, 07.09.2014, http://www.spiegel.de/spiegel/vorab/verdacht-auf-insiderhandel-beschert-airbus-managern- strafprozess-a-990213.html (01.02.2015). Kamm, Verdacht auf Insiderhandel: Portugiesische Börsenaufsicht untersucht, in: nzz.ch, 06.08.2014, http://www.nzz.ch/wirtschaft/portugiesische-boersenaufsicht-untersucht-1.18357967 (01.02.2015).

verschaffen bzw. einen Verlust abzuwenden, je nachdem, ob man mit einem Kursanstieg oder Kursabfall nach dem allgemeinen Bekanntwerden der Information rechnet.

Bankmitarbeiter, v.a. die Händler und Bankorgane, aber auch Anwälte oder Wirtschaftsprüfer, sind dem Risiko ausgesetzt, Insiderinformationen oder generell Compliance-relevante Informationen zu bekommen und dann auch zu verwenden – bewusst oder unbewusst. Letzteres sollte in der Praxis aber nicht mehr passieren.

In Banken gibt es dazu eine Reihe von Maßnahmen zum Schutz der Organe und der Mitarbeiter. Darunter fallen u.a. die Mitarbeitergeschäfte, aber auch die Beobachtungs- und Sperrlisten. Erstere bedeuten, dass Bankmitarbeiter ihre eigenen Transaktionen in Wertpapieren beim Compliance-Beauftragten melden müssen. Der zweite Punkt weist auf bankinterne Listen hin, die seitens der Compliance jene Aktien beinhalten, bei denen eine Compliance-relevante Information vorliegt. Es gibt die streng vertrauliche Beobachtungsliste und die Sperrliste, die bankintern für alle Mitarbeiter einsehbar ist. Bei allen Mitarbeitergeschäften wird geprüft, ob das Wertpapier auf einer der beiden Listen steht. Die Bankorgane unterliegen ebenfalls speziellen Bestimmungen, u.a. der Meldepflicht der Transaktionen in den Aktien des eigenen Unternehmens, bekannt unter dem Begriff *director's dealings.*

Marktmanipulation ist auch eine Straftat,[336] beruht aber nicht auf vertraulichen Informationen und darf daher nicht mit dem Insiderhandel verwechselt werden.

Marktmanipulation umfasst jene Transaktionen bzw. Kauf- und Verkaufsaufträge, die falsche oder irreführende Signale an den Markt (Angebot und Nachfrage) geben und dadurch den Kurs so beeinflussen könnten, dass ein anormales oder künstliches Kursniveau erzielt wird.

Das **In-Sich-Geschäft**, auch *wash trade* genannt, ist ein Beispiel für eine Marktmanipulation. Käufer und Verkäufer sind ein und dieselbe Person und dem Markt soll so das Signal von intensivem Angebot und Nachfrage vorgetäuscht werden. Ein anderes Beispiel ist der **Tippgeber**, der Empfehlungen zu einer Aktie abgibt, die er selbst hält, um den Kurs in die Höhe zu treiben und so seine Aktien mit Ertrag verkaufen zu können.

---

[336] Siehe dazu u.a. folgende Zeitungsberichte: Newsticker: Bank Coop wegen Marktmanipulation gerügt – Berufsverbot für Ex-CEO, in: nzz.ch, 29.10.2014, http://www.nzz.ch/wirtschaft/newsticker/bank-coop-wegen-marktmanipulation-geruegt---berufsverbot-fuer-ex-ceo-1.18413799 (01.02.2015). Frühauf, Verdacht auf Marktmanipulation: Bafin-Ermittlungen betreffen bis zu 150 Deutsch-Bank-Mitarbeiter, in: FAZ.net, 16.01.2014, http://www.faz.net/aktuell/wirtschaft/wirtschaftspolitik/verdacht-auf-marktmanipulationen-bafin-ermittlungen-betreffen-bis-zu-150-deutsche-bank-mitarbeiter-12753678.html (01.02.2015).

Im Bankgeschäft gilt generell folgende Regel: Geschäfte der Mitarbeiter dürfen nicht gegen die Interessen der Bank oder der Kunden abgeschlossen werden.

Ein in der Praxis häufig vorkommendes Beispiel wäre z.B. das **Front Running, After Running** und **Parallel Running** (Vor-, Mit- oder Gegenlaufen). Typischerweise kann die Kenntnis über Großorder von einem Kunden dazu missbraucht werden, Eigengeschäfte der Bank oder Mitarbeitergeschäfte zum Nachteil des Kunden abzuwickeln. Als Großorder versteht man einen Kauf- oder Verkaufsauftrag, der bei Ausführung eine erhebliche Kursänderung verursachen kann.

Die Einrichtung von Vertraulichkeitsbereichen – Chinese Walls oder Chinese Boxes – sind wichtig, um vertrauliche Informationen zu schützen.

Banken haben sehr viele vertrauliche Informationen und müssen mit diesen sorgfältig umgehen, nicht nur zum eigenen Schutz, sondern auch um als wichtiger Marktteilnehmer Transparenz und Fairness zu garantieren.

8.8 Vermögensberatung, -verwaltung und Vermittlung von Wertpapieren

Kundengeschäft ist Kernbankgeschäft – nicht nur im Einlagen- und Kreditgeschäft, sondern v.a. auch im Wertpapiergeschäft. Dieses hat in den letzten Jahren zugenommen, einerseits durch die Vielzahl der Finanzmarktinstrumente,[337] aber auch durch die Nachfrage des Marktes, d.h. der Kunden – ob es sich um Privatkunden, Unternehmen/Corporates, Fondsgesellschaften, Pensionskassen, Versicherungen oder auch die öffentliche Hand handelt. Auch die immer wieder neuen technischen Möglichkeiten[338] in diesem Bereich, z.B. dass Transaktionen schneller und kostengünstiger durchgeführt werden können, führen zu einer Zunahme im Wertpapiergeschäft.

---

[337] Siehe dazu u.a. auch die Auflistung der Finanzinstrumente, wie z.B. in der ISD, MiFID I, MiFID II und auch die OGAW-Richtlinien.

[338] Sei es nun das Online-Banking bzw. Online-Brokerage, diverse Handelsplattformen, u.a. wie MTF oder OTF, oder auch das HFT oder wie immer diese Möglichkeiten in der Zukunft auch heißen werden. Siehe dazu auch: Rasch, Enttäuschte Schweizer Börse: Banken verteidigen ihre Pfründe erfolgreich, in: nzz.ch, 16.10.2014, http://www.nzz.ch/finanzen/banken-verteidigen-ihre-pfruende-erfolgreich-1.18404800 (01.02.2015).

Als Ergänzung zu den schon dargestellten Emissionsgeschäften werden nun aus der Sicht einer Bank die Bereiche[339] Vermögensberatung und -verwaltung sowie die Vermittlung von Wertpapieren beschrieben. Zentrale Aspekte sind dabei:

- Eigenhandel versus Kundenhandel;

- Vermittlung in Finanzinstrumenten (Anlagevermittlung);

- Vermögensberatung (Anlageberatung);

- Vermögensverwaltung.

Eine Bank hat Zugang zum Geld- und Kapitalmarkt, zum Währungs- bzw. Devisenmarkt, zu den Börsen in verschiedenen Ländern, aber auch zu anderen Marktteilnehmern am internationalen Finanzmarkt. Sie tritt nicht immer im eigenen Namen und auf eigene Rechnung auf (Eigenhandel), sondern meist auf Rechnung von Kunden (Kundenhandel).

Im Rahmen des Kundengeschäftes nimmt die Bank im Wertpapierbereich unterschiedliche Rollen[340] ein – die Rolle des Vermittlers, die des Beraters oder die des Verwalters, je nachdem, wie der Kunde es wünscht und mit der Bank vereinbart.

8.8.1 Vermittlung in Finanzinstrumenten

Als Marktteilnehmer am Finanzmarkt kann eine Bank sehr gut in einer Vermittlerrolle für Kunden[341] auftreten. Im Rahmen der **Vermittlung von Finanzinstrumenten** oder – wie oft auch genannt – der **Anlagenvermittlung** übernimmt die Bank die Aufgabe für Kunden, Wertpapiere gegen Entgelt zu kaufen oder zu verkaufen. Die Bank vermittelt den Kunden an einen Kontrahenten, der spiegelverkehrt diese Wertpapiere kaufen oder verkaufen möchte. Der Kontrahent ist entweder eine Börse oder auch eine andere Bank, und u. U. steht wieder ein Kunde dahinter. Es kann aber auch die Bank selbst dahinterstehen.

---

[339] Siehe dazu u. a. auch ausführlich: Balzer, Anlagevermittlung, Anlageberatung und Vermögensverwaltung, in: Thöne (Hg.), Praxiswissen Bankrecht; S. 781 ff.

[340] In der Folge wird nur die Rolle einer Bank beschrieben, auch wenn es noch andere Finanzmarktteilnehmer gibt, die gewisse Vermittler-, Berater- oder auch Verwalterrollen innehaben, wie z. B. eine Wertpapierfirma bzw. ein Wertpapierdienstleister mit einer Konzession nach österreichischem WAG oder deutschem WpHG und nicht nach dem BWG (Österreich) oder dem KWG (Deutschland). Auf die spezielle Tätigkeit einer Kapitalanlagegesellschaft (im Sinne der OGAW-Richtlinien), die Fonds verwaltet, wird hier nicht eingegangen.

[341] Wenn nachstehend von Kunden gesprochen wird, wird weder auf die unterschiedliche aufsichtsrechtliche Kundenklassifizierung (z. B. nach der MiFID) noch auf besondere Schutzaspekte (z. B. nach dem Konsumentengesetz) eingegangen.

Dabei gibt es drei Möglichkeiten, was die Rolle der Bank angeht:

- Bank als Vermittler im eigenen Namen und auf fremde Rechnung;

- Bank als direkter Verkäufer;

- Bank als Vermittler zwischen zwei Kunden.

Abbildung 30: Variante 1 – Bank als Vermittler im eigenen Namen und auf fremde Rechnung

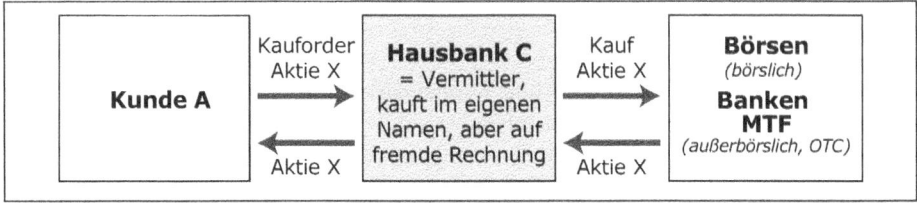

Beispiel Variante 1: Kunde A möchte Aktie X bei seiner Hausbank C kaufen. Hausbank C vermittelt. Sie versucht die Aktie X am Markt bestmöglich für den Kunden A zu erwerben (im eigenen Namen, aber auf Rechnung des Kunden).

Organisatorisch wird diese Transaktion im Kundenbereich (bei dem der Kunde seinen Betreuer hat)[342] und im Kundenhandel (in dem Bereich, in dem der Handel stattfindet) betreut.

Was macht Hausbank C konkret mit diesem Kundenauftrag?

Sie wendet sich an die Börsen (börslich), an andere Banken oder MTFs (außerbörslich, OTC) und kauft dort die Aktie X (im eigenen Namen) bestmöglich für den Kunden A (auf seine Rechnung) ein.

Der Kunde A sieht zwar (auf seinem Depotauszug), ob die Aktie X börslich oder außerbörslich gekauft wurde, nicht aber den dahinterstehenden Verkäufer der Aktie X.

Für den Kunden ist die „bestmögliche Durchführung" beim Erwerb der Aktie X wichtig und die Bank gewährleistet diese durch ihre Möglichkeiten und ihre langjährigen Markterfahrungswerte.

---

[342] Im Onlinegeschäft, wenn der Kunde nicht mit dem Kundenbetreuer Kontakt aufnimmt, sondern direkt online die Wertpapierorder aufgibt, wird diese in der Bank direkt in den Handelsbereich bzw. in die Handelssysteme der Bank durchgestellt bzw. geroutet.

Der Begriff „bestmögliche Durchführung" bezog sich früher nur auf den günstigsten Preis für den Kunden. I.d.R. ist dies auch heute noch so, wobei der bestmögliche Preis heute[343] aber auch Fragen des Settlements, der Geschwindigkeit der Durchführung bzw. der Gesamtkosten der Transaktion mitzuberücksichtigen hat.

Abbildung 31: Variante 2 – Bank als direkter Verkäufer

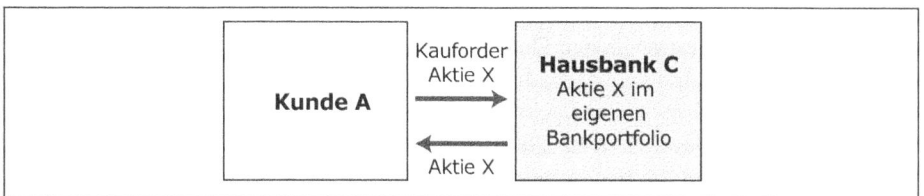

Beispiel Variante 2: Die Bank (Hausbank C) hat aber auch die Möglichkeit zu prüfen, ob sich die Aktie X in ihrem eigenen (Wertpapier-)Portfolio befindet und sie diese an den Kunden verkaufen möchte – matchen (matching) gegen das eigene Buch (gegen Nostro), wie dies im Bankjargon heißt, und zwar zu einem markt-konformen Preis, der natürlich immer gewährleistet sein muss.

Abbildung 32: Variante 3 – Bank als Vermittler zwischen zwei Kunden

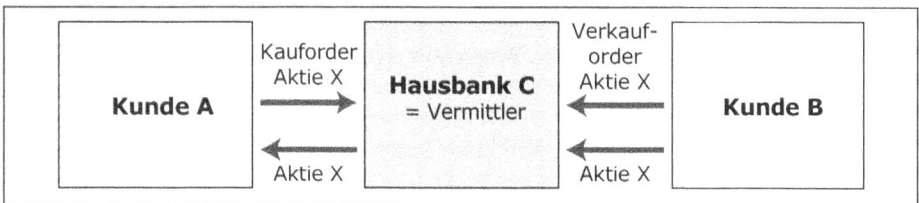

Beispiel Variante 3: Es kann aber auch sein, dass die Bank (Hausbank C) zur gleichen Zeit von einem anderen Kunden B den Auftrag erhält, die Aktie X zu verkaufen – also eine Verkaufsorder zur gleichen Aktie. Dann kann die Bank die beiden Kundenorder mit einander matchen (client matching orders).

---

[343] Siehe dazu genaue Definition in MiFID I bzw. MiFID II, da der Begriff „bestmögliche Durch-führung" oder Best Execution ein aufsichtsrechtlicher Begriff ist. Siehe dazu auch: Johanning, «Best execution» steigert die Rendite von Aktienfonds. Niedrige Transaktionskosten avancieren zum wichtigen Wettbewerbsfaktor, 30.01.2007, in: nzz.ch, http://www.nzz.ch/ aktuell/startseite/articleET7WY-1.104508 (01.02.2015); Bafin, Best Execution (Konsulta-tionspapier), 04.07.4014, http://www.bafin.de/SharedDocs/Downloads/DE/Rede_Vortrag/ dl_140702_mifidworkshop_vortrag_7.pdf?__blob=publicationFile&v=3 (01.02.2015); CESR (The Committee of European Securities Regulators), Best Execution under MiFID. Questions & Answers, May 2007, http://www.esma.europa.eu/system/files/07_320.pdf (01.02.2015).

Diese beiden zuletzt genannten Möglichkeiten kamen bzw. kommen in einer Bank, v.a. in einer Großbank, die im Handelsgeschäft tätig ist, häufig vor. Die Transparenz der Preisbildung ist aber u.U. nicht so gegeben, wie dies im Falle des börslichen oder außerbörslichen Erwerbes der Fall ist – wobei auch der (außerbörsliche) OTC-Handel nicht so transparent ist wie der börsliche.

Dieses „interne Matchen" wird auch als „systematisches Internalisieren"[344] bezeichnet und muss – wie die bestmöglichen Durchführungsmöglichkeiten – dem Kunden offengelegt werden.

In den vorstehend dargestellten Beispielen agiert die Bank als Vermittler bzw. als Kommissär, denn das Bankgeschäft, d.h. konkret das Wertpapier- bzw. auch Effektengeschäft genannt, ist grundsätzlich ein **Kommissionsgeschäft**.

Ein Kommissionsgeschäft ist „die geschäftliche Betätigung eines Kaufmannes im eigenen Namen und auf fremde Rechnung. Rechtlich ist das Kommissionsgeschäft ein auf eine Geschäftsbesorgung abgestellter Vertrag. Dafür wird auch ein Entgelt bezahlt."[345] Diese Vertragsart ist in Handelsgeschäften, bei Außenhandelstransaktionen und auch im Wertpapiergeschäft gängige Praxis.

Wie generell im Wirtschaftsleben kann aber unter Geschäftspartnern auch ein fixer Preis für eine Ware und somit auch für ein Wertpapier vereinbart werden, es wird dann vom **Festpreisgeschäft**[346] gesprochen.

Beispiel: Eine Kauf- bzw. Verkaufsorder eines Kunden für eine bestimmte Anleihe X kann mit einer (Haus-)Bank auch zu einem Festpreis, z.B. Kurs 99 für die Anleihe X, vereinbart werden. In diesem Fall dürfen keine allfälligen Provisionen, wie sie im Kommissionsgeschäft üblich sind, und keine weiteren Spesen, wie z.B. die Börsenspesen und -gebühren, von der Bank an den Kunden verrechnet werden, da ein Festpreis vereinbart wurde und es sich dabei immer um einen Nettopreis handelt.

---

[344] „Systematischer Internalisierer" ist ein aufsichtsrechtlicher Begriff – siehe dazu die genaue Definition in MiFID I bzw. insbesondere in MiFID II. Siehe dazu auch: Rasch, Enttäuschte Schweizer Börse: Banken verteidigen ihre Pfründe erfolgreich, in: nzz.ch, 16.10.2014, http://www.nzz.ch/finanzen/banken-verteidigen-ihre-pfruende-erfolgreich-1.18404800 (01.02.2015).

[345] Siehe dazu u.a. http://wirtschaftslexikon.gabler.de/Definition/kommissionsgeschaeft.html (07.12.2014).

[346] Siehe dazu u.a. http://www.wirtschaftslexikon24.com/d/festpreisgeschaeft/ festpreisgeschaeft.htm (07.12.2014).

Bei einer Festpreistransaktion besteht der Vorteil für die Bank darin, dass sie die dahinter getätigte Transaktion nicht offenlegen muss. Ein Festpreisgeschäft wird daher oftmals vorgenommen, wenn die Anleihe X schon für eine gewisse Zeit im Portfolio[347] der Bank gebucht war und aus diesem mit einem fixen Preis (Nettopreis) an den Kunden verkauft wird, wobei es sich auch hier immer um einen marktkonformen Preis handeln muss.

Der (Hinter-)Grund dazu ist sehr einfach: Einerseits trug die Bank für eine gewisse Zeit das Risiko des Wertpapiers (Emittenten-, Markt- und Liquiditätsrisiko), da sie es im Portfolio buchte und risikotechnisch bewerten bzw. mit Eigenmittel[348] unterlegen musste, andererseits bekommt der Kunde den fixen Preis. Das Basisgeschäft (und das damit verbundene Risiko) der Bank ist eine bankinterne Angelegenheit und dem Kunden daher nicht offenzulegen, da er einen Festpreis vereinbarte.

8.8.2 Exkurs: Unterschied Festpreisgeschäft und Kommissionsgeschäft

Das Beispiel eines Festpreisgeschäftes im Vergleich zu einem Kommissionsgeschäft lässt sich auch anhand eines Beispiels aus der Realwirtschaft sehr gut und einfach darstellen:

Beispiel Festpreisgeschäft: A sagt zu B: „Ich brauche 300 Mineralwasser-Flaschen für meine Party heute Abend. Ich zahle 0.50 fix für jede Flasche." B sagt zu, zu diesem Fixpreis die Flaschen zu besorgen. Es ist das Risiko von B (und somit umgekehrt auch sein Geschäftspotenzial), um welchen Preis er diese Flaschen einkauft: Um 0.60 pro Flasche bei einem Geschäft im Zentrum der Stadt – da macht er einen Verlust – oder um 0.50 pro Flasche bei einem Geschäft ums Eck (ohne Aufwand, denn das Geschäft erfordert keine Fahrzeit) – da steigt er pari aus – oder um 0.30 pro Flasche in einem Geschäft am Stadtrand (mit erheblicher Fahrzeit) – da macht er einen guten Gewinn. Möglicherweise hätte er die Fahrzeit ohnehin aufwenden müssen, da er aus anderen Gründen an den Stadtrand fahren wollte (dies muss er aber nicht offenlegen).

Beispiel Kommissionsgeschäft: A ersucht B diese 300 Flaschen für ihn zu besorgen, quasi als Kommissär, im Namen von B aber auf Rechnung von A. Dafür zahlt A als Entgelt eine Summe X an B. A wird B den erzielten Preis, z.B. 0.40 pro Flasche, vereinbarungsgemäß bezahlen. B wird aber A gegenüber offenlegen, dass er vom Verkäufer drei Flaschen dazu extra – als „Dankeschön" für den Großauftrag bekommen hat. Das ist „seine Zusatzprovision", die er als Kommissionär aber gegenüber A offenlegen muss.

---

[347] Auf spezifische regulatorische Anforderungen wird hier nicht eingegangen.

[348] Bei dieser Form der Kundentransaktion müssen aufsichtsrechtliche Bestimmungen, u.a. die vorher gegebene Dauer im Bankportfolio, eingehalten werden. Auf Details dazu wird nicht eingegangen.

Im Wertpapiergeschäft einer Bank waren und sind beide Möglichkeiten, nämlich das Kommissionsgeschäft und das Festpreisgeschäft, üblich. Bei beiden Transaktionsarten sind immer – wie schon erwähnt – marktkonforme Preise darzustellen.

Im Bankgeschäft – und hier wiederum insbesondere im Kundenwertpapiergeschäft – waren und sind Provisionen immer eine zentrale Frage.[349] Provisionen müssen den Kunden offengelegt werden.

Festpreisgeschäfte verlangen – da es eben ein Festpreis ist – genau diese Offenlegung nicht. Banken sollten diese zulässige Transaktionsart nicht dazu verwenden, ihre Provisionen zu verheimlichen,[350] sondern einen Festpreis im Kundeninteresse anbieten, wobei es einer Bank auch freigestellt sein muss, aus dem eigenen Portfolio eine Kundenwertpapierorder zu erfüllen.

Diese o.a. Beispiele zeigen, dass die Bank als Vermittler auftritt, sei es im Rahmen eines Kommissions- oder eines Fixpreisgeschäftes. Die Bank führt dabei aber keine Beratung zu diesem Wertpapier, das ge- oder verkauft werden sollte, durch.

8.9 Vermögensberatung und Anlageberatung

Banken treten aber nicht nur als Vermittler auf, sie beraten Kunden auch im Zusammenhang mit Wertpapieren. Diese Beratung stellt ebenso ein Kernbankgeschäft dar und wird als **Vermögens-** oder **Anlageberatung**[351] bezeichnet.

In der Praxis[352] ist es für Bank und Kunden wichtig, von Anfang an klar zu vereinbaren, welche der beiden Dienstleistungen erwünscht und somit in der Folge von der Bank erbracht werden soll. Der Kunde muss entscheiden, ob er Beratung benötigt oder nicht.

---

[349] Siehe dazu auch die Bestimmungen in ISD, MiFID I und MiFID II.

[350] Siehe dazu kritische Berichte: Reiche, Offenlegungpflicht: Wie Banken bei Provisionen tricksen, in: manager magazin online, 15.03.2013, http://www.manager-magazin.de/finanzen/artikel/a-888673.html (25.01.2015) oder Köhler, Banken verschleiern Provisionen durch Konzentration auf Festpreisgeschäfte, in: news.toptarif.de, 15.03.2013, http://news.toptarif.de/banken-verschleiern-provisionen-durch-konzentration-auf-festpreisgeschaefte/ (07.12.2014).

[351] Beide Begriffe werden hier – sowie am Finanzmarkt – verwendet, da bis dato keine klare Abgrenzung (v.a. in der Praxis) vorgenommen wurde und meines Erachtens auch nicht sinnvoll wäre.

[352] Eine Abgrenzung ist auch wegen der aufsichtsrechtlichen Bestimmungen (z.B. MiFID I, MiFID II), aufgrund des österreichischen WAG und des deutschen WpHG sowie aus Sicht des Zivilrechtes (in dem jeweiligen Land) unbedingt erforderlich.

I.d.R.[353] hat der Kunde/Anleger weder ausreichende Erfahrungen und Kenntnisse zu einzelnen Finanzinstrumenten bzw. den von Banken angebotenen Produkten noch zu Marktzusammenhängen und wirtschaftlichen Aspekten im Zusammenhang mit den Produkten. Der Kunde/Anleger vermag oftmals auch nicht abzuschätzen bzw. zu bewerten, welche Veranlagung in Relation zu seiner persönlichen finanziellen Situation zu empfehlen oder eher abzulehnen ist. Dazu benötigt er eine Beratung. Diesen Mangel an Kenntnissen zuzugeben, fällt einem Kunden oftmals schwer. Es wäre in seinem eigenen Interesse, sich gut beraten zu lassen und dies ist nur möglich, wenn auch alle Fakten seine Person betreffend offengelegt werden. Die Bankunterlagen zu lesen und zu verstehen bzw. zu hinterfragen, ist manchmal ebenfalls nicht einfach, es wäre aber für jeden Kunden empfehlenswert, genau dies zu tun.

Die Beratung erfolgt i.d.R. durch einen Bankberater oder in manchen Fällen auch durch einen externen Dritten, einen Wertpapierdienstleister.[354] Der Bankberater tritt im Namen der Bank auf und muss den Kunden entsprechend beraten – fair und transparent – und im Interesse des Kunden Empfehlungen abgeben.

Dafür sind fundierte Kenntnisse über die Produkte und den Markt erforderlich, und man muss auch in der Lage sein, diese an Kunden gut, richtig und verständlich weiterzugeben. Leider war dies, wie die jüngste Vergangenheit zeigte, nicht immer der Fall.

Falsche Beratung, fehlerhafte Informationen, unklare Formulierungen in Prospekten oder Werbematerialien führen immer wieder zu Rechtsstreitigkeiten. Auch die schon erwähnten Provisionen bzw. die „versteckten Provisionen" sind weitere Streitpunkte, die dem Vertrauen in die Banken nicht sehr förderlich sind.

Interessenkonflikte treten im Geschäftsleben immer wieder auf, aber sie sind adäquat zu erfassen, offenzulegen bzw. zu lösen – also ein Compliance-Thema.[355]

Gerade in den letzten Jahren war der Finanzmarkt vom massiven Wettbewerb und dem Druck, Kunden zu gewinnen bzw. zu halten, geprägt. Auch die Kundenforderungen gingen immer mehr in Richtung ertragsreicherer Anlagemöglichkeiten (v.a. in einem

---

[353] Basierend auf MiFID I, MiFID II und den nationalen Gesetzen, wie dem österreichischen WAG oder dem deutschen WpHG, werden die fachtechnischen Begriffe „Eignung und Angemessenheit" verwendet.

[354] An dieser Stelle wird nur auf die Banksicht eingegangen.

[355] Siehe dazu MiFID I, MiFID II und die nationalen Gesetze, wie das österreichische WAG oder das deutsche WpHG, und auch zivilrechtliche Anfechtungsmöglichkeiten. Siehe dazu auch: Frühauf/Kuls, Interessenkonflikte: Banken unter dem Verdacht der Befangenheit, in: FAZ.net, 20.02.2014, http://www.faz.net/interessenkonflikte-banken-unter-dem-verdacht-der-befangenheit-12812332.html (01.02.2015).

boomenden Markt). Somit war für alle ein Interessenkonflikt gegeben – mit viel Risiko, aber auch Chancen. Denn Risiko und Chancen sind nicht voneinander zu trennen, es sind „zwei Seiten einer Medaille".

Wenn auf Basis der erfolgten Beratung eine Order (Kauf- oder Verkaufsauftrag) erfolgt, dann wird der Kauf oder Verkauf des Wertpapiers ebenso wie bei einer Vermittlertätigkeit abgewickelt.

Ebenso wie bei der Vermittlung darf die Bank auch bei der Beratung nie über die Kundendepots und -konten verfügen – es ist eine wichtige Grundregel, dass nur der Kunde/Anleger über sein Vermögen disponieren, d.h. verfügen, darf und nicht die Bank.

Der Kunde hat aber auch die Möglichkeit, mit der Bank einen Vermögensverwaltungsvertrag abzuschließen.

8.10 Vermögensverwaltung

Bei der **Vermögensverwaltung**, die auch ein Kernbankgeschäft darstellt, ist die Bank nicht nur als Vermittlerin und Beraterin in einzelnen Wertpapieren und Produkten tätig, sondern sie verwaltet – gegen Bezahlung eines Entgeltes – das Vermögen des Kunden/Anlegers innerhalb der vereinbarten Vorgaben und Veranlagungsrichtlinien, die wiederum im Interesse des Kunden zu definieren sind.

Die Aufklärung und die Beratung für den Kunden/Anleger erfolgen, bevor der Vermögensverwaltungsvertrag unterfertigt wird, dann aber grundsätzlich nicht mehr (außer der vorgesehenen regelmäßigen Berichtspflichten).[356] In der Folge darf die Bank gemäß Vertrag und Anlagebedingungen über das Vermögen verfügen bzw. disponieren und entscheidet dann alleine über die einzelnen Transaktionen im Rahmen des Portfolios.

Zusammengefasst lassen sich die Bankaktivitäten für Kunden einerseits mit der Vermittlung in und Beratung zu Finanzinstrumenten und -produkten und andererseits mit der (umfassenderen Tätigkeit) Vermögensverwaltung beschreiben. Der dann auf diesen Dienstleistungen basierende Handel in den Wertpapieren, d.h. der Kauf und Verkauf, erfolgt ebenfalls von der Bank, im so genannten – wie oben beschriebenen – Kundenhandel.

Im Zusammenhang mit dem Begriff Vermögensverwaltung gibt es eine spezielle Form der Vermögensverwaltung, die noch kurz erklärt werden soll.

---

[356] Siehe dazu eine Reihe von aufsichtsrechtlichen Bestimmungen, u.a. in MiFID I und MiFID II, und in den jeweils nationalen Gesetzen sowie geltende zivilrechtliche Bestimmungen.

8.10.1   Exkurs: Investmentfonds und die Verwaltung durch eine Kapitalanlagegesellschaft

Investmentfonds[357] und die Verwaltung durch eine Kapitalanlagegesellschaft (KAG) sind spezielle Formen einer (Vermögens-)Verwaltung. Eine KAG[358] ist eine mit entsprechender Sonderkonzession ausgestattete Gesellschaft, die Investmentfonds verwaltet. Die KAG wird in manchen Staaten als Bank eingestuft und in vielen Fällen sind auch die Eigentümer der KAG Banken.

Ein Investmentfonds ist ein Sondervermögen und die Kunden/Investoren/Anleger haben einen Miteigentumsanteil an diesem Sondervermögen; dieser Anteil verkörpert aber keine Aktie oder Anleihe.

Die Verwaltung wird von der KAG vorgenommen, es wird jedoch nicht mit jedem einzelnen Kunden/Investor/Anleger ein (Vermögens-)Verwaltungsvertrag abgeschlossen, sondern es werden von der KAG Fondsbestimmungen definiert (und dann auch entsprechend genehmigt),[359] die die Grundlage für die Kundenbeziehung darstellen. Sie regeln die Veranlagungsgrundsätze für jeden Fonds, den eine KAG auflegt. Der Kunde entscheidet sich für einen Fonds, und die dazugehörigen Fondsbestimmungen sind die Verwaltungsstrategie und Rechtsgrundlage für sein Investment.

Auch in dieser Verwaltung darf die KAG nicht direkt über das Kundenvermögen verfügen, sondern dieses nur im Sinne der Fondsbestimmungen verwalten, quasi als Treuhänder für die Gesamtheit der Kunden/Investoren/Anleger. Die Wertpapierorder, die in der Folge nötig sind, werden für die KAG von einer Bank (i.d.R. der Depotbank) durchgeführt. Diese übernimmt auch die wertpapiertechnische Abwicklung aller Wertpapiertransaktionen für die KAG – und damit für die Kunden/Investoren/Anleger.

---

[357]   Siehe dazu auch Wohlschlägl-Aschberger, Praxiswissen Finanzinstrumente, S. 43-56.

[358]   Siehe dazu u.a. OGAW-Richtlinien, österreichisches InvG 2011 und deutsches KAGB sowie Norton Rose, Das AIFM-Umsetzungsgesetz, Briefing, August 2012, http://www.nortonrosefulbright.com/files/das-aifm-umsetzungsgesetz-august-2012-70119.pdf (01.02.2015).

[359]   U.a. auch von der Depotbank und der Aufsichtsbehörde.

Abbildung 33: Vermögensverwaltung versus Investmentfonds

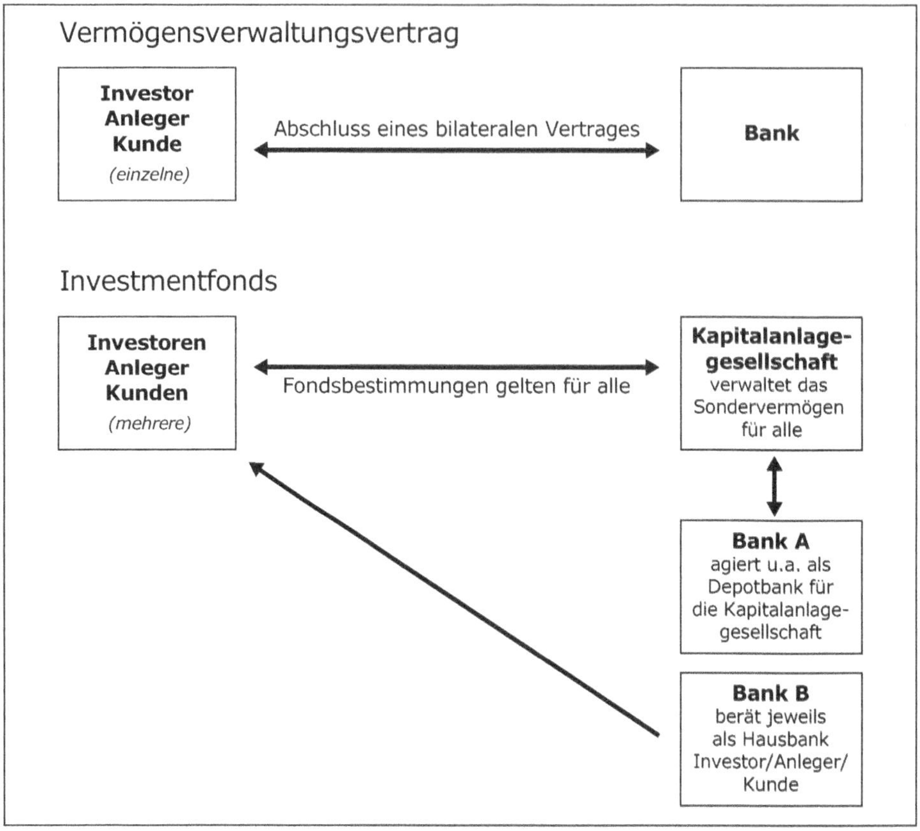

8.10.2 Exkurs: Kreditfinanzierte Veranlagung

Das Kundenkreditgeschäft und das Kundenwertpapiergeschäft wurden bereits darge-stellt – beide Bereiche zählen zum Kernbankgeschäft. Eine Verknüpfung dieser Bereiche findet man immer wieder – in manchen Jahren besonders häufig – bei einer kreditfinan-zierten Veranlagung.

Was ist die Erwartungshaltung der Kunden? Was die Ratio dahinter? Gibt es eine solche?

In den Jahren, als sich der Kapitalmarkt – auch in Europa – gut entwickelte,[360] zeigte sich zunehmend, dass Kunden von den klassischen Formen des Sparens, wie Sparbücher bzw. Sparkonten, abgingen und sich zunehmend auch Kapitalmarktinstrumenten zuwenden wollten.

Für manche Kunden ist der Gedanke, in Wertpapiere zu investieren und dafür kein eigenes Kapital einsetzen zu müssen, besonders verlockend – Wertpapiere auf Kredit kaufen und damit auch noch Geld verdienen – ein Traum, den viele träumen.

Den Gewinnchancen, die mit dem Wertpapierkauf auf Kredit sicherlich gegeben sind, stehen aber auch hohe Risiken gegenüber, die der Kunde oftmals nicht sieht oder sehen will. Kursabstürze oder Crashs gibt es immer wieder am Finanzmarkt. Dabei kann es auch zu einem Totalverlust der Wertpapiere kommen.

Aber auch schon vor einem Crash stellen volatile Kurse bzw. Märkte und somit hohe Kursschwankungen ein großes Problem für Kunden/Anleger dar. Sie können bei solchen Marktlagen keineswegs mit fixen und schon gar nicht garantierten Erträgen oder Veranlagungszinsen rechnen. Die Zinsen aus dem Kredit müssen die Kunden/Anleger jedoch fix vereinbart an die Bank zahlen.

Schon allein vor diesem Hintergrund stellt ein Wertpapierkauf auf Kredit ein großes Risiko für die Kunden dar bzw. es ist reine Spekulation, dass sich die Zinsen und die Märkte immer in die „gewünschte" Richtung entwickeln – etwas, das so nicht *per se* geschieht oder geschehen muss.

Was ist die Erwartungshaltung der Bank? Wo liegt das Risiko?

Banken, die dieses Produkt anbieten, haben ein mehrfaches Risiko – einerseits das Kreditrisiko des Kunden und andererseits das Marktrisiko aus den Wertpapieren, die für den Kredit als Sicherheit dienen.

Die Wertpapiere werden i.d.R. bis zu einem gewissen Prozentsatz als Belehnung des Kredites herangezogen, aber wenn sich der Wert des Wertpapiers u.a. durch fallende Kurse verringert, wird auch die Sicherheit für den Kredit weniger wert. Die Bank muss, um das eigene Kreditrisiko zu minimieren, vom Kunden weitere Sicherheiten verlangen, die dieser oftmals nicht vorweisen kann.

---

[360] Siehe dazu: Kaserer/Rapp, Capital Markets and Economic Growth: Long-Term Trends and Policy Challenges, Research Report; Issing, Der Euro-Kapitalmarkt: Status Quo und Perspektiven, in: Pfandbrief und Kapitalmarkt, 23. Symposium zur Bankengeschichte am 18. Mai 2000, Konferenzschrift, S. 26-43.

Was tun, wenn dies nicht möglich ist? Eine Erhöhung des Kredites damit weitere Wertpapiere – i.d.R. risikoreiche und somit ertragreiche – gekauft werden können, um mit
diesen Erträgen (risikoreiche Instrumente bieten höheren Ertrag) doch noch den Kredit
zu bedienen. Und wenn es wieder nicht ausreicht, um den Kredit zu bedienen?

Hier stehen Banken und Anleger vor einem Teufelskreis, der das Risiko einer kredit-
finanzierten Wertpapierinvestition zeigt.

In diesem Kapitel wurden bisher Wertpapiergeschäfte aus Sicht einer Bank, ihrer Funktion und ihrer Rolle am Finanzmarkt beschrieben, und zwar einerseits das Emissionsgeschäft und andererseits das Wertpapierhandelsgeschäft.

Beim Emissionsgeschäft wurden Eigenkapital- wie auch Fremdkapitalemissionen und
deren Bedeutung dargestellt. Beim Handelsgeschäft wurde zwischen Eigen- und Kundenhandel unterschieden und ebenso zwischen dem börslichen und dem außerbörslichen
Handel, letzterer wird auch OTC-Handel genannt.

In Anschluss wird noch ein Bankgeschäft, eine Dienstleitung für die Kunden, dargestellt
– das Depotgeschäft.

8.11 Das Depotgeschäft

Das sichere Verwahren von Wertgegenständen für eine gewisse, oftmals vorab nicht
genau definierte Zeit durch Dritte und die spätere Herausgabe dieser war für Menschen
immer schon ein wichtiges Anliegen. Früher galten Verwandte oder Freunde aber v.a.
auch Tempel oder Kirchen als sichere Aufbewahrungsorte. Heute sind es Banken, die
unterschiedliche Formen der Verwahrung anbieten, wobei das Schließfach oder der Safe
und die Wertpapierverwahrung die gängigsten darstellen.

Das Depotgeschäft[361] ist wichtiger Teil des Dienstleistungsgeschäftes von Banken und
zählt somit auch zu den klassischen Bankgeschäften.

---

[361] Siehe http://wirtschaftslexikon.gabler.de/Definition/depotgeschaeft.html (31.01.2015). Siehe
u.a. auch: Cassel, Depotgeschäft, in: Thöne (Hg.), Praxiswissen Bankrecht, S. 657-690.

8.11.1 Depot – Definition

Grundsätzlich muss man rechtlich zwischen dem *depositum regulare* und dem *depositum irregulare* unterscheiden, beides lateinische Begriffe, wobei das *depositum regulare* der ältere ist.

Beim *depositum regulare*, das auch als das „quasi ursprüngliche" und eigentliche Verwahrgeschäft bezeichnet wird, hat der Verwahrer kein Recht, die übergebenen Gegenstände (z.B. Schmuck, Münzen oder andere Werte) zu verwenden oder gar zu veräußern, da er nicht ihr Eigentümer ist. Er muss genau jene (Wert-)Gegenstände, die ihm zur Verwahrung anvertraut wurden, auch wieder aushändigen. Früher wurde z.B. unter Verwandten oder Freunden keine schriftliche Vereinbarung darüber getroffen und oftmals erfolgte die Verwahrung auch unentgeltlich. Heute erfolgt die Verwahrung i.d.R. entgeltlich und wird z.B. durch einen Hinterlegungsschein dokumentiert.

Diese Verwahrung hat sich im Laufe der Jahre weiterentwickelt, und zwar zum *depositum irregulare*, das das heutige Depotgeschäft widerspiegelt. Dabei muss die Bank nicht mehr die konkreten Gegenstände (z.B. die Münzen) aushändigen, sondern zahlt am Ende der Verwahrung einen Betrag aus, der dem hinterlegten Gegenstand wertmäßig entspricht. Das *depositum irregulare* wird auch als „offene"[362] oder uneigentliche Verwahrung bezeichnet und bezieht sich auf die Verwahrung von Wertpapieren.

Ein Depot ist – vereinfacht gesagt – eine von der Bank gegen Entgelt angebotene Verwahrmöglichkeit von Gegenständen, insbesondere von Wertpapieren.

8.11.2 Arten von Depots

Banken bieten – im Sinn der vorstehenden Ausführungen – heute zwei Arten von Verwahrmöglichkeiten an, das geschlossene Depot und das offene Depot.

Das **geschlossene Depot** ist eher bekannt als **Schließfach** oder **Safe**. Die Bank vermietet ihren Kunden im bankeigenen Tresorraum gegen Entgelt Safes oder Schließfächer in unterschiedlicher Größe.

---

[362] „Offen" bedeutete im römischen Recht, dass die Münzen vom Verwahrer verwendet werden durften. Im Gegensatz dazu durfte der Verwahrer die Münzen nicht verwenden, wenn sie in einem geschlossenen Beutel übergeben wurden.

Auf Basis dieser vertraglichen Vereinbarung (z.B. auch Safe-/Schließfach-Vereinbarung genannt) hat der Kunde die Möglichkeit, im Safe bzw. Schließfach Wertgegenstände verschlossen und sicher zu verwahren, und zwar auch ohne dass die Bank Kenntnis über die verwahrten Gegenstände hat. Dies ist ein wichtiges Faktum und Merkmal dieser Art der Verwahrung.

Kunden haben vereinbarungsgemäß die Möglichkeit, während der üblichen Öffnungszeiten in Begleitung eines Bankmitarbeiters den Tresorraum zu betreten und Zugang zu ihrem Safe bzw. Schließfach zu bekommen.

Für Kunden stehen in diesem Fall der Verwahrung die Sicherheit und die vertrauliche Behandlung der Wertgegenstände, über die die Bank keine Kenntnis haben kann bzw. darf, im Vordergrund.[363]

Wertpapiere können ebenfalls auf diese Art verwahrt werden, dies ist aber nur möglich, wenn sie als effektive Stücke ausgestellt sind. Heute ist das allerdings kaum mehr der Fall, sodass die Wertpapierverwahrung in einer anderen Form stattfinden muss.

Sie erfolgt daher meist über ein **offenes Depot**, das wiederum eher als **Wertpapierdepot** bekannt ist. Der Unterschied ist, wie schon erwähnt, dass die Bank bei einem Wertpapierdepot über das hinterlegte Wertpapier Kenntnis hat bzw. haben muss.

Die Verwahrung von Wertpapieren ist in den jeweils geltenden Gesetzen[364] für den Bankensektor geregelt. Wenn in diesem Zusammenhang von Wertpapieren gesprochen wird, sind damit Aktien und Anleihen, aber auch Kupon- oder Erneuerungsscheine, d.h. alle Bestandteile eines Wertpapiers, gemeint.

Bei dieser Art der Verwahrung stehen zusätzlich zur Sicherheit v.a. die Serviceleistungen der Bank im Vordergrund, da über dieses Depot in der Folge auch die Wertpapierabwicklung, die ebenfalls eine wichtige Banktätigkeit darstellt, erfolgt.

---

[363] Schließfächer und Safes stellen aus Sicht der Geldwäscheprävention immer wieder Diskussionspunkte dar – siehe dazu u.a. FATF und deren Typologien sowie Wohlschlägl-Aschberger (Hg.), Praxiswissen Geldwäsche, sowie Wohlschlägl-Aschberger (Hg.), Geldwäsche-Prävention: Praktische Maßnahmen für die Unternehmensorganisation.

[364] Z.B. in Deutschland im KWG, in Österreich im BWG und in beiden Ländern auch im jeweiligen Depotgesetz. Siehe u.a. http://www.bafin.de/SharedDocs/Veroeffentlichungen/DE/Merkblatt/mb_090106_tatbestand_depotgeschaeft.html (30.01.2015).

Bei der Wertpapierabwicklung – sei es eine Streifband-(Sonderverwahrung) oder eine (Giro-)Sammelverwahrung –, die bei jedem Kauf oder Verkauf von Wertpapieren nötig ist, bedient sich die Bank eines Drittverwahrers und zentraler Verwahrstellen. Sie selbst haftet jedoch immer gegenüber ihren Kunden und daher ist die sorgsame Auswahl des Drittverwahrers für die Bank sehr wichtig.

Beim Kundenwertpapiergeschäft ist es nötig zu verstehen, dass es einen Zusammenhang zwischen Kundenkonto und -depot gibt, nämlich zwischen der Wertpapierlieferung und der Zahlung: Das Wertpapierdepot wird dazu verwendet, das Wertpapier beim Kauf einzubuchen bzw. beim Verkauf wieder auszubuchen. Das Konto – oftmals als Verrechnungskonto bezeichnet – dient der zahlungsmäßigen Abwicklung, d.h. beim Kauf wird der Preis abgebucht, beim Verkauf wird der Preis/Erlös gutgeschrieben.

Abbildung 34: Kundenwertpapiertransaktion buchungstechnisch

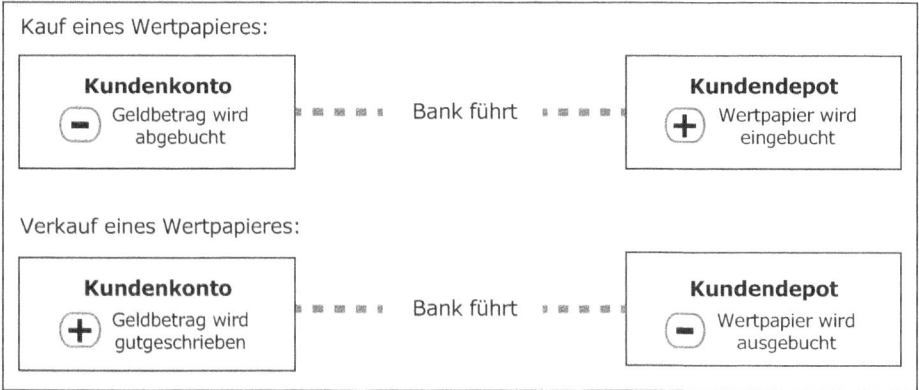

(Wertpapier-)Depots sind in vielen Fällen auch im Zusammenhang mit dem Kreditgeschäft wichtig, da sie als Sicherheiten für Kredite herangezogen werden. Die Depots, die bei der Bank geführt werden, werden zugunsten der kreditgewährenden Bank verpfändet. Im Fall der Nichterfüllung des Kreditvertrages, kann die Bank ohne weiteres Zutun durch den Kunden auf die Wertpapierdepots zu greifen.

Zuvor wurden Kundendepots dargestellt und beschrieben, wie sie i.d.R. in Banken vorzufinden sind. Begriffe wie Depot A bzw. **Eigenbestandsdepot** und Depot B bzw. Kunden- oder **Anderdepot** kommen in einer Bank ebenfalls vor.

Banken sind nicht nur im Kunden-, sondern auch im Eigenhandel tätig. So wie der Kundenhandel vom Eigenhandel der Bank klar zu trennen ist, sind auch die Kundendepots und die eigenen Depots gesondert zu bezeichnen bzw. zu führen.

Wertpapiertransaktionen, die die Bank für das eigene Portfolio tätigt, sind im Eigenbestandsdepot zu buchen. Die Wertpapiertransaktionen für Kunden sind immer den Kundendepots zuzuordnen und dort zu verbuchen.

Diese klare Trennung[365] stellt eine wichtige Einrichtung zur Sicherung der Kundengelder bzw. -vermögenswerte dar und garantiert, dass eine Bank für ihre eigenen Geschäfte nie auf Kundenvermögenswerte zugreifen kann.

Bevor nun der schon erwähnte und wichtige Bereich Wertpapierabwicklung erläutert wird, soll das Wertpapier an sich kurz beschrieben werden.

8.12 Wertpapiere – Definition und Bestandteile

Wertpapiere sind Urkunden über Vermögensrechte, deren Übertragung oder Veräußerung an den Besitz dieser gebunden sind, d. h., dass ohne Besitz der Urkunde (und Vorlage dieser) das darin verbriefte Recht nicht geltend gemacht werden kann.

Ein Wertpapier setzt sich – vereinfacht gesagt – aus folgenden Bestandteilen zusammen:

- dem Mantel,
- dem Kupon(-bogen) und
- dem Talon.

Der **Mantel** verkörpert das Grundrecht am Wertpapier. Im Falle einer Anleihe – die auch Forderungspapier genannt wird und bei der der Investor eine Gläubigerstellung hat – ist es das Recht auf die Rückzahlung des Kapitals. Im Falle einer Aktie – diese wird auch Dividenden- oder Anteilspapier genannt und der Investor bezieht eine Eigentümerposition – ist es das Recht auf die Beteiligung am Grundkapital des Unternehmens. Der Mantel ist somit die eigentliche Urkunde mit Angabe des Nennwertes.

Der **Kupon** (oder Kuponbogen) hingegen verkörpert das Recht auf die Erträge aus dem Wertpapier – bei Anleihen ist dies das Recht auf Zinsen und bei Aktien das Recht auf Dividenden. Der Bogen besteht aus mehreren Abschnitten, die vorgelegt werden müssen.

---

[365] Diese Trennung stellt auch ein aufsichtsrechtliches Kriterium dar und wird von den entsprechenden Behörden geprüft.

Der **Talon** bildet den letzten Abschnitt am Bogen und stellt einen „Neuerungs- oder Erneuerungsschein" dar. Dieser wird erforderlich, wenn alle Dividenden- oder Zinsscheine eingelöst sind. In so einem Fall erhält der Inhaber des Wertpapiers gegen Vorlage des Talons einen neuen Kupon(-Bogen). Der Talon ist somit der letzte Teil einer Aktie (auf Papier) und berechtigt zum Empfang eines neuen Kuponbogens.

Ein Begriff, der heute kaum mehr bekannt ist und auch nicht mehr verwendet wird, ist das Tafelgeschäft. Das Tafelgeschäft – ein bis ins 20. Jahrhundert in Österreich[366] üblicher Begriff – bedeutet(e) die physische Abwicklung von Wertpapieren. Er bezog sich auf die Abwicklung in effektiven Stücken. Das Wertpapier existierte in Papierform und gegen Vorlage konnte an einem Bankschalter – über „die Tafel", daher kommt der Begriff – die Auszahlung der Erträge oder des Kapitals erfolgen. Ein Konto und ein Depot für die Abwicklung waren nicht nötig. Die Aufbewahrung musste der Kunde/Anleger/Investor selbst übernehmen.

Eine physische Abwicklung von Wertpapieren ist heutzutage nicht mehr üblich bzw. vorstellbar. Die Frage, die sich somit stellt: Wie werden heute Geschäfte mit Wertpapieren abgewickelt und was ist die Aufgabe einer Bank bei dieser Abwicklung?

8.13 Wertpapierabwicklung, -administration, Settlement und Clearing

Die Abwicklung und die Administration von Wertpapiertransaktionen gehören zum typischen Geschäftsfeld einer Bank. **Organisatorisch** fällt – wiederum vereinfacht dargestellt – dieser Bereich in den Wertpapierbereich, und zwar konkret in das **Back-Office** einer Bank. Unter Front-Office würde man den Handelsbereich verstehen.

---

[366] Es gab damals auch die anonymen Wertpapierkonten, auch Juxten-Bons genannt, die eigentlich nur der Ausfolgung der gekauften Wertpapiere dienen sollten, tatsächlich aber als anonyme Wertpapierdepots verwendet wurden. Diese Art des Wertpapierübertags ist heutzutage nicht mehr möglich.

Abbildung 35: Back-Office-Struktur[367]

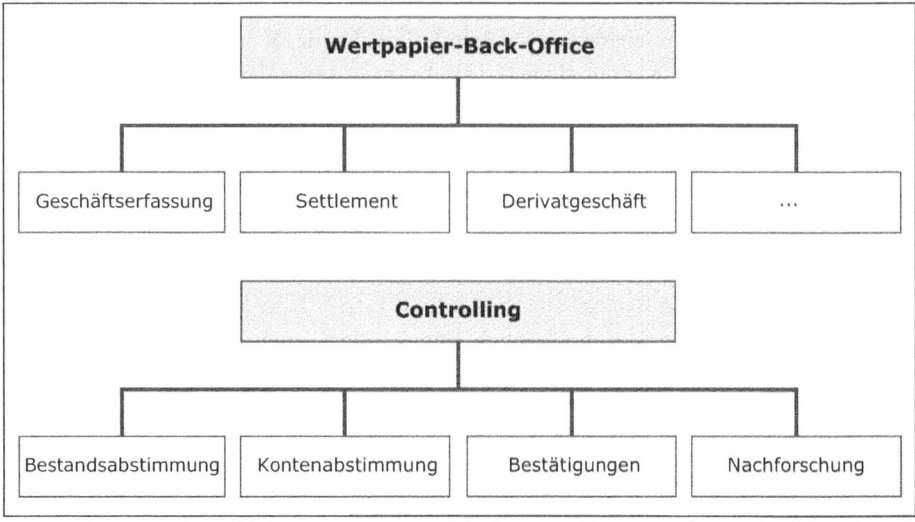

Das Back-Office hat in einer Bank eine sehr wichtige Funktion, da in dieser Abteilung das von den Händlern für die Bank oder für Bankkunden gemachte Wertpapiergeschäft abgewickelt wird. Ohne Abwicklung kann das Geschäft nicht durchgeführt werden – das Wertpapier kann nicht geliefert bzw. die Zahlung nicht geleistet werden.

Der **Ablauf** einer solchen Abwicklung kann als *the short life of an order* beschrieben werden.

---

[367] Dies ist eine exemplarische Darstellung von Strukturen, die je nach Bank, Geschäftsmodell und -umfang und Abwicklungssystemen anders und auch umfangreicher gestaltet sein können.

Abbildung 36: The short life of an order[368]

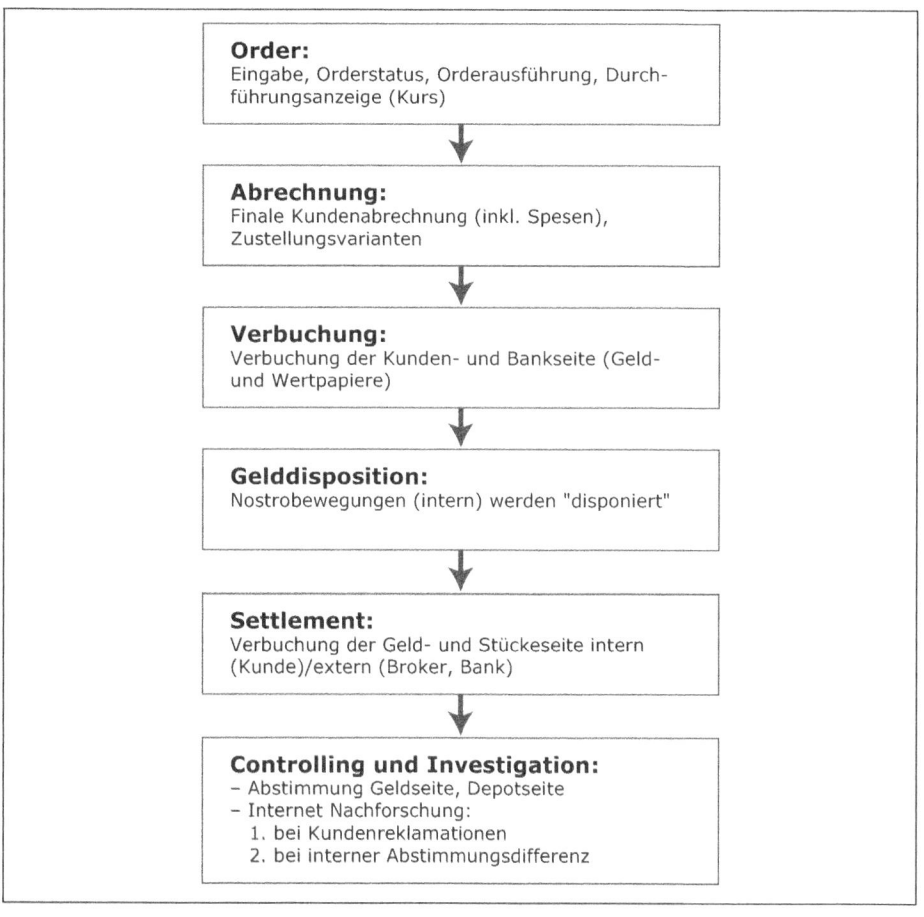

[368] Dies ist eine exemplarische Darstellung von Strukturen und Prozessen, die je nach Bank, Geschäftsmodell und -umfang sowie Abwicklungssystemen anders bzw. auch umfangreicher gestaltet sein können.

Damit eine Wertpapiertransaktion richtig, korrekt und ohne jeglichen Fehler durchgeführt werden kann, ist es wichtig, dass die Order (egal ob sie für die Bank selbst oder einen Bankkunden aufgegeben wurde) einige Daten, so genannte **Orderdaten**, aufweist. Folgende Orderdaten sind u.a. notwendig und müssen erfasst werden:

- Name des Käufers bzw. Verkäufers;

- Depot- und Verrechnungskonto;

- Wertpapier (Kennnummer, Bezeichnung);

- Stückzahl/Nominale;

- Transaktionsart (Kauf, Verkauf);

- Datum und Uhrzeit des Auftrages;

- Ablaufdatum (z.B. tagesgültig, Termin);

- Preis (Limit-, Bestens- bzw. Stop-Loss-Order);

- Gültigkeit/Zeit (Expiry Date);

- Legitimation (Unterschrift, TAN, Passwort).

Egal, ob es sich um eine Kauf- oder eine Verkaufsorder handelt, aus der Sicht eines Kunden/Investors, der eine Wertpapiertransaktion beauftragt, stellt sich der **Verlauf der Order** – kurz dargestellt – wie folgt dar:

1. **Kunde** gibt die Order an seine Hausbank:

   - Direktübermittlung vom Kunden via Systeme (z.B. SWIFT),

   - indirekte Aufgabe (z.B. Schalter, E-Mail); Kundenberater gibt die Order weiter;

2. **Hausbank** leitet die Order weiter, und zwar entweder:

   - direkt oder via Broker an die gewünschte Börse,

   - via automatische Schnittstelle oder

   - „manuell" (z.B. Telefon) mit Angabe der internen Referenz um die Order später zuordnen zu können.

Die Hausbank des Kunden kann entscheiden, wie die Order durchgeführt wird, d.h., wo und wie – entweder über die Börse oder außerbörslich.

Abbildung 37: Orderweiterleitung

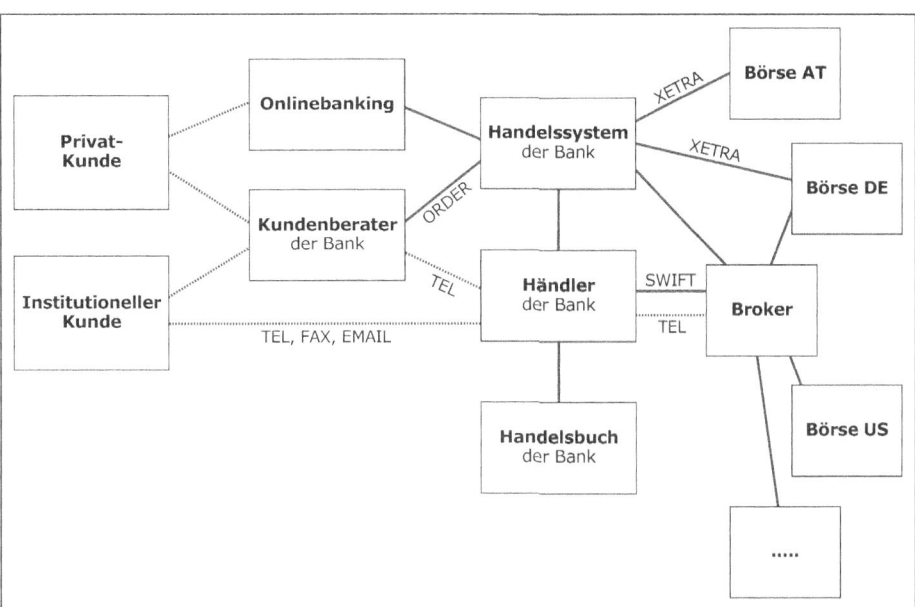

Die Mehrheit aller Transaktionen findet außerbörslich statt, dabei können unterschiedliche Partner, wie Banken oder auch Handelsplattformen (z.B. Introducing Brokers[369] und deren Plattformen) beteiligt sein. An der wertpapiertechnischen Abwicklung ändert sich jedoch nichts.

Emittenten können auch unterschiedliche Wertpapiere (z.B. Aktien und Anleihen) ausgeben. Bei einem Übertrag des Wertpapiers – und damit der Vermögensrechte – muss dieses daher genau bestimmbar sein und das macht eine genaue **Kennzeichnung des Wertpapiers** erforderlich. Die Kennzeichnung spiegelt sich in der Wertpapierkennnummer – auch ISIN (International Securities Identification Number) genannt – wider.

---

[369] Grundsätzlich agieren die Introducing Broker wie Vermittler und bahnen die Geschäfte für andere, meist große/größere Forex Broker an. Sie bieten speziell auf ihre Klientel abgestimmte Leistungen, wie z.B. einen deutschen Kundenservice, sind aber dadurch, dass sie ein weiteres Glied in einer Kette sind, leicht teurer als der „echte" Forex Broker. Siehe u.a. http://www.broker-test.de/forex-broker/devisen-lexikon/introducing-broker/ (19.01.2015). Definition: „A futures broker who has a direct relationship with a client, but delegates the work of the floor operation and trade execution to another futures merchant. The merchant firm is usually a close partner of the introducing broker." Quelle: http://www.investopedia.com/terms/i/introducingbroker.asp (19.01.2015).

Exkurs: Wertpapierkennnummer

Am Finanzmarkt gibt es unzählige Wertpapiere, sie werden von unterschiedlichen Emittenten begeben (z.B. Staaten oder Unternehmen) und es existieren – wie anhand der Aktien und Anleihen bereits beschrieben – die verschiedensten Ausgestaltungsmöglichkeiten und diverse Gattungsarten (z.B. junge Aktien). Jedes Wertpapier muss jedoch eindeutig definiert und identifiziert werden, eine Verwechslungsgefahr muss ausgeschlossen sein. Diese Identifizierung und Zuordnung muss international gelten und daher auch in einer international verständlichen Sprache erfolgen.

Zu diesem Zweck wurde „eine sechsstellige Zahl, die jedes Wertpapier eindeutig identifiziert, wie der Fingerabdruck eines Menschen",[370] geschaffen – die **Wertpapierkennnummer** (WKN). Die WKN wurde 1955 eingeführt und war grundsätzlich in zwei Nummernkreise unterteilt, um eine Zuordnung eines Wertpapiers bspw. zu einer Anleihe oder einer Aktie schon an der Nummer erkennen zu können.

Im Jahre 2003 wurde die WKN auf die zwölfstellige **International Securities Identification Number** (ISIN) umgestellt, um insbesondere auch international notierte Wertpapiere eindeutig identifizieren zu können. Die WKN wird aber aus technischen und praktischen Gründen auch weiterhin verwendet. Bei Neuzulassungen eines Wertpapiers wurden oftmals sowohl eine WKN als auch eine ISIN vergeben.

Schließlich wurde 2003 die WKN, die davor nur aus Ziffern bestand, als alphanumerische Kennnummer zugelassen.[371] Seit 2004 enthält die WKN ein Kürzel des Wertpapieremittenten – i.d.R. die ersten zwei bis vier Buchstaben des Namens – das Emittentenkürzel. Die WKN wird in Deutschland von der Herausgebergemeinschaft Wertpapier-Mitteilungen, Keppler, Lehmann GmbH & Co. KG (WM Datenservice), in Österreich von der Oesterreichischen Kontrollbank und in der Schweiz durch die Telekurs Financial vergeben.

---

[370] Siehe http://boersenlexikon.faz.net/wertpapk.htm (02.04.2013).

[371] Siehe http://de.wikipedia.org/wiki/Alphanumerische_Zeichen (12.04.2013): Ein alphanumerisches Zeichen ist im engeren Sinn entweder ein Buchstabe oder eine Ziffer.

In Deutschland wird als nationale WKN eine sechsstellige Ziffern- und Buchstaben-kombination zur Identifizierung von Wertpapieren verwendet. Auch in der Schweiz gibt es eine eigene nationale Nummerierung für Wertpapiere, die Valoren-Nummer oder auch Valor genannt. Der Valor ist eine maximal achtstellige Nummer, die – anders als die WKN und die ISIN – nur aus Ziffern besteht.

In den USA gibt es ein ähnliches System der Kennnummern, das CUSIP-Nummern-system. CUSIP[372] steht für Committee on Uniform Securities Identification Procedures. Diese Nummer besteht aus einer siebenstelligen Zahl und zwei Buchstaben. Zusätzlich findet in den USA auch das Tickersymbol Verwendung, es handelt sich dabei um eine Kurzbezeichnung eines börsennotierten Unternehmens, bestehend aus wenigen Buchstaben.

Eine Wertpapiertransaktion ist ein Handelsgeschäft, bei dem auch Kosten, Gebühren und Spesen anfallen, die von den Geschäftspartnern in der vereinbarten Form zu tragen sind. Diese **Trade Details** sind für jede Transaktion (jeden *trade*), bekanntzugeben, und müssen auch entsprechend verbucht werden.

Sie umfassen u.a. folgende Punkte:

- Kundenspesen (z.B. Prozentbetrag, Flat Fee, Kombinationen),

- externe Börsengebühren (können z.B. Trade by Trade oder monatlich belastet werden),

- externe Stempelgebühren (nur in manchen Ländern),

- externe Brokergebühren (fallen zusätzlich an, wenn es z.B. keine direkte Börsen-verbindung gibt),

- externe Liefergebühr (z.B. bei gewissen Märkten),

- externe sonstige Gebühren (nur in manchen Ländern),

- FX-Kurs (wenn die Abrechnungswährung nicht die Transaktionswährung ist).

---

[372] „CUSIP: Formed in 1962, this committee developed a system (implemented in 1967) that identifies securities, specifically U.S. and Canadian registered stocks, and U.S. government and municipal bonds. The CUSIP Service Bureau is operated by Standard&Poor`s on behalf of the American Bankers Association (ABA)." Quelle: http://www.investopedia.com/ask/answers/04/040704.asp (02.04.2013). Siehe auch http://www.cusip.com.

Wie bei jedem Geschäft gibt es auch bei einem Wertpapierkauf oder -verkauf eine Bestätigung (*confirmation*) über das Geschäft, auch **Trade Confirmation** genannt. Es handelt sich dabei um eine Abrechnung, die alle wesentlichen Informationen über das abgeschlossene Geschäft enthält:

- Wertpapiere, die gehandelt wurden,

- Transaktionsart (Kauf, Verkauf, Zeichnung),

- Stückanzahl,

- Preis,

- Börse, die in den Handel involviert war,

- Verwahrart und Verwahrungsort,

- Spesenverrechnung,

- Abrechnungsbetrag,

- Konto, über das abgerechnet wird.

Im Rahmen einer Wertpapierabrechnung ist auch auf die Marktusancen bei den unterschiedlichen Zinsberechnungen zu achten, wobei man grundsätzlich zwischen folgenden Konditionen unterscheidet:

- Die Bezeichnung 30/360 bedeutet, dass jeder Monat mit 30 Tagen und jedes Jahr mit 360 Tagen gerechnet wird.

- Findet sich 365 bei einer Angabe anstatt 360, dann wird das Jahr mit 365 Tagen gerechnet.

- Die Angabe ACT/ACT weist darauf hin, dass die jeweils tatsächlich anfallenden, aktuellen Tage bei der Berechnung herangezogen werden. ACT steht für das englische Wort *actual*.

Ein weiterer Schritt ist nun die **Verbuchung der Transaktion**, also die buchungstechnische Erfassung beim Käufer und beim Verkäufer, und somit auch die Erfassung des jeweils rechtmäßigen Berechtigten auf den Vermögenswert, d.h. auf Erträge oder Kapital des Wertpapiers.

Die Verbuchung kann in zwei Ebenen dargestellt werden, die jedoch zusammenhängen und deckungsgleich sein müssen:

- **Kundenebene:** Ein Kunde kauft bzw. verkauft ein Wertpapier. Auf seinem bei seiner Hausbank geführten Wertpapierdepot wird das Wertpapier gutgeschrieben bzw. ausgebucht. Gleichzeitig wird „seitenverkehrt" sein Konto, ein Wertpapierverrechnungskonto, mit dem Kaufpreis (des Wertpapiers) belastet bzw. der Verkaufspreis gutgeschrieben.

  Das Gutschreiben oder das Belasten des Geldgegenwertes im Zuge des Verkaufs oder Kaufes eines Wertpapiers stellt die „Erfüllung" des Geschäftes dar und wird banktechnisch als **Settlement** bezeichnet.

- **Bankenebene:** Die Hausbank des Kunden verwahrt die Wertpapiere nicht selbst, sie bedient sich einer zentralen Verwahrstelle. Diese ist z.B. die Clearstream Bank[373] in Frankfurt oder die Oesterreichische Kontrollbank Aktiengesellschaft (OeKB)[374] in Wien. Die Kunden der beiden genannten Institute sind die Banken, die Kommerzbanken, d.h. die Hausbanken von Kunden, nicht jedoch die (End-)Kunden selbst. Diese Institute führen Konten und Depots für die Hausbanken, auf denen dann die o.g. Kundentransaktionen „spiegelverkehrt" gebucht werden.

Was bedeutet „spiegelverkehrt"? Dies sei anhand des Kaufs oder Verkaufs einer österreichischen börsennotierten Aktie erklärt.

Die OeKB verwahrt bspw. als Wertpapiersammelbank in ihrem Safe die Sammelurkunde einer an der Wiener Börse notierten Aktie. Diese Globalurkunde, wie sie auch oft genannt wird, verbrieft die Summe der Rechte der Aktionäre, denn es werden keine effektiven Stücke, d.h. die Aktien in Papierform, ausgedruckt.

Buchungstechnisch werden nun die Aktien auf dieser Sammelurkunde ab- oder aufgebucht, wenn ein (End-)Kunde eine Aktie kauft bzw. verkauft. Bei einem Aktienkauf wird die Anzahl der gekauften Stücke dem Kunden auf seinem Depot bei der Hausbank gutgeschrieben (aufgebucht), aber von der Sammelurkunde abgebucht, da sich durch den Kauf der Gesamtstand der Aktien auf der Urkunde reduziert. Bei einem Verkauf ist der Vorgang genau umgekehrt.

---

[373] Clearstream Banking SA (www.clearstream.com) ist Zentralverwahrer der deutschen und Luxemburger Wertpapiermärkte.

[374] Siehe www.oekb.at.

Abbildung 38: Wertpapierabwicklung – ein buchungstechnischer Vorgang

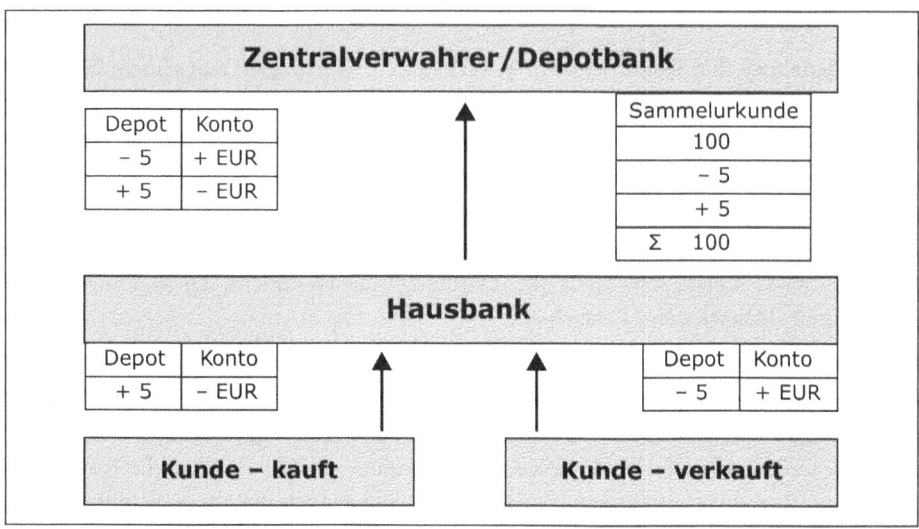

Quelle: Wohlschlägl-Aschberger, Praxiswissen Finanzinstrumente, S. 11

Am Ende eines jeden Tages muss der Saldo (Gesamtstand der Aktien) aber jeweils mit dem in der Hauptversammlung genehmigten Kapital, das sich auf der Sammelurkunde widerspiegelt, übereinstimmen.

Diese Wertpapierverwahrung nennt man **Sammelverwahrung** oder auch Girosammel-verwahrung. Die Wertpapiere, auch Effekten genannt, werden ohne Offenlegung der einzelnen (End-)Kunden/der Hinterleger gemeinsam verwahrt, wobei jeder (End-)Kunde ein Miteigentum am Sammelbestand des genehmigten Wertpapiers hält. Der Kauf und Verkauf im Rahmen des Wertpapierhandels erfolgt somit ausschließlich durch Um-buchungen im Sammelbestand – ein Vorgang der auch als **Effektengiroverkehr** bekannt ist.

Es gibt weltweit einige Zentraldepotstellen,[375] die international auch Central Securities Depository (CSD) genannt werden, wobei die Clearstream Bank und die OeKB die bekanntesten in Europa darstellen.

---

[375] Siehe dazu u.a. auch ISSA (www.issanet.org), ICMA (www.icmogroup.org) und ESMA (www.esma.europa.eu).

Im Zusammenhang mit der Wertpapierabwicklung gibt es auch noch das **Clearing**. Es dient einerseits der Abrechnung von Wertpapiertransaktionen und andererseits können dadurch – je nach vertraglicher Gestaltung zwischen den Teilnehmern – auch Ausfallrisiken der Vertragspartner abgesichert werden.

Das Clearing wird über Clearingstellen abgewickelt, die auf nationaler und internationaler Ebene existieren. Der internationale Clearingmarkt, der Verrechnungen auch über Ländergrenzen hinweg gestattet, ist grundsätzlich zwischen den beiden Gesellschaften Euroclear[376] in Brüssel und Clearstream[377] in Luxemburg aufgeteilt.

Die Kunden der Clearingstellen sind – wie schon bei den Zentralverwahrern – die Banken und nicht die (End-)Kunden. Ausschließlich Banken sind dazu berechtigt, Konten bei den internationalen Clearinggesellschaften zu unterhalten. Sie müssen – wie dies u.a. auch im Kreditgeschäft üblich ist – Sicherheiten bei der Clearingstelle hinterlegen, um über diese Wertpapier-Transaktionen abrechnen zu können.

Das Thema Clearing und das damit verbundene Absichern von Ausfallsrisiken[378] wurden in der Finanzkrise hoch aktuell und machten die Wichtigkeit der Clearingstellen deutlich.

Clearing und Settlement spielen im börslichen und außerbörslichen Handel eine unterschiedliche Rolle.

---

[376] Siehe www.euroclear.com.

[377] Siehe www.clearstream.com und www.euronext.com.

[378] Siehe dazu auch EMIR, die dazu mit den CCP im OTC-Derivatgeschäft weitere Regelwerke einführt. Siehe dazu auch folgende deutsche bzw. österreichische Pressemeldungen: Deutschland: Bafin, BaFin lässt Eurex Clearing AG als Clearinghaus nach EMIR zu, 10.04.2014, http://www.bafin.de/SharedDocs/Veroeffentlichungen/DE/Meldung/2014/meldung_140410_emir_erlaubnis_eurex.html (01.02.2015). Österreich: Wiener Börse News, CCP Austria Abwicklungsstelle für Börsengeschäfte erhält Clearinglizenz gemäß EMIR, 14.08.2014, http://www.wienerborse.at/investors/news/boerse_news/ccp-austria-abwicklungsstelle-fuer-boersengeschaefte-erhaelt-clearinglizenz-gemaess-emir.html (01.02.2015).

Abbildung 39: Settlement und Clearing

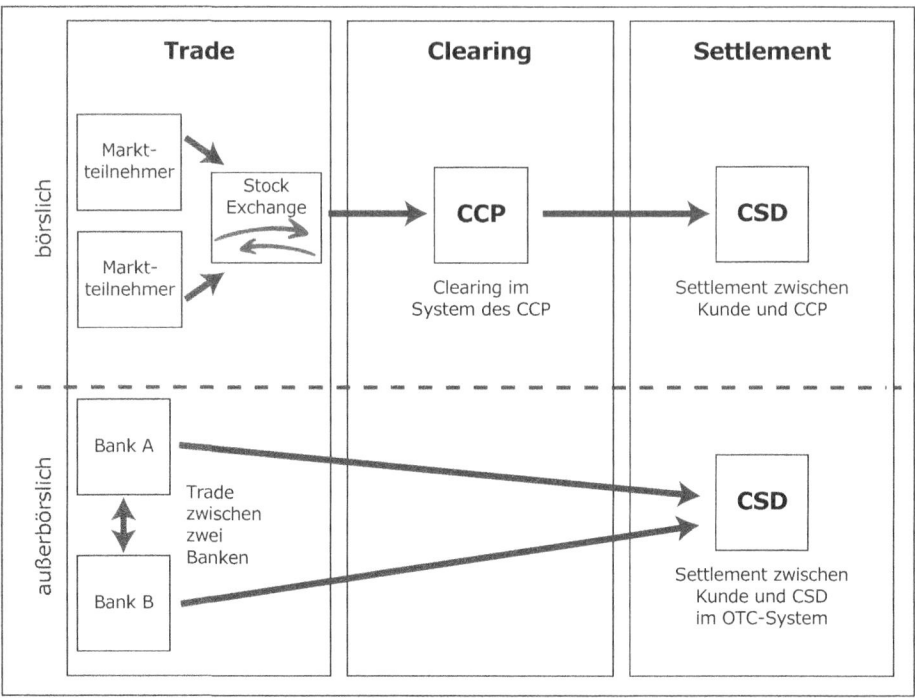

Zusammengefasst lässt sich sagen, dass eine Bank im Wertpapierbereich nicht nur im Emissions- und Handelsgeschäft für sich selbst und für ihre Kunden eine wichtige Rolle spielt, sondern auch im gesamten Abwicklungsprozess danach, mit den entsprechenden Depotfunktionen und Sammelverwahr- und Clearingstellen, damit jede Transaktion (*trade*) auch adäquat durchgeführt und verbucht werden kann.[379]

Auch im Wertpapierbereich bieten Banken noch eine *IT-driven* Dienstleistung an – das Online-Brokerage.

---

[379] Siehe auch: Kreditderivate: Krise beschleunigte Entwicklung einer Clearingstelle, in: FAZ.net, 17.09.2008, http://www.faz.net/aktuell/finanzen/anleihen-zinsen/kreditderivate-krise-beschleunigte-entwicklung-einer-clearingstelle-1281075.html (01.02.2015).

8.14 Das Online-Brokerage

8.14.1 Definitionen und Historie

Im Wertpapierbereich bedeutet der Begriff **Broker**: *„A person who acts as an interme-diary between a buyer and a seller, usually charging a commission. A broker who specia-lizes in stocks, bonds, commodities or options acts as an agent and must be registered with the exchange where the securities are traded.“*[380]

Ein Broker führt die Kauf- bzw. Verkaufsaufträge (*buy orders* bzw. *sell orders*) der Kun-den durch. Er handelt immer auf fremde Rechnung, d.h. auf Rechnung der Kunden.

Dies ist der wichtige (und oftmals nicht verstandene) Unterschied zum **Trader**, der auf eigene Rechnung handelt und wie folgt definiert ist: *„An individual who buys and sells securities, such as stocks, bonds, options or commodities, such as wheat, gold or foreign exchange, for his or her own account – that is, as a dealer or principal – rather than as broker or agent.“*[381]

Das Online-Brokerage wurde ca. ab Mitte der 1990er Jahre durch die rasanten und interessanten Entwicklungen im Bereich der Technologien ermöglicht und durch die Erwartungshaltung der Anleger gefördert, die ständig steigende Kurse erwarteten. Die Start-Ups (Unternehmensneugründungen) sowie die zunehmenden Börsennotierungen waren die Basis dafür bzw. unterstützten diese Entwicklung.

Der Boom der Internetfirmen Ende des vorigen Jahrhunderts verwandelte sich im März 2000 im Zuge des Platzens der Dotcom[382]-Blase, die insbesondere Dotcom-Unterneh-men bzw. Unternehmen der New Economy betraf, quasi in ein Dotcom-Sterben.

Internetaktien erleben heute wieder einen Höhenflug[383] – die Frage ist nur, wie lange, denn die Erinnerungen an den März 2000 werden wach – eine „Kurve“ des Marktes, wie sie regelmäßig vorkommt.

---

[380] Quelle: Downes/Goodman, Dictionary of Finance and Investment Terms.

[381] Quelle: Downes/Goodman, Dictionary of Finance and Investment Terms.

[382] „Com“ steht hier als Abkürzung für das englische Wort commercial. „Dot“ steht hier für den englischen Begriff für „Punkt“.

[383] Siehe dazu u.a.: Ankenbrand, Der neue Dot.com-Boom: Reich werden mit Internetaktien, in: FAZ.net, 02.03.2014, http://www.faz.net/aktuell/finanzen/aktien/der-neue-dot-com-boom-reich-werden-mit-internetaktien-12827065.html (01.02.2015).

8.14.2 Online versus Offline

Banken boten und bieten insbesondere heute, das Online-Brokerage für ihre Kunden an, manchmal als Ergänzung zum Offline-Geschäft. Jene Banken, die ausschließlich das Online-Brokerage anbieten, werden i.d.R. auch als Direkt-, Online- oder Internetbanken bezeichnet.

Viele Banken bieten ihren Kunden jedoch sowohl das „traditionelle" Bankgeschäft mit Filialen und Bankberatern an als auch das moderne, „IT-lastige" mit Onlinezugang und Internetbanking.

In der Zeit der New Economy wurde auch der Begriff *brick and mortar*[384] für das traditionelle Geschäft bzw. für die Old Economy geprägt und er gilt bis heute unverändert.

Das Online-Brokerage – oft auch Discount-Brokerage genannt – ermöglicht es den Kunden, Wertpapiertransaktionen – börslich oder außerbörslich – zu sehr kostengünstigen Konditionen durchzuführen.

Die Bank dient als Vermittler und stellt die technischen Möglichkeiten zur Verfügung, u.a. die direkte[385] Anbindungen an (z.B. auch vertraglich vordefinierte) Börsen- oder Handelsplätze, sodass die Kunden ihre Order (für ebenfalls vorgegebene Finanzinstrumente) online platzieren können.

Diese Systeme, die den (Privat-)Kunden so einfach und schnell auch durchaus riskante Wertpapiertransaktionen ermöglichen, sind für die Bank jedoch kostspielig.[386] Sie müssen auch sicherheitstechnisch sehr gut aufgesetzt sein, da – vereinfacht gesagt – die Bank dem Kunden eine zeitnahe und fehlerfreie Durchführung (*execution of the order*) garantiert bzw. garantieren muss.

---

[384] Siehe auch http://www.investopedia.com/terms/b/brickandmortar.asp (01.02.2015).

[385] Früher waren direkte Anbindungen nicht oder nicht so einfach möglich, sodass über Einzeldatenträger (batches) gearbeitet werden musste – eine Vorgangsweise, die heute kaum mehr vorstellbar ist.

[386] Und zwar zusätzlich zu jenen Kosten, die aufgrund verschärfter Regularien anfallen und auch in Zukunft anfallen werden.

Die Anforderungen[387] an die Banken bezüglich der Sicherheit von Kundentransaktionen werden immer umfangreicher. Die Vielfalt der Transaktionen, die Schnelligkeit der Durchführung und die technischen Möglichkeiten erhöhen einerseits das Risiko für die Banken und andererseits auch den Sicherheitsstandard, der verlangt wird, um das Risiko für sich selbst und auch für die Kunden zu minimieren.

Die Vorgangsweise beim Online-Handel entspricht grundsätzlich[388] dem Wertpapierhandel im „alten Stil" und auch die rechtlichen Grundlagen für das Wertpapiergeschäft gelten unverändert. Der einzige Unterschied ist, dass keine Menschen dazwischen geschaltet sind, sondern der Handel ausschließlich durch Computer bzw. technische Systeme abgewickelt wird.

Die wertpapiertechnische Durchführung und Abwicklung der online getätigten Wertpapiergeschäfte erfolgen ebenfalls genauso wie offline im „traditionellen" Geschäft.

Aus Sicht der Banken stellt das Online-Brokerage, wie das Wort schon sagt, eine Vermittlungsmöglichkeit, aber keine Beratungstätigkeit gegenüber dem Kunden dar. Es gibt kein Beratungsgespräch und daher wird auch vom beratungsfreien Geschäft gesprochen, wobei dem Kunden trotzdem gewisse Informationen (u. a. Risikohinweise) erläutert werden müssen, wenn auch in einem geringeren Ausmaß als im typischen Beratungsgeschäft.[389]

Im Zusammenhang mit dem Online-Brokerage muss noch der Begriff des **Day Trade** erwähnt werden: *„Purchase and sale of a position during the same day."*[390] Der kurzfristige Handel, das Kaufen und Verkaufen von Wertpapieren oder Derivaten (oder auch Devisen) innerhalb eines Tages, ermöglicht es, von geringen Kursschwankungen an diesem einen Tag zu profitieren.

---

[387] Mit Anforderungen sind hier regulatorische aber auch jene, die sich durch Zivilrechtsentscheidungen ergeben, gemeint.

[388] Allfällige Bestimmungen des Fernabsatz-Gesetzes und des E-Commerce-Gesetzes, inklusive der EU-Richtlinien/Verordnungen dazu, sind im Online-Geschäft entsprechend zu berücksichtigen.

[389] Zu den aufsichtsrechtlichen Begriffen Beratung/Anlageberatung, beratungsfreies Geschäft und Execution Only siehe MiFID I und MiFID II bzw. die nationalen Gesetze, wie WpHG oder WAG.

[390] Quelle: Downes/Goodman, Dictionary of Finance and Investment Terms.

Dieses spekulative Handeln, das genau auf diese Intra-Day-Kursschwankungen abstellt, wurde erst durch das Entstehen eines computerisierten Börsenhandels Anfang der 1980er Jahre in den USA und in der Folge durch die Broker, die Ausführungen in Sekundenschnelle anbieten, ermöglicht.

Heute ist es weltweit bekannt und auch für Privatkunden erlaubt. Unverändert gilt, dass es sich dabei um eine spekulative und risikoreiche Tätigkeit handelt, sodass Banken, wenn sie diese über ihr angebotenes Online-Brokerage zulassen, den Kunden entsprechend aufklären[391] müssen.

---

[391] Siehe dazu auch MiFID I und MiFID II bzw. die nationalen Gesetze, wie WpHG oder WAG.

9 Devisenhandel im Bankgeschäft

Die (Volks-)Wirtschaft jedes Landes, die Unternehmen aber auch das Leben und die Aktivitäten jeder einzelnen Privatperson sind zunehmend wirtschaftlich und damit rechtlich mit Partnern im nahen und fernen Ausland verknüpft. Ob bei Großkonzernen, klein- und mittelständischen Unternehmen (KMU) oder auch Privatpersonen, ob bei Banken, Versicherungen oder anderen Finanzmarktteilnehmern, überall kam es v.a. in den letzten Jahrzehnten zu wechselseitigen grenzüberschreitenden Verknüpfungen und damit zu Abhängigkeiten, die Auswirkungen auf den Einzelnen aber auch ganze (Volks-)Wirtschaften haben können.[392]

Abbildung 40: Überblick Finanzmarkt mit Devisenhandel

Finanzmarkt		
Geldmarkt	Kapitalmarkt	Devisenmarkt

Ein Bereich, durch den eine Verknüpfung aber gleichzeitig auch eine wechselseitige Abhängigkeit entsteht, ist der Geldverkehr bzw. die unterschiedlichen Währungen,[393] da es bekanntlich keine einheitliche Weltwährung gibt. Vielmehr gibt es derzeit weit über 160 Währungen. Der Finanzmarkt ist ohne Währungen und Devisenmarkt nicht vorstellbar.

Der US-Dollar und der Euro werden als Leitwährungen bezeichnet und sind in der Weltwirtschaft und somit auch im Devisenhandel von großer Bedeutung.

Auch das Britische Pfund, der Australische Dollar, der japanische Yen, der Schweizer Franken oder der chinesische Renminbi sind Währungen, die im internationalen Handel eine sehr wichtige Rolle spielen.

---

[392] Siehe dazu auch folgende Zeitungsberichte: Triebe, Rubel-Stützung: Russlands Notenbank vergibt jetzt Dollar-Kredite, in: FAZ.net, 26.12.2014 (01.02.2015); Russland: Ifo-Chef sieht russische Wirtschaft vor Kollaps, in: FAZ.net, 03.01.2015, http://www.faz.net/aktuell/wirtschaft/russland-ifo-chef-sieht-russische-wirtschaft-vor-kollaps-13351003.html (01.02.2015); Wirtschaftskrise: Russen suchen neue Währungen, in: FAZ.net, 27.12.2014, http://www.faz.net/aktuell/wirtschaft/wirtschaftspolitik/sankt-petersburg-rationiert-u-bahn-muenzen-13342661.html (01.02.2015).

[393] Siehe dazu auch ausführlich und vertiefend u.a.: Beike/Schlütz, Geldmarkt und Devisen, in: Beike/Schlütz (Hg.), Finanznachrichten lesen – verstehen – nutzen: Ein Wegweiser durch Kursnotierungen und Marktberichte, S. 208 ff.

© Springer Fachmedien Wiesbaden GmbH, ein Teil von Springer Nature 2019
D. Wohlschlägl-Aschberger, *Bankgeschäft und Finanzmarkt*, Edition Frankfurt School,
https://doi.org/10.1007/978-3-658-23795-0_9

Andere Auslandswährungen, wie z.B. der thailändische Baht, der Hongkong-Dollar oder der Dirham der Vereinigten Arabischen Emirate, werden im Bankjargon manchmal als „Exoten" bezeichnet.

9.1 Inlandswährung versus Auslandswährung

Mit dem internationalen Handel – im Wirtschaftsleben generell und insbesondere am Finanzmarkt – ist auch der Währungstausch verbunden, und zwar der Tausch von einer nationalen Währung (**Inlandswährung**) in eine **Fremdwährung** oder von einer Fremdwährung in eine andere Fremdwährung. So ein Tausch – *exchange* oder *foreign exchange*[394] genannt – ist nur möglich, wenn es ein klar definiertes Tauschverhältnis, nämlich einen **Wechselkurs**, gibt. Dieser nennt sich international aus dem Englischen kommend *exchange rate*. Die Definition ist einfach: „*The price at which one country's currency can be converted into another's.*"[395]

Der Markt, in dem Währungen ge- und verkauft werden, nennt sich **Devisenmarkt** – ein sehr großer, weltweit wichtiger Markt, in dem Banken eine wesentliche Rolle spielen. Ein Markt, der wie jeder Markt verschiedenen Faktoren unterliegt: „*A wide range of factors influences exchange rates, which generally change slightly each trading day.*"[396]

9.2 Devisen versus Valuten und Sorten

Die Begriffe Devisen, Sorten und Valuten kommen laufend vor, werden immer wieder verwendet, aber oftmals vielleicht nicht ganz richtig verstanden. Was sind Devisen bzw. Valuten und Sorten?

Unter **Devisen** versteht man ein auf ausländische Währung lautendes Buchgeld. Als Buchgeld werden wiederum Guthaben auf einem Konto verstanden. Der Devisenhandel bezieht sich daher auf Kontoguthaben.

---

[394] „Exchange means: Trading of one currency for another." Quelle: Downes/Goodmann, Dictionary of Finance and Investment Terms.

[395] Quelle: Downes/Goodmann, Dictionary of Finance and Investment Terms.

[396] Quelle: Downes/Goodmann, Dictionary of Finance and Investment Terms.

Der Begriff **Valuten** kommt vom lateinischen Wort *valere* und bedeutet „wert sein". In einigen deutschsprachigen Ländern[397] wie in Österreich wird dieser Begriff für ausländisches Bargeld verwendet. In Deutschland hingegen ist dafür der Begriff **Sorten** üblich. Beide Begriffe beziehen sich immer auf Bargeld (Münzen oder Banknoten) und nicht auf ein Guthaben auf einem Konto.

Erst wenn die Fremdwährung, das Bargeld (Valuten/Sorten) auf einem Konto gutgeschrieben wird, kann von Devisen gesprochen werden. Dieser Vorgang entsteht im Wirtschaftsleben z.B. immer dann, wenn ein Wechsel – auch wenn dieser heute seltener vorkommt – eingelöst und einem Kundenkonto gutgeschrieben wird.

9.3   Geld- und Briefkurse

Für die Devisen bzw. Valuten/Sorten gibt es Tauschkurse – die Wechselkurse. Bei den **Wechselkursen** muss grundsätzlich zwischen dem Geld- und dem Briefkurs unterschieden werden. Es gibt – so wie am Geld- und Wertpapiermarkt – immer einen Ankaufskurs, den Geldkurs, und einen Verkaufskurs, genannt Briefkurs. I.d.R. wird der Verkaufskurs höher sein als der Ankaufskurs, damit der Devisenhändler an dieser Transaktion verdienen kann. Ganz konkret verdient er an der Spanne zwischen Ankaufs- und Verkaufskurs, die auch *spread* oder *margin* genannt wird.

Im Bankjargon wird für den Geldkurs oft der englische Begriff *bid*[398] bzw. für den Briefkurs der Fachbegriff *ask* oder *offered*[399] verwendet. Der Überbegriff für beide ist die Quotierung oder auch die *quotes* oder *quotation* – es wird daher von einer **Devisen-Quotierungen** gesprochen.

Wenn man sich die Quotierungen, z.B. von Großbanken, die das Wechselgeschäft[400] anbieten, genau ansieht, wird ein Unterschied, wenn auch ein minimaler, zwischen den Devisen- und Valuten-/Sorten-Preisen auffallen. I.d.R. ist der Preis bei den Valuten/Sorten etwas „schlechter" für den Kunden, da die Banken mit Zusatzkosten, wie Lagerhaltung

---

[397] In der Schweiz kommt noch der Begriff Noten vor.

[398] „Bid is the highest price a prospective buyer is prepared to pay at a particular time for a trading unit of a given security. Asked is the lowest price acceptable to a prospective seller of the same security. Together the two prices constitute a quotation." Quelle: Downes/Goodmann, Dictionary of Finance and Investment Terms.

[399] „Offered is often used in the exchange trading." Quelle: Downes/Goodmann, Dictionary of Finance and Investment Terms.

[400] Das Wechselgeschäft kann auch von Wechselstuben („bureau de change" oder „exchange" genannt) angeboten werden. Sie sind keine Banken im eigentlichen Sinn, unterliegen jedoch denselben (aber eingeschränkten) Regelwerken. Auf diese wird hier nicht eingegangen.

der Barbestände u.a. in Tresoren, argumentieren, die sie zu tragen haben und die auf den Kunden übertragen werden.[401]

Wie am Geld- und Kapitalmarkt gibt es auch im Devisenhandel die Möglichkeit eines Kassa- und eines Terminkurses. Man spricht somit auch von Kassa- und Termingeschäften.

9.4 Kassa- versus Termingeschäfte

Der Unterschied der beiden Geschäftsarten liegt im Zeitpunkt der vertraglichen Erfüllung des getätigten Geschäftes. Ein **Kassageschäft** bedeutet, dass sofort (i.d.R. innerhalb von zwei Tagen) erfüllt wird. Der Kurs in diesem Zusammenhang wird *spot rate* oder Kassakurs bzw. im Bankjargon nur *spot* genannt.

Bei einem **Termingeschäft** wird zum Zeitpunkt des Vertragsabschlusses „alles", d.h. Preis und Menge, vereinbart, die vertragliche Erfüllung, d.h. Lieferung und Bezahlung, erfolgt jedoch zu einem späteren, aber schon fix vereinbarten Zeitpunkt und somit auf Termin. Der Kurs wird *forward rate* oder Terminkurs bzw. in der Kurzversion „Termin" oder *forward* genannt. Bei den „Terminen" gibt es unterschiedliche Möglichkeiten, wobei sie i.d.R. in Monaten (ein bis zwölf Monate) angegeben sind.

Ein Kurs bzw. Satz, der in der Finanzwelt immer wieder vorkommt, sollte hierorts noch kurz erwähnt werden – die Swap-Rate oder der Swap-Satz. Eine Swap-Rate[402] bedeutet im Zusammenhang mit dem Devisenhandel einen Auf- oder Abschlag auf den Kassakurs. Die Swap-Rate wird u.a. auch oft zur Kalkulation von Finanzierungen verwendet, da sie eine Referenz zum Kassa- und Terminkurs darstellt.

9.5 Devisenhandel

Der Devisenmarkt ist – wie schon erwähnt – ein sehr großer Markt. Er wird auch Forex oder FX-Markt genannt. Forex bzw. FX steht für *foreign exchange*.

Die handelnden Personen können große oder kleinere Unternehmen, Versicherungen, Fondsgesellschaften oder Privatpersonen sein – vereinfacht gesagt, der Devisenhandel betrifft jeden, der mit Fremdwährungen zu tun hat, sei es beruflich oder privat.

---

[401] Zu Bankgebühren bei Devisengeschäften siehe auch: Ferber, Unterschätzte Gebühren bei Devisentransaktionen: Fremdwährungen als Kostenfalle, in: nzz.ch, 22.04.2013, http://www.nzz.ch/finanzen/uebersicht/boersen_und_maerkte/fremdwaehrungen-als-kostenfalle-1.18068720 (01.02.2015).

[402] Dieser Begriff hat aber nichts mit einer Swap-Rate bei einem Zinssatz-Swap zu tun.

Einige kurze und einfache Beispiele sollen zeigen, wie wichtig der Devisenmarkt für die (Real-)Wirtschaft ist:

Beispiel A: Ein Unternehmer A in Europa benötigt US-Dollar, um seine Einkäufe in den USA in US-Dollar bezahlen zu können.

Beispiel B: Das US-amerikanische Unternehmen benötigt japanische Yen um wiederum seine Einkäufe in Japan tätigen und in der Landeswährung bezahlen zu können.

Beispiel C: Eine deutsche Versicherung kauft im Rahmen der Veranlagungsstrategie Wertpapiere, die auf US-Dollar lauten, und benötigt dazu US-Dollar.

Beispiel D: Eine US-amerikanische Fondsgesellschaft bekommt im Rahmen von Dividendenausschüttungen Euro, da sie in eine deutsche Aktie investiert hatte, und möchte diese in US-Dollar tauschen.

Diese Beispiele ließen sich endlos weiterführen.

Was ist die Aufgabe und die Funktion von Banken am Devisenmarkt? Der Devisenhandel ist ein Kernbankgeschäft und Banken sind am Devisenmarkt stark vertreten. Sie können – wie im Wertpapierbereich – auf eigene Rechnung und für das eigene Portfolio (Eigenhandel) Devisentransaktionen durchführen, aber sie können auch für ihre Kunden (Kundenhandel) Fremdwährungen kaufen oder verkaufen.

Eine Bank handelt mit Währungen auf eigene Rechnung und ohne dass ein (Real-)Geschäft dahintersteht, weil sie von den regelmäßigen Kursschwankungen am Markt profitieren möchte. Dabei können natürlich jederzeit auch Verluste eintreten. Eine Bank verfügt jedoch im Unterschied zu anderen Unternehmen und v.a. zu (Privat-)Kunden über Erfahrung und Risikomanagementsysteme, um ihr Risiko zu minimieren.

Der Devisenhandel findet außerhalb der Börsen statt.[403] Er findet dort statt, wo es einen Handelsplatz mit Angebot und Nachfrage gibt. Große Finanzplätze wie London, New York, Tokio, Hongkong und Singapur sind auch die großen Devisenplätze, wobei London eine Vorreiterrolle zukommt.

Der Handel in Devisen findet v.a. unter Banken statt, insbesondere unter den Großbanken mit Eigenhandel (im Englischen *proprietary trading* genannt) und entsprechenden Han-

---

[403] Dies ist vergleichbar mit dem Geldmarkt, der sich auch unter den Banken, Versicherungen und großen Unternehmungen – d.h. außerhalb einer Börse – abspielt.

delsräumen – in diesem Fall wird auch vom Interbankenhandel gesprochen (vergleichbar zu den Interbankenlinien, die eine kurzfristige Finanzierung unter Banken darstellen).

Organisatorisch findet der Devisenhandel – ebenso wie der Wertpapierhandel – im Handelsbereich (Front Office) der Bank statt. Die Abwicklung[404] findet – ebenfalls wie bei Wertpapiertransaktionen – im Back Office statt, in dem auch die Überwachung für die genehmigten (Handels-)Limits der einzelnen Händler oder auch Banken und Counterparties erfolgt – eine sehr wichtige Maßnahme, um das Risiko der Bank zu minimieren.

Ein weiteres Risiko für die Bank ist das Halten von „Offenen Positionen" oder auch „Over-Night-Positionen": Entgegen der Erwartungshaltung des Händlers könnte sich „über Nacht" der Markt ändern und ein u. U. auch sehr großer Verlust eintreten. Aus diesem Grund wird das Halten von Offenen Positionen kaum mehr genehmigt, und wenn ja, dann nur im Einzelfall mit genauer Marktbeobachtung.

Manchmal entsteht der Eindruck, dass Banken nur spekulieren oder laufend willkürliche „Wetten" eingehen – ein Eindruck, der sich durch die Finanzkrise (leider) verstärkt hat. Dies stimmt so aber nicht. Natürlich gibt unter den Finanzmarktteilnehmern, u. a. auch bei großen Hedgefonds, auch Spekulanten, aber gerade die Händler in den (Groß-)Banken treffen ihre Handelsentscheidungen – und dies gilt auch im Wertpapierbereich – auf Basis von fundierten Marktanalysen. Diese Analysen können sich auch als falsch erweisen oder unvorhersehbare Marktereignisse können sie in Frage stellen. Das Risiko im Devisenhandel, Verluste zu generieren, ist, wie in jedem Handelsbereich, immer gegeben.

Es sollte noch erwähnt werden, dass auch in diesem Bereich – sowie u. a. auch im Bereich der Repos – die **Nationalbanken** eine wichtige Rolle spielen. Die Nationalbanken der Länder und auch die EZB (für den gesamten Euroraum) haben durchaus die Aufgabe und die Möglichkeiten, Kurse von Währungen zu beeinflussen. Die Kurse stabil zu halten, zählt zu den wichtigsten Aufgaben der Noten- bzw. Zentralbanken, denn die jüngsten Krisen haben immer wieder gezeigt, dass schon die kleinsten Schwankungen am Devisenmarkt massive Auswirkungen auf die Volkswirtschaft eines Landes bzw. einer Region aber auch auf die Weltwirtschaft haben können.[405]

---

[404] Auf die buchungstechnische Abwicklung wird hier nicht eingegangen.

[405] Siehe dazu auch folgende Beiträge: Ohanian, Kappt auch Dänemark die Euro-Bindung?, in: Handelzeitung.ch, 20.01.2015, http://www.handelszeitung.ch/konjunktur/kappt-jetzt-auch-daenemark-die-euro-bindung-726805 (01.02.2015); Hein, Schwellenländer: Es wird keine Asienkrise 2.0 geben, in: FAZ.net, 10.09.2013, http://www.faz.net/schwellenlaender-es-wird-keine-asienkrise-2-0-geben-12566167.html (01.02.2015); Gegen den Dollar: China will Rubel-Krise zur Stärkung des Yuan nützen, in: Deutsche Wirtschafts Nachrichten, 22.12.2014, http://deutsche-wirtschafts-nachrichten.de/2014/12/22/gegen-den-dollar-china-will-rubel-krise-zur-staerkung-des-yuan-nuetzen/ (01.02.2015).

10 Derivate im Handelsgeschäft einer Bank

10.1 Marktentwicklung und Begriffsdefinition

Fällt das Wort Derivate,[406] dann denken die einen an Finanzwetten und Spekulanten, die anderen an die Finanzmarktkrise und hohe Verluste und wieder andere an Boomjahre und interessante Gewinnmöglichkeiten. Der **Markt** der derivativen Finanzprodukte, der im Prinzip in den 1980er Jahren seinen Ausgang nahm und dann ab Mitte der 1990er Jahre einen starken Anstieg verzeichnete, hat sich in den letzten Jahren entsprechend weiterentwickelt und tut es auch heute noch bzw. schon wieder.

Der Derivatemarkt, auch wenn er kein „ganz" neuer ist, verkörpert doch einen 1 Bio. USD „schweren" Markt, wobei sein tatsächliches Volumen schwer zu schätzen ist. Er ist aber ein wesentlicher Bestandteil des Finanzmarktes und unterliegt wie dieser den Schwankungen und Volatilitäten des internationalen Marktes.

Abbildung 41: Überblick Finanzmarkt mit Derivatemarkt

Die erfolgreichen Jahre ab Mitte der 1990er bis zur Internetblase 2000 und der erhöhte Zugang zum Aktienmarkt sowie ab 2003 der neuerliche Anstieg der Aktienmärkte, die nach den Terroranschlägen in New York am 9. September 2001 einen massiven Einbruch erlitten hatten, trugen zur Entwicklung der Derivate entsprechend bei.

Im Herbst 2008 traf die „Spitze" der Krise mit dem Niedergang von Lehman Brothers, einer der größten Investmentbanken weltweit, die Finanzmärkte und somit auch die Derivatemärkte empfindlich.

---

[406] Siehe dazu auch Wohlschlägl-Aschberger, Praxiswissen Finanzinstrumente, S. 57-98.
Zu Fragestellungen im Zusammenhang mit Berechnungen und Kalkulationen siehe u.a.: Beike/Schlütz (Hg.), Finanznachrichten lesen – verstehen – nutzen: Ein Wegweiser durch Kursnotierungen und Marktberichte; HSBC Trinkhaus (Hg.), Zertifikate und Optionsscheine – das Standardwerk für die zeitgemäße Geldanlage. Zu Preisbildungen am Markt siehe u.a.: Frydman/Goldberg, Beyond Mechanical Markets, Asset Price Swings, Risk and the Role of the State.

© Springer Fachmedien Wiesbaden GmbH, ein Teil von Springer Nature 2019
D. Wohlschlägl-Aschberger, *Bankgeschäft und Finanzmarkt*, Edition Frankfurt School, https://doi.org/10.1007/978-3-658-23795-0_10

Krisen, ausgelöst durch massive Kreditausfälle, die grundsätzlich immer nationale Märkte und deren Banken treffen, hat es immer schon gegeben. So entstand bspw. die Asienkrise 1997/1998 u. a. durch massive Kreditaufnahmen, die teilweise in Fremdwährungen (US-Dollar und Yen) erfolgten, um das niedrige Zinsniveau am internationalen Markt zu nutzen – eine vielleicht ähnliche und vergleichbare Situation zu den in Europa bekannten niedriger verzinsten Krediten in Schweizer Franken. Sie sind seit Beginn des Jahres 2015 – durch eine Änderung der Währungspolitik der Schweizer Notenbank – zu einem massiven Problem nicht nur für (Privat-)Kunden, sondern auch für Unternehmen und Banken geworden.

Die Finanzmarktkrise 2008, die ihren Ursprung am lokalen US-amerikanischen Hypothekenmarkt hatte und ebenfalls eine typische Kreditkrise (Ausfall der Kreditnehmer) war, entwickelte sich zu einer weltweiten Krise, da die Finanzmarktteilnehmer über viele Jahre das ursprünglich eigene Risiko (d. h. das Kredit- bzw. Ausfallsrisiko) weiterverkauft hatten, und zwar durch derivative Finanzinstrumente (z. B. Credit Default Obligations (CDO) oder Credit Default Swaps (CDS)).

Eine Risikoübertragung, also der Verkauf von Forderungen, ist an sich ein typisches Absicherungsgeschäft, das u. a. auch im Versicherungsbereich (z. B. bei Rückversicherungen) vorkommt.

Damit sind nun schon zwei Instrumente des Derivatemarktes genannt. Wie viele gibt es noch? Aber sind diese Derivate wirklich reine spekulative Instrumente oder sind sie cool, lässig und modern, vielleicht sogar notwendig und wichtig? Die Beantwortung dieser Frage ist schwierig, denn eine Schwarz-Weiß-Malerei ohne differenziert auf die Inhalte einzugehen, wäre nicht angemessen.

Derivate (lat. *derivare* – „ableiten") haben eine lange Historie – man denke nur an zwei bekannte historische Fälle: Thales von Milet mit seinen Oliven[407] oder an die Holländer

---

[407] Über Thales von Milet, einem Griechen, wird berichtet, dass er, da er eine gute Olivenernte erwartete, mit wenig Geld Ölpressen für einen niedrigen Preis kaufte. Bei der Ernte, die dann auch wirklich gut ausfiel, und somit viele Pressen benötigt wurden, konnte er seine Ölpressen teuer verpachten, und damit einen guten Ertrag erwirtschaften. Quelle: de.wikipedia.org/wiki/Thales/ (22.04.2015).

mit ihren Tulpenzwiebeln.[408] Derivate sind keine Erfindung des 21. Jahrhunderts, sondern wurden immer schon zur Absicherung von Risiken eingesetzt, und zwar ursprünglich v.a. in der Landwirtschaft.

Ein Landwirt kann z.B. seine (Herbst-)Ernte schon im Frühjahr zu einem fix vereinbarten Preis und einem Liefertermin im Herbst verkaufen. Dieses ermöglicht dem Landwirt einerseits eine bessere Planung und andererseits kann er so das Risiko der Preisentwicklungen zu seinem Nachteil (fallende Preise) minimieren. Der Käufer kann ebenfalls besser planen und seinen potenziellen Preisnachteil (steigende Preise) absichern. Er hat eine andere Erwartungshaltung zur Preisentwicklung als der Verkäufer – ein typisches Verhalten am Markt. Höhere Preis- und somit Verdienstmöglichkeiten im Herbst schließt der Landwirt damit aber aus und der Käufer die reduzierten Kosten bei eventuell tieferen Herbstpreisen.

Ein solches Termingeschäft steht im Gegensatz zum Kassageschäft (im Englischen auch als *spot* bezeichnet). Dieses stellt eine Zug-um-Zug-Erfüllung des Vertrages dar, bei dem der Käufer sofort zahlt und der Verkäufer sofort liefert.

---

[408] In Holland wurden Tulpenzwiebeln typischerweise im Sommer, d.h. in der Zeit der Pflanzung, gehandelt, also ver- und gekauft (ein typisches Kassa-Geschäft, oder auch spot genannt). Allerdings gingen die Händler dazu über, den Tulpenhandel auch zu anderen Zeiten durchzuführen, selbst dann, wenn sie noch nicht gepflanzt waren (ein typisches Termingeschäft, oder auch future genannt). Allerdings wurde die Tulpe im Laufe der Zeit zu einem Statussymbol, zu einem Liebhaberobjekt und einem Spekulationsgegenstand. Sie wurde erworben, jedoch nicht mit dem Ziel, sie in der Erde einzusetzen, sondern – da die Nachfrage immer stärker wurde – zu einem höheren Preis zu verkaufen. Die Tulpenmanie führte jedoch zu einem Preisverfall. Sie wird auch als erste Spekulationsblase bezeichnet. Zum Nachlesen: www.deutschlandfunk.de/die-mutter-allerspekulationsblasen.871.de.html?dram:article_id= 127602/ (22.04.2015).

Abbildung 42: Kassa- versus Termingeschäft

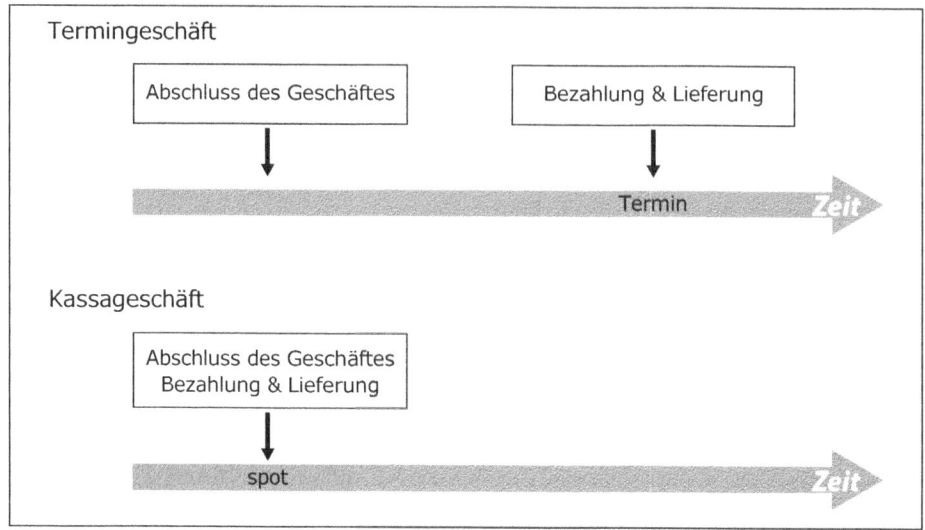

Bei Termingeschäften werden zwei Begriffe genannt: Der **Forward** ist ein bilateraler Vertrag mit individuellen Ausgestaltungsmöglichkeiten. Der **Future** hingegen verkörpert eine standardisierte Ausgestaltung und den Handel über Termin- bzw. Future-Börsen.

Bei Termingeschäften wird auch noch zwischen zwei anderen Begriffen unterschieden: Es gibt einerseits die unbedingten Termingeschäfte, bei denen beide Vertragspartner Rechte und Pflichten haben, die unbedingt erfüllt werden müssen – hierzu zählen neben den Forwards und Futures auch die Swaps. Andererseits gibt es die bedingten Termingeschäfte, die ein Recht auf einer (Vertrags-)Seite darstellen – zu diesen zählen die Optionen.

Die Finanzwelt hat sich erst viel später als die Landwirtschaft mit Termingeschäften auseinander gesetzt und korrekterweise spricht man, wenn es sich nicht um Waren (*commodities*) handelt, von Financial Forwards oder Financial Futures.

Skandalfälle in der Finanzwelt brachten und bringen den Derivaten weltweit immer wieder negative Schlagzeilen.[409] So ist bspw. der bekannte Fall der Barings Bank zu nennen, bei der ein Händler in Asien 1995 durch unkontrollierte und nicht abgesicherte Termingeschäfte, konkret durch geschriebene Optionen,[410] die Bank in den Bankrott führte.

---

[409] Siehe u.a.: Finanzderivate: Zündstoff von der Wall Street bis Salzburg, in: Salzburger Nachrichten, 29.12.2012, S. 3.
[410] Siehe Wohlschlägl-Aschberger, Praxiswissen Finanzinstrumente, S. 57-98.

1998 waren es ebenfalls Derivate, die den milliardenschweren LTCM-Fonds (Long Term Capital Management) in massive Schwierigkeiten brachten.[411]

Auch wenn oft negative Schlagzeilen, Krisen und Skandale die Sachargumente überschatten, darf dabei keineswegs übersehen werden, dass Banken Derivate innerhalb ihres (aufsichts-)rechtlichen Rahmens sowohl für ihr eigenes Portfolio als auch für ihre Kunden ein- und umsetzen können und auch müssen.

10.2 Rolle und Funktionen von Banken

Wie schon im Bereich des Wertpapier- und Devisenhandels dargestellt, kann eine Bank auf eigene Rechnung und für ihr eigenes Portfolio tätig werden oder Transaktionen für ihre Kunden durchführen. Beispielhaft werden nun für beide Tätigkeitsbereiche ausgewählte derivative Finanzinstrumente aus der Sicht der Bank, ihrer Funktion und Rolle dargestellt.

Es ist nicht möglich, alle Instrumente, Produkte, Kombinationen oder Anwendungsfälle aufzuzeigen, denn einerseits sind sie von Bank zu Bank bzw. von Kunde zu Kunde sehr unterschiedlich und andererseits würde die Liste nie enden, denn Namen, Ausgestaltungen oder Strukturierungen stellen eine riesige Palette an Möglichkeiten am internationalen Finanzmarkt dar.

10.2.1 Das Bankportfolio

In einem Bankportfolio[412] können sich grundsätzlich unterschiedliche Produkte befinden. Diese Produkte müssen – vereinfacht gesagt – von den Organen der Bank und v.a. auch im Rahmen eines Produkteinführungsprozesses[413] genehmigt werden, sie müssen

---

[411] Siehe u.a. http://www.investopedia.com/terms/l/longtermcapital.asp (02.02.2015) oder Schäfer, Historische Finanzkrisen: LTCM 1998. Der Schock durch den Fonds der Nobelpreisträger, in: FAZ.net, 13.03.2008, http://www.faz.net/aktuell/finanzen/fonds-mehr/historische-finanzkrisen-ltcm-1998-der-schock-durch-den-fonds-der-nobelpreistraeger-1236212.html (02.02.2015).

[412] In der Folge wird auf Unterschiede zwischen Handelsbuch und Bankbuch, deren klare Trennung sich in der Bank widerspiegeln muss, nicht eingegangen und auch nicht auf Bewertungsmodelle, wie z.B. VaR oder andere zulässige Risikomodelle oder Simulationen bzw. aufsichtsrechtliche Fragestellungen, die aber von den Bankprüfern und den Aufsichtsbehörden regelmäßig geprüft werden.

[413] Dieser muss den jeweils geltenden aufsichtsrechtlichen Bestimmungen entsprechen, auf deren Details hier nicht eingegangen wird. Siehe aber z.B. Website der Bafin und der FMA bzw. OeNB.

einem vorgegebenen Produktkatalog entsprechen und in der Folge durch ein adäquates Risikomanagement auch risikotechnisch bewertet und überwacht werden können.

Diese Prozesse dienen einer umfassenden Risikoerfassung und -beurteilung, da eine Bank im Rahmen der Gesamtbanksteuerung die Risikopositionen vorab, d.h. vor Eingehen dieser Positionen, kennen und bewerten sowie in der Folge auch regelmäßig einem entsprechenden Monitoring unterziehen muss.

Im Portfolio befinden sich z.B. die schon erwähnten Commercial Papers oder Swaps in verschiedenen Ausgestaltungen, aber auch Forward Rate Agreements (FRA), Asset Backed Securities (ABS) oder Mortgage Backed Securities (MBS) und andere strukturierte Produkte, wie z.B. CDO und CDS.

Anhand einer **Bankanleihe** (Emission einer Bank) wird nun ein **Swap**, und zwar ein **Zinssatz-Swap** dargestellt, um damit die Vorteile aber auch die Risiken für die Bank aufzuzeigen – ein Beispiel, das sich in vielen Bankportfolios mehrfach findet. In Banken heißt so ein Swap auch **Liability Swap**,[414] da er eine Verpflichtung der Bank absichert. Es kann aber auch ein Vermögenswert abgesichert werden, dann spricht man von einem **Asset Swap**.[415]

Ein Swap[416] ist ein unbedingtes Termingeschäft und – wie der englische Begriff *swap* sagt – ein Tauschvertrag. Dabei kann so ziemlich alles getauscht (*swapped*) werden, auf das sich die beiden Vertragspartner einigen.

In der Finanzwelt sind v.a. Zinssatz-Swaps (*interest rate swap*) und Währungs-Swaps (*currency swap/cross currency swap*) oder auch Kombinationen beider bekannt. Wobei beim Zinssatz-Swap fixe gegen variable Zinsen und beim Währungs-Swap zwei Währungen getauscht werden.

Kombinationen, die in Bankenportfolios regelmäßig vorkommen und auch risikotechnisch entsprechend gemanagt werden können, sind für Nicht-Banken schon relativ schwer nachvollziehbar. Wenn allerdings auch noch ein Derivat „eingebettet" (*embedded*) ist, wenn eine Zahlungsverpflichtung also u.U. von einer Bedingung oder einer Option abhängt (genannt *trigger*), dann kann meines Erachtens wohl niemand mehr von einem „einfachen" Swap sprechen und dieses Instrument sollte von Nicht-Banken (von Kunden) mangels Verständnis und Risikoeinschätzung auch nicht erworben werden.

---

[414] Liability kommt aus dem Englischen und bedeutet Verpflichtung und Verbindlichkeit.
[415] Asset kommt aus dem Englischen und bedeutet Vermögenswert.
[416] Siehe dazu auch Wohlschlägl-Aschberger, Praxiswissen Finanzinstrumente, S. 57-98.

10.2.1.1   Grundgeschäft und Absicherungsgeschäft

Beispiel: Bank A hat z. B. im Jahre X eine zehnjährige (Bank-)Anleihe mit variablem Zinssatz begeben, um damit Liquidität für ihre weiteren Aktivitäten zu schaffen.

Der variable Zinssatz, z. B. ein 6-Monats-Libor,[417] bedeutet für die Bank als Emittent, dass sie ihre Zinszahlungen nicht fix einplanen kann, da sich der Libor laufend ändert. Sie ist aber verpflichtet, diese Zinszahlungen an die Investoren, die Gläubiger, zu leisten.

Bei der Begebung im Jahr X kann der variable Zinssatz, trotz der schwierigen Planbarkeit, im Vergleich zu einem Festzinssatz für den Emittenten vorteilhaft gewesen sein.

Änderungen in der Zinslandschaft können für Bank A gut oder schlecht sein, und eine Einschätzung der zukünftigen Entwicklung ist immer sehr schwierig (eine Beurteilung der getätigten Einschätzung im Nachhinein ist meines Erachtens sehr problematisch, insbesondere wenn sie von Dritten erfolgt, weil man hinterher „immer mehr weiß").

Bank A entscheidet sich z. B. im dritten Jahr nach der Begebung der Anleihe, eine bessere Planbarkeit anzustreben und sucht einen Swap-Partner, um ihre variable Zinszahlung gegen eine fixe zu tauschen.

Der Swap-Partner, Bank B, verpflichtet sich, die variable Zinszahlung zu übernehmen, wenn Bank A die fixe Zinszahlung in der Höhe von x% übernimmt. Somit kann Bank A immer mit dem Zinssatz x% kalkulieren und diese Verpflichtung auch genau planen, unabhängig davon, wie sich der Libor entwickelt.

In einem Swap wird banktechnisch Bank A, die nun die Verpflichtung des Fixzinssatzes übernimmt, als payer (Swap-Käufer oder Zahler) und Bank B, als Zahler der variablen Zinsen, als receiver (Swap-Verkäufer oder Empfänger der fixen Zinsen) bezeichnet.

Der Zinssatz x kann höher oder tiefer als der Libor-Satz sein und diese Relation kann sich während der Restlaufzeit von z. B. sieben Jahren auch noch ändern – das ist das Risiko, das beide Banken eingehen.

---

[417]   Libor: „the rate that the most creditworthy international banks dealing in EURO Dollars charge each other for large loans." Quelle: Downes/Goodmann, Dictionary of Finance and Investment Terms. Siehe auch http://www.finanzen.net/zinsen/libor/ (02.02.2015).

Bank A hatte aber u. U. in ihrer Einschätzung des Marktes die Erwartungshaltung, dass die variablen Zinsen über den Fixzinssatz von x% steigen werden, und wollte sich somit gegen steigende Zinsen absichern.

Bank B hatte die genau gegenteilige Erwartungshaltung und u. U. auch ein Grundgeschäft als Basis, so wie Bank A ihre begebene Anleihe.

Unterschiedliche Erwartungshaltungen prägen den Markt bzw. lassen den Markt erst zu einem Markt werden.

In dem geschilderten Fall, in dem ein anderes Geschäft dem Swap zugrunde liegt, kann meines Erachtens nicht von „Spekulation" gesprochen werden, denn hier handelt es sich um die Absicherung für das bestehende Grundgeschäft.

Der Swap zwischen den beteiligten Banken verändert aber nicht die Situation der Investoren bzw. der Anleihegläubiger. Diese bekommen, gemäß Anleihebedingungen, die Zinszahlungen in der Höhe des 6-Monats-Libor-Satzes, egal wie hoch dieser zum Zeitpunkt der Fälligkeit der Zahlung auch sein mag.

Abbildung 43: Grundgeschäft und Absicherungsgeschäft[418]

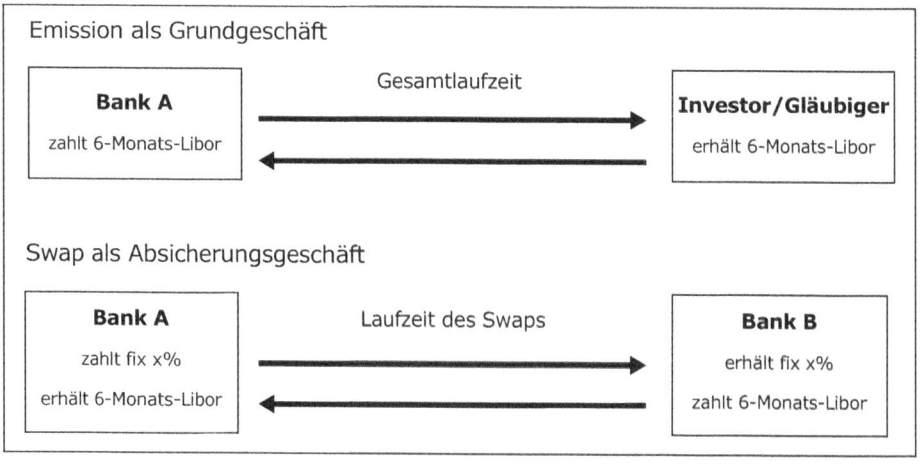

Banken haben generell und somit auch im beschriebenen Fall die Möglichkeit, ihre eingegangenen Verpflichtungen abzusichern.

---

[418] Auf buchungs- und bilanztechnische Fragen sowie Bewertungsthemen wird hier nicht eingegangen.

10.2.1.2 Absicherungsgeschäft und Absicherungsgeschäft

Beispiel: Bank B hat die Möglichkeit, die Zinszahlung in Höhe des 6-Monats-Libor-Satzes abzusichern, in dem sie z.B. einen weiteren Swap (mit Bank C) abschließt, bei dem sie den 6-Monats-Libor bekommt und dafür z.B. einen Fixzinssatz bezahlen muss.

Abbildung 44: Absicherungsgeschäft und Absicherungsgeschäft

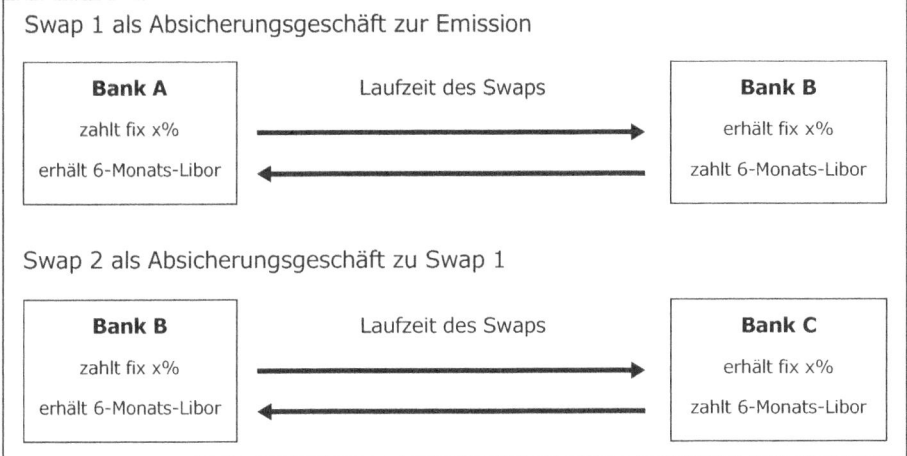

Dieser „Kreislauf" der Absicherungsgeschäfte, seien es Swaps oder Futures, Forwards oder andere Derivate, könnte fast endlos fortgesetzt werden.

Banken führen viele derivative Finanzinstrumente in ihren Portfolios und sind bestrebt, auch ihre eigenen Verpflichtungen (Positionen) entsprechend abzusichern, um damit ihr Risiko zu minimieren. Durch diese weiteren Transaktionen werden aber wiederum neue Risiken eingegangen, die u.U. ebenso abzusichern sind. Die Vielfalt ist groß, das Risikomanagement einer Bank eine Notwendigkeit und in volatilen Märkten auch eine Herausforderung.

Banken gehen Risiken ein und tragen diese Risiken – dies ist typisch für das Bankgeschäft. Risikokategorien[419] umfassen in Ergänzung zu den Kredit- und Bonitätsrisiken auch u.a. das Markt-, das Zinssatz- und das Liquiditätsrisiko. Um das Risiko für sich selbst zu

---

[419] Im Detail siehe dazu u.a. Basel I, II und III und die damit verbundene Entwicklung der Begriffe und der regulatorischen Bestimmungen. Empfehlenswert im Zusammenhang mit dem Thema Risiko: Bernstein, Against the Gods: The Remarkable Story of Risk.

minimieren, versuchen Banken es zu übertragen – ein logischer Schritt und eine einfache Sache. Kreditderivate helfen dabei, schaffen aber ihrerseits wieder neue Risikopositionen, die wiederum über Derivate abgesichert werden – ein ewiger Kreislauf.

Es gibt viele unterschiedliche Formen von Kreditderivaten[420] – u.a. die schon genannten CDO oder CDS –, die sich meist in Bankportfolios finden und deren Entstehung – unabhängig von konkreten Ausgestaltungen – gerade durch die alte Idee des Verkaufs von Risiken an Dritte geprägt war. Somit ist auch nachvollziehbar, dass Kreditderivate v.a. in Krisenzeiten von Interesse waren bzw. sind; so war bspw. ein Anstieg in der Asienkrise zu bemerken.

10.2.1.3 Kreditrisiko und Kreditderivat/CDS

Anhand eines Beispiels soll der an sich einfache Mechanismus gezeigt werden, wie im Rahmen eines Bankportfolios **Kreditderivate** – nun konkret ein **CDS** – zur Minimierung von Risiken in der Bank[421] eingesetzt werden können.

Banken vergeben Kredite und das Kreditgeschäft stellt das Kernbankgeschäft dar. Bei der Vergabe[422] eines Kredites entsteht für die Bank ein Kreditrisiko, auch Ausfallsrisiko genannt, da der Kreditnehmer ausfallen kann und seine Verpflichtungen daher nicht erfüllt.

Genau gegen dieses Risiko kann sich die Bank als Kreditgeber versichern. Diese Versicherung erfolgt, vertraglich geregelt, durch die Übernahme des Risikos durch einen Dritten – ein **Credit Default Swap** (CDS) ist gefragt.

---

[420] Siehe auch http://wirtschaftslexikon.gabler.de/Definition/kreditderivat.html (03.02.2015).

[421] Im Vergleich zum Kundengeschäft.

[422] In diesem Zusammenhang wird immer von einer adäquaten und vertretbaren Kreditvergabe im Sinne der gesetzlichen Rahmenbedingungen ausgegangen und nicht von unzulässigen Vergaben, die aber selbstverständlich auch ein Kreditrisiko (zusätzlich zu anderen Rechtsrisiken) – oftmals ein besonders hohes Risiko – mangels Bonität und werthaltiger Sicherheiten darstellen.

Ein CDS ist ein Vertrag, bei dem sich der Käufer (Bank B) verpflichtet, an den Verkäufer (Bank A, das ist die kreditgewährende Bank, die das (Kredit-)Risiko verkaufen möchte) etwas zu zahlen, wenn z.B. die Zahlungsverpflichtung des Kreditnehmers nicht erfüllt wird. Banktechnisch wird die Nichterfüllung, wie immer sie im Einzelfall definiert ist, **Kreditereignis**[423] (*credit event*) genannt.

Der Käufer (Bank B) übernimmt das Risiko selbstverständlich nicht gratis, sondern der Verkäufer (Bank A) bezahlt ihm eine festgelegt Prämie für die Risikoübernahme.

Für den Verkäufer ist die Prämienzahlung quasi der Preis, um das Risiko zu verkaufen. Diese Prämie reduziert zwar die Zinseinnahmen aus dem Kreditgeschäft, reduziert aber auch das Ausfallsrisiko.

Sollte das Kreditereignis eintreten, und zwar nur dann, kann die kreditgewährende Bank A auf Basis des Vertrages bzw. des darin verbrieften Rechtes (ein CDS ist ein Wertpapier/eine Verbriefung) an die Bank B herantreten und diese muss den CDS-Vertrag erfüllen und den Schaden (aus dem Kreditereignis) ersetzen.

Wenn das Kreditereignis allerdings nicht eintritt, ist die Prämie für Bank B ein Ertrag, dem keine Zahlungsverpflichtung gegenübersteht.

---

[423] Auf die Vielfalt der Möglichkeiten, die vertraglich zu definieren sind, wird hier nicht eingegangen.

Abbildung 45: CDS

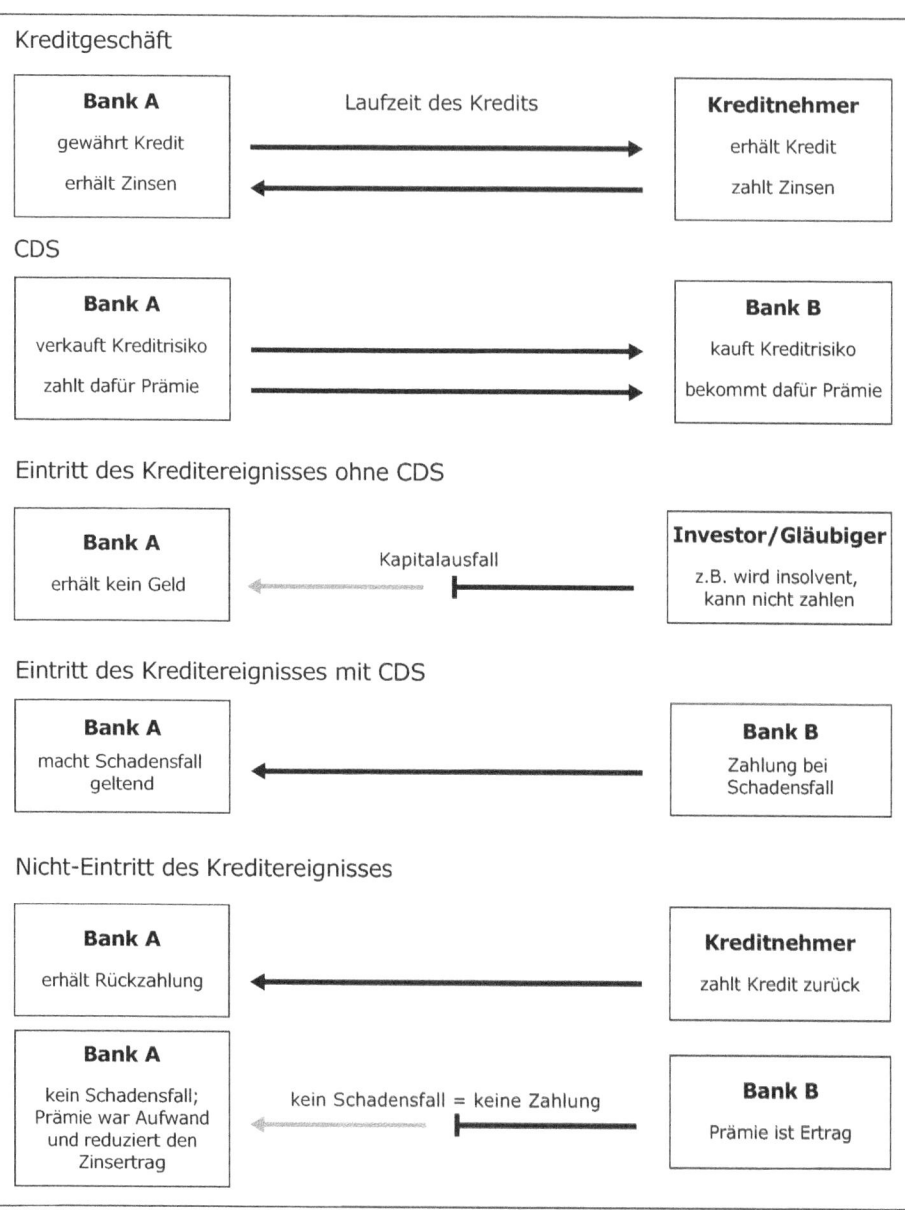

Ähnlich wie beim Beispiel des Anleiheinvestors gilt auch in diesem Fall, dass sich für den Kreditnehmer nichts ändert, er hat von diesem CDS auch keine Kenntnis.

Bank B hat das Recht, ihr Risiko ebenfalls weiterzuverkaufen und bspw. mit Bank C einen weiteren CDS abzuschließen (vergleichbar mit Rückversicherungen im Versicherungsbereich) – der „Kreislauf der CDS" ist eröffnet und er schließt sich bei jener Bank, die den CDS in ihren Büchern hat, wenn das Kreditereignis eintritt, und daher dafür einstehen muss.

Die Krise hat 2008 gezeigt, dass die derivativen Finanzinstrumente für Absicherungen zwar geeignet sind, dass aber u. U. auch ein Zeitpunkt kommen kann, wo das „Schlagendwerden" des Risikos gebündelt und schnell erfolgt. Selbst große Marktteilnehmer können dann in Schwierigkeiten geraten, da ein Weiterverkauf des Risikos mangels Partner und Liquidität oder Vertrauen nicht mehr möglich ist. Kritische Marktbeobachtung und Risikomanagement waren und sind daher immer gefragt und wichtige Bestandteile des Bankmanagements.

Zudem hat sich gezeigt, dass viele Absicherungsgeschäfte nur als reine Spekulationsgeschäfte – losgelöst vom Grundgeschäft – gehandelt wurden (oft als *naked CDS*[424] bezeichnet), in der Annahme, dass man damit gutes Geld verdienen kann, das Risiko aber niemals tragen muss – daher auch die negative Meinung über die Finanzinstrumente und die Spekulanten, die den Markt beherrschen.

10.2.1.4   Kreditrisiko und ABS-Struktur

Einige weitere Begriffe, die i. d. R. unter Verbriefungen (*securitization*) zusammengefasst werden, sind durch die Finanzkrise 2008 bekannt geworden, wie z. B. die ABS- oder MBS-Strukturen. Am nachfolgenden Beispiel einer einfach skizzierten ABS-Struktur soll gezeigt werden, dass hinter diesen Begriffen altbekannte rechtliche Möglichkeiten und Marktusancen stehen.

ABS steht für **Asset Backed Securities**, das sind Wertpapiere, die mit Vermögenswerten (z. B. Immobilien) besichert sind. Eine vergleichbare Struktur bieten die **Mortgage Backed Securities** – die MBS.

Wie die CDS bieten auch die ABS-Strukturen die Möglichkeit, Kreditrisiken zu verkaufen, und auch dies geht einfach.

---

[424]   Um die Spekulation auf Staaten und Staatsbankrote zu vermeiden, wurden in der EU die naked CDS für Staaten verboten.

Bank A hat eine Reihe von Krediten an verschiedene Kreditnehmer vergeben, z.B. in Form von Hypothekarkrediten. Diese Kredite[425] stellen ein Kredit- bzw. Ausfallsrisiko dar und die Bank A beschließt, dass sie dieses Risiko nicht tragen möchte oder kann.

Forderungen können und dürfen verkauft, d.h. zediert, werden, wie dies u.a. auch beim Factoring oder Forfaiting erfolgt. Um diese Forderungen (aus den Kreditverträgen) besser verkaufen zu können, schafft man ein Wertpapier, denn dieses kann leichter gehandelt werden als eine Abtretung bzw. Zession – dieser Vorgang wird als Verbriefung oder *securitization* bezeichnet.

Die Gründung einer eigenen Gesellschaft, die z.B. SPV genannt wird, ist i.d.R. erforderlich, um an diese die (Kredit-)Forderungen abtreten zu können. SPV steht für Special Purpose Vehicle und verkörpert eine Spezialgesellschaft, die für einen klar definierten Zweck gegründet wird.

Die Gesellschaft kann der Bank A die Forderungen allerdings nur abkaufen, wenn sie in der Lage ist, dafür einen Preis zu bezahlen, denn Bank A benötigt einerseits grundsätzlich den Kaufpreis, wie bei jedem Kauf, und andererseits auch die Liquidität, um z.B. neue Kredite zu vergeben oder auch in andere Bankgeschäfte zu investieren.

Typischerweise wird die Gesellschaft jedoch für diesen Zweck neu gegründet und verfügt daher über keine Gelder, sodass sie erst Geld aufnehmen muss, indem sie z.B. Wertpapiere, entweder Aktien oder Anleihen, ausgibt.[426] Mit dem Emissionserlös der Wertpapiere können die (Kredit-)Forderungen von Bank A erworben und als Vermögenswerte im SPV verbucht werden. Diese Werte stellen dann gleichzeitig die Sicherheit für die begebenen Wertpapiere dar.

---

[425] Auch in diesem Zusammenhang wird immer von einer adäquaten und vertretbaren Kreditvergabe im Sinne der gesetzlichen Rahmenbedingungen ausgegangen und nicht von unzulässigen Vergaben, die aber auch ein Kreditrisiko – oftmals ein besonders hohes Risiko – mangels Bonität und werthaltigen Sicherheiten darstellen.

[426] Dabei handelt es sich um eine Aktien- oder Anleiheemission von einem Unternehmen.

Abbildung 46: Struktur eines ABS

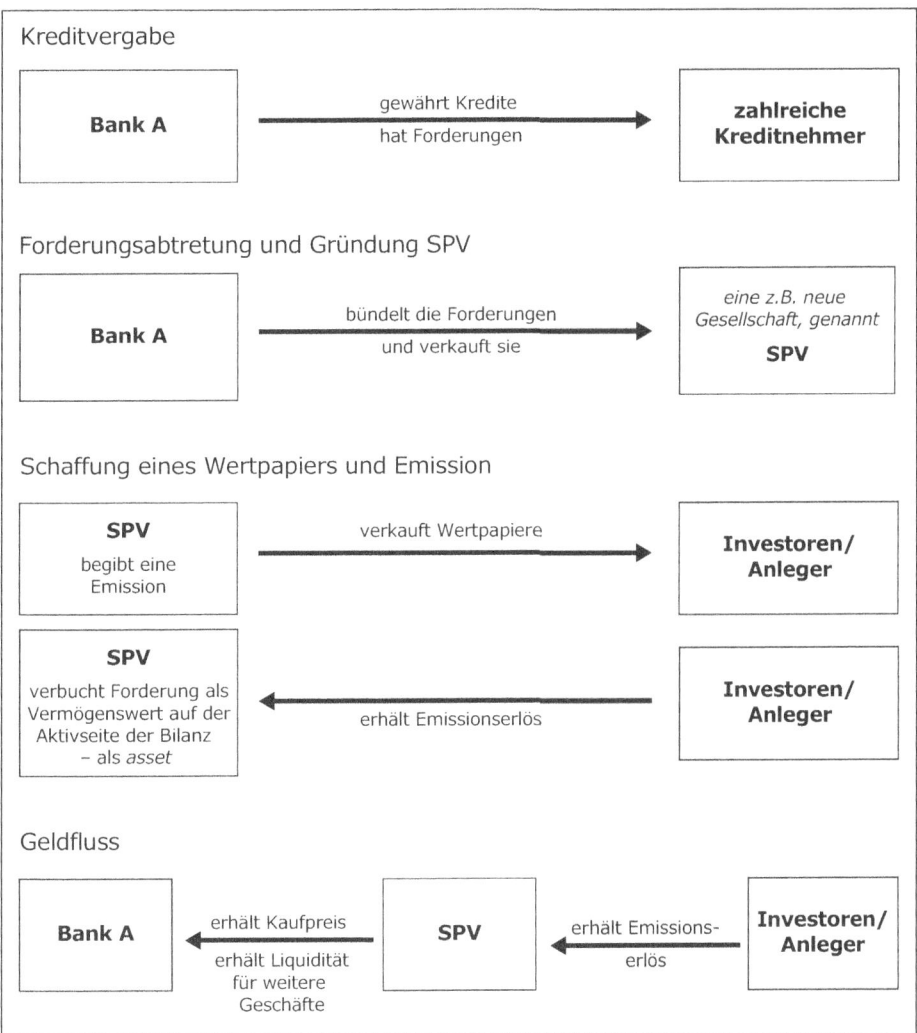

Diese Struktur ist einfach nachvollziehbar und entspricht einem verbrieften Forderungs-verkauf. So wie bei einem einfachen Kredit die Bonität und die Sicherheiten auf Werthal-tigkeit geprüft werden müssen, ist dies auch im Wertpapiergeschäft absolut erforderlich, um das Risiko abschätzen zu können.

Die Finanzmarktkrise[427] hat deutlich gemacht, dass die Werthaltigkeit der ABS – so wie bei anderen Finanzinstrumenten – nur so lange geben ist, als auch die Forderungen im SPV einen Wert darstellen. Konkret bedeutet dies, dass das SPV den Investoren/Anlegern die zugesicherten Zinsen, wie bei jeder Anleihe, nur zahlen kann, wenn es selbst die Zinsen aus dem Forderungsverkauf von den ursprünglichen Kreditnehmern erhält.

An den ursprünglichen Kreditverträgen und den Verpflichtungen der Kreditnehmer hat sich durch die ABS-Struktur keineswegs etwas geändert, denn das Grundgeschäft wird, wie schon in den anderen Beispielen dargestellt, durch ein Sicherungsgeschäft nicht verändert.

Wenn die Zinsen nicht mehr gezahlt werden können, ist dies das erste Problem, das auftritt. Fallen dann die Kreditnehmer aus und können die Kredite nicht zurückgeführt werden bzw. kann man die Sicherheiten, z.B. die Immobilien, nicht oder nicht zum adäquaten Preis veräußern, dann haben diese Forderungen, die Sicherheiten für eine Emission darstellen, keinen Wert mehr – ein enormes Problem.

Abbildung 47: Geldfluss best case und worst case

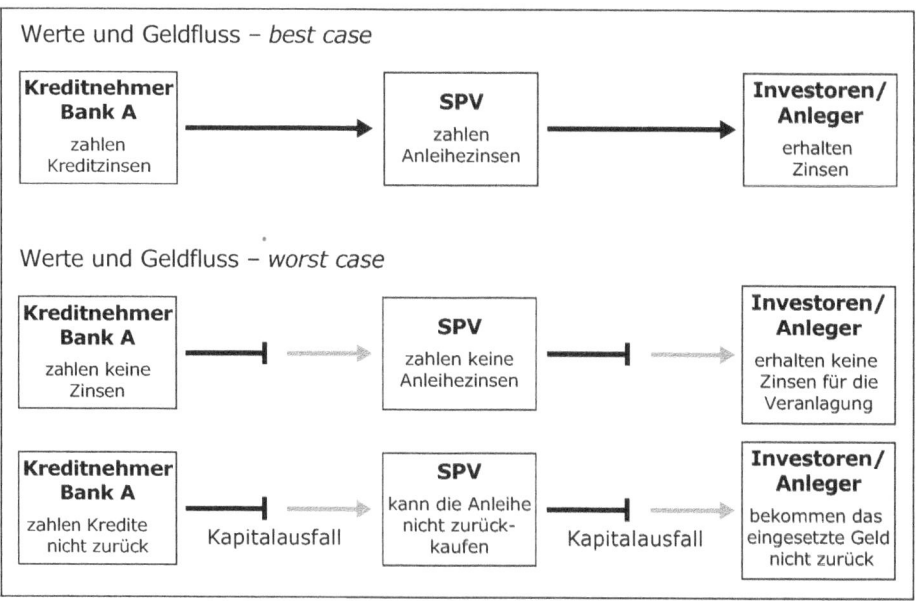

---

[427] Auf Ratingagenturen, deren Beurteilung von Produkten und auf die Auswirkung auf die Krise wird hier nicht eingegangen.

Diese ABS-Struktur stellt aus der Sicht der Bank einen Risikoverkauf dar und entspricht somit einer Risikoauslagerung, einer Minimierung der Risikopositionen der Bank.

Aus der Sicht der Investoren/Anleger[428] ist es ein u.U. risikoreiches Investment, das u.a. – wie so manche Bespiele im Nachhinein gezeigt haben – nicht verstanden wurde oder nicht transparent dargestellt war. Die guten Erträge, die man erzielen hätte können und die sicherlich höher gewesen wären als bei anderen Investments, standen im Vordergrund. Das mit dem größeren Ertrag verbundene Risiko wurde nicht gesehen oder erkannt, in vielen Fällen wurde bzw. wird das Risiko (*worst case*) jedoch schlagend.

Auch Absicherungsgeschäfte bergen Risiken. Sie werden oft auch als reine Spekulationsgeschäfte gehandelt, indem Risiko mit „Profit" verkauft wird – was ja *per se* gut ist, aber nur so lange bis das Risiko „schlagend" wird.

Banken haben im Unterschied zu (Privat-)Kunden ein entsprechendes Risikomanagement und -systeme, um solche Strukturen und Produkte bestmöglich zu verwalten und zu managen. Ein Restrisiko verbleibt allerdings immer, denn als Bank kein Risiko zu haben, ist *per se* nicht möglich.

10.2.2 Das Kundenportfolio

Kunden einer Bank können unterschiedliche Wertpapierportfolios haben, risikoreiche oder risikoarme Veranlagungsstrategien verfolgen („fahren", wie dies von Bankern meist formuliert wird) oder andere Gründe für das Abschließen von derivativen Finanzprodukten haben. Kunden einer Bank können u.a. selbstständige Vermögensverwalter, Treasury-Manager von Versicherungen, Pensionskassen oder von großen Unternehmen (*corporates*) oder auch Verantwortliche von Kommunen bzw. Gemeinden sowie auch Fondsmanager von Kapitalanlagegesellschaften sein.

Der **Asset Swap** als Absicherung von Vermögenswerten wird nun anhand eines Beispiels dargestellt, wie schon beim Liability Swap aus der Sicht der Bank. Die Bank agiert in diesem Fall nicht für das eigene Portfolio, d.h. auf eigene Rechnung, sondern für einen Kunden und dessen **Wertpapierportfolio.**

---

[428] Auf die Themen der Beratung und Aufklärung für die Kundenseite wird hier nicht eingegangen.

10.2.2.1 Portfolio und Absicherung

Beispiel: (Treasury- oder Fonds-)Manager A, der ein bestehendes Wertpapierportfolio verwaltet, hat im Jahre X eine fünfjährige variabel verzinste Anleihe (dies kann eine Bankanleihe oder auch eine Unternehmensanleihe sein) erworben und erhält somit einen Kupon in Höhe des 12-Monats-Euribor-Zinssatzes,[429] einem der wichtigsten Basis-/Referenzzinssätze für Anleihen in Euro (auch Floater[430] genannt).

Aufgrund seiner Erwartungshaltung und den ihm vorliegenden Einschätzungen der Zinssatzentwicklung für kurzfristige Veranlagungen (z. B. am Geldmarkt), kontaktiert er seine (Haus-)Bank B, um mit ihr über Möglichkeiten einer Zinssatzabsicherung im Falle von sinkenden Zinsen „im kurzfristigen Bereich" zu sprechen.

Bank B wird für den Kunden den Markt sondieren sowie Möglichkeiten von Absicherungsgeschäften berechnen und vorschlagen.

Eine Möglichkeit wäre, dass die Bank B dem Manager A einen fixen Zinssatz, (z. B. x%) zahlt, den dieser in seinem Portfolio verbuchen kann. Der Manager A tauscht also seinen variablen Zinssatz aus dem Portfolio gegen einen fixen. Im Bankjargon sagt man, dass er die variable Seite „rausswapt" (swapped).

Bei dieser Transaktion besteht die Möglichkeit, dass die Bank B selbst als Swap-Partner auftritt (d.h. „in diese Position eintritt") oder dass die Bank B den Swap an einen anderen Partner, sei es eine Bank oder einen anderen Bankkunden, vermittelt.

Die Erwartungshaltung der Swap-Partner ist wiederum gegensätzlich. Auch dieses Beispiel zeigt meines Erachtens ein Absicherungs- und kein Spekulationsgeschäft.

Das Risiko des Swaps trägt der Kunde A bzw. auf der anderen Seite der Counterpart (sein Vertragspartner), ob es die Bank B ist oder ein anderer Kunde. Auch hier gilt: Ein Kunde, der eine solche Absicherung abschließen möchte, muss die Komplexität und das Risiko der Transaktion verstehen und managen können.

Die Zinsen können sich jedoch – anders als erwartet – auch in die Gegenrichtung entwickeln, dann erleidet der Kunde durch diese Transaktion einen Verlust. Außer er hat die Möglichkeit, den getätigten Swap wiederum „abzusichern" (z.B. durch einen Gegen-Swap) oder indem er, falls dies ohne hohe Kosten noch möglich ist, rechtzeitig aussteigt.

---

[429] „Die Abkürzung Euribor steht für Euro Interbank Offered Rate. Euribor bezeichnet die durchschnittlichen Zinssätze, zu denen viele europäische Banken einander Anleihen in Euro gewähren." Quelle: http://de.euribor-rates.eu/ (02.02.2015).

[430] Floater Bonds: „Debt instruments with a variable interest rate tied to another interest rate e.g. the rate paid by Treasury bills." Quelle: Downes/Goodmann, Dictionary of Finance and Investment Terms.

Die Bank B ist – wie bei jedem Kundengeschäft – verpflichtet, die Kunden auf die Risiken der Transaktion und auch auf das soeben beschriebene Verlustpotenzial hinzuweisen.[431]

Dieses einfache Beispiel zeigt, dass manche Derivatgeschäfte nicht nur eine generelle Absicherungskomponente haben, sondern auch für den Kunden eine Absicherung darstellen können. Risikoabsicherung bedeutet aber nicht das völlige Eliminieren der Risiken – eine Aussage, die u.U. nicht immer so klar gesehen bzw. verstanden wird.

Abbildung 48: Portfolio und Absicherung

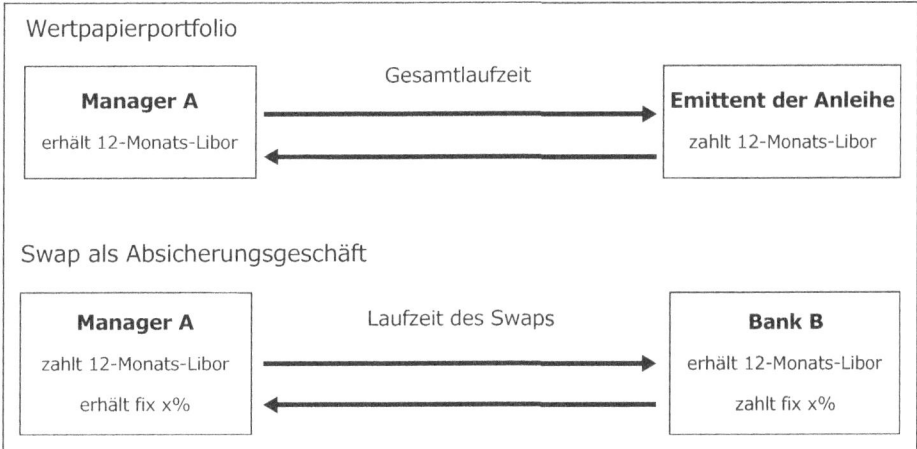

Banken haben, wie bereits dargestellt, wiederum die Möglichkeit, eine Gegenposition einzugehen, wenn sie wie in diesem Fall in den Swap eingetreten sind. Dies ist auch erforderlich, da Banken ihr Gesamtrisiko steuern bzw. u.U. minimieren müssen. Kunden haben diese Möglichkeit i.d.R. nicht, da sie keine Banken sind. Fonds- und Treasury-Manager werden teilweise Gegenpositionen eingehen, wenn diese den entsprechenden Regelwerken entsprechen und zur Absicherung dienen.

Es gibt noch ein weiteres erwähnenswertes Produkt – ein Instrument der derivativen oder strukturierten Produkte, das sich in den Boomjahren sehr stark entwickelt hat, das als Anlageinstrument für Kunden angeboten wurde und auch heute noch bei Anlegern „hoch im Kurs steht", und zwar der **Optionsschein**.

---

[431] Auf die Fragen der Kunden-Klassifizierungen und die damit verbundenen weiteren aufsichtsrechtlichen Aspekte wird hier nicht eingegangen. Siehe dazu aber MiFID I und MiFID II.

Der Optionsschein entwickelte sich ursprünglich als „klassischer Optionsschein" auf Aktien, der als Finanzierungsinstrument im Zusammenhang mit einer Kapitalerhöhung von Unternehmen ausgegeben wurde.[432] Der Inhaber des Optionsscheins hatte, wenn er sein Optionsrecht ausübte, die Möglichkeit, eine Aktie (junge Aktie)[433] im Rahmen einer Kapitalerhöhung zu erwerben.

Die Emission von Optionsscheinen erfolgt i.d.R. gemeinsam mit einer Optionsanleihe: Ein Unternehmen begibt eine Anleihe[434] (*corporate bond*), der auch ein Optionsschein „angehängt" ist, was bei anderen Anleihen nicht der Fall ist.

Ein Optionsschein ist im Grunde eine Option, die als Wertpapier dargestellt (verbrieft) ist, und als solches auch gehandelt werden kann und wird (börslich oder außerbörslich). Somit kann einerseits die Anleihe gehandelt werden aber auch der Optionsschein, und zwar getrennt von der Anleihe – zwei handelbare Produkte sind geschaffen.

Heute jedoch gibt es weniger die beschriebenen klassischen Optionsscheine als vielmehr eine sehr große Vielzahl von Optionsscheinen mit unterschiedlichen eingebetteten (*embedded*) Strukturen und durchaus auch klingenden Namen, wie jene der „exotischen Optionsscheinen".[435]

Nachstehend wird auf die Struktur eines Standard-Optionsscheins, oftmals auch als *plain vanilla warrant*[436] bezeichnet, eingegangen und die Rolle der Bank – vereinfacht[437] und exemplarisch – aufgezeigt.

Optionsscheine werden emittiert, d.h., sie werden von einem Emittenten, i.d.R. einer Bank, begeben. Grundsätzlich[438] gibt es einen Call-Optionsschein und einen Put-Optionsschein. Die Bank begibt diese Optionsscheine, um ein Produkt für Investoren/Anleger anzubie-

---

[432] Es wird in diesem Zusammenhang von einer bedingten Kapitalerhöhung gesprochen, da die Kapitalerhöhung erst eintritt, wenn die Optionsscheinkäufer ihre Option ausüben, allerdings nur im Rahmen der getätigten Ausübung.

[433] Siehe dazu auch: Wohlschlägl-Aschberger, Praxiswissen Finanzinstrumente, S. 5-24.

[434] Siehe dazu auch: Wohlschlägl-Aschberger, Praxiswissen Finanzinstrumente, S. 25-41.

[435] Wie z.B. Barrier-Optionsscheine oder Quanto-Optionsscheine, auf die hier aber nicht eingegangen wird. Siehe dazu u.a. HSBC Trinkhaus (Hg.), Zertifikate und Optionsscheine – das Standardwerk für die zeitgemäße Geldanlage.

[436] Der englische Begriff warrant steht für Optionsschein.

[437] Auf buchungs- und bilanztechnische Fragen sowie Bewertungsthemen wird hier nicht eingegangen. Ebenso wenig werden Optionsmodelle dazu dargestellt.

[438] Zu den unterschiedlichen Ausgestaltungen, wie Europäische-, Amerikanische- oder Bermuda-Option, wird hier nicht eingegangen. Siehe auch Wohlschlägl-Aschberger, Praxiswissen Finanzinstrumente, S. 57-98.

ten, um ihnen Zugang zu Aktien, *baskets* (Korb) von Instrumenten oder auch Indices zu ermöglichen. Die Bank wird auch bei diesen Instrumenten versuchen, die eigenen dadurch entstehenden Handelsrisiken abzusichern bzw. zu minimieren.

Der Käufer des Optionsscheins weiß nicht, welche Position der Emittent, d.h. die Bank, dahinter innehat bzw. banktechnisch haben sollte oder müsste. Einige der immer wieder auftretenden Fragestellungen sind an Hand des Kaufs eines Call-Optionsscheines nachstehend aufgezeigt.

10.2.2.2 Call-Optionsschein

Beispiel: Ein Investor/Anleger kauft einen Call-Optionsschein – er hat somit eine long call position: Der Investor/Anleger hat die Möglichkeit der Ausübung der Option und damit das Recht, die Aktie X zu erwerben.

Die Bank verkauft einen Call-Optionsschein – sie hat somit eine short call position: Die Bank, als Stillhalter oder Schreiber der Option, hat die Pflicht bei Ausübung der Option die Aktie X an den Investor/Anleger zu liefern.

Die Bank hat folgende Möglichkeiten, um ihre Verpflichtung erfüllen zu können:

1. beim Optionsverkauf, unabhängig davon, ob die Option ausgeübt wird:

- *sie kauft die Aktie X am Markt ein,*

- *sie schließt eine „gegengleiche" Position, eine Put-Option für die Aktie X, am Markt ab;*

2. bei Optionsausübung: sie kauft die Aktie X am Markt ein.

Wenn von Markt gesprochen wird, dann ist damit entweder eine andere Bank, ein anderer Counterpart oder auch die Börse gemeint, je nachdem, ob die Transaktion börslich oder außerbörslich durchgeführt wird bzw. werden kann. Wie sich am Markt die Preise für die jeweiligen Transaktionen darstellen und ob für die Bank bei Erfüllung ihrer Verpflichtung oder auch beim Verkauf des Optionsscheins durch den Investor/Anleger ein Gewinn oder Verlust entsteht, lässt sich immer nur anhand von konkreten Fällen sagen. Beides ist möglich – sowohl Gewinne als auch Verluste.

Ein Risiko ist immer gegeben – für den Investor/Anleger im Zusammenhang mit der Ausübung oder Nicht-Ausübung, dem Verkauf oder Nicht-Verkauf und für den Emittenten im Zusammenhang mit den o.g. Absicherungsmöglichkeiten.

Welche der – vereinfacht – aufgezeigten Möglichkeiten die Bank tatsächlich wählt, hängt von verschiedenen Faktoren ab, u.a. auch von der Risikoeinschätzung der Bank selbst. Im Unterschied zum Investor/Anleger hat die Bank – je nach Preis- und Marktlage bzw. Markterwartungshaltung und eigener Portfoliostruktur – die Möglichkeit, eine der genannten Varianten zu wählen, um u.U. das eigene Risiko im Sinne des Hedgings zu minimieren.

Je nachdem, ob bzw. wann der Anleger seinen Optionsschein verkauft, wird die Bank auch ihre getätigte Transaktion wieder auflösen oder für eine andere Transaktion verwenden. Auch dies ist eine Entscheidung der Bank, die nach den o.g. Aspekten zu treffen ist. Bei den Optionsscheinen ist dem Investor/Anleger oftmals nicht klar, wie ein Optionsschein generell funktioniert und was dabei die Bank als Emittent macht.

Es wird im Zusammenhang mit derivativen Finanzprodukten immer wieder kolportiert, dass die Bank mit Kundengeldern spekuliert, dem ist aber nicht so. Die Bank hat – so wie der Kunde – eine Marktposition, dies kann durchaus auch eine Gegenposition sein oder eine marktneutrale Stellung – der Markt bietet hier eine Fülle an Möglichkeiten.

Abschließend zu diesem Kapitel – das alleine ganze Bücher füllen könnte – gäbe es nur noch zu sagen, dass es heute viele verschiedene derivative Finanzinstrumente gibt und es diese auch in Zukunft weiterhin geben wird. Die Fülle der Namen, die gewählten Begrifflichkeiten, die Ausgestaltungen und die vielfältigen Strukturen der Produkte machen die unzähligen Möglichkeiten deutlich, die Grundsätze des Marktes – Angebot und Nachfrage bzw. Risiken eingehen und Risiken minimieren – ändern sich aber nicht.

Die Positionen und die Funktionen der Banken bleiben auch unverändert: Sie treten auf eigene Rechnung oder auf Rechnung der Kunden auf, sie agieren als Marktteilnehmer, als Emittent und als Vermittler – Aufgabenstellungen, die stetig komplexer und nicht einfacher werden.

11 Die Bank als multifunktionaler und zentraler Finanzmarktteilnehmer

Der globale Finanzmarkt mit den weltweit tätigen Banken und die internationale Wirtschaft mit den mannigfachen Bedürfnissen ihrer Teilnehmer hängen zusammen. Die Wirtschaftsgeschichte zeigt Wechselwirkungen auf – die guten und wichtigen, aber auch solche, die nicht optimal sind und auch Wirtschafts- und Finanzkrisen auslösen können. Geld im weiten Sinne und die einzelnen Marktteilnehmer sowie deren Produkte und Dienstleistungen spielten und spielen dabei eine wesentliche Rolle.

Die **Definitionen von Geld** und seinen Formen bzw. Ausgestaltungen haben sich über Jahrtausende wesentlich geändert und weiterentwickelt. Waren es einmal Muscheln und Münzen, sind es heute Banknoten oder Chips. Egal ob es sich um reales oder virtuelles Geld handelt, ein Grundsatz gilt immer. Der Wert des Geldes ist definiert durch den Preis, den ein Dritter dafür bezahlt.

Die **Definition einer Bank** war ebenfalls laufenden Änderungen unterworfen. Sprach man anfangs von Geldwechslern und Banquiers, sind es heute doch eher die Begriffe Kommerzbank und Investmentbank, die den Banken- und Wirtschaftssektor prägen.

Bankgeschäfte und die Tätigkeiten von Banken waren naturgemäß auch nicht konstant und statisch, sondern passten sich neuen Situationen und Notwendigkeiten an. Diese können unterschiedliche Ursachen haben, d.h., sie werden entweder durch wirtschaftliche oder politische Faktoren aber auch durch Änderungen bei Gesetzen oder Regelwerken nötig.

Produkte und Serviceleistungen der Banken veränderten sich laufend, um Kundenbedürfnissen oder -wünschen gerecht zu werden. Anfangs wurden das Geldwechseln und das Aufbewahren von Münzen von Kunden verlangt, in der Folge waren es Finanzierungen einerseits und Veranlagungen andererseits.

Die Gewährung von Finanzierungen unterschiedlicher Form und Ausgestaltung wurde für das Wirtschaftsleben eine absolute Notwendigkeit. Wechsel und Schecks, die früher für Kaufleute und Wirtschaftstreibende im nationalen und internationalen Handel von großer Bedeutung waren, wurden in der Folge durch die Zunahme von Krediten und Kreditlinien abgelöst.

© Springer Fachmedien Wiesbaden GmbH, ein Teil von Springer Nature 2019
D. Wohlschlägl-Aschberger, *Bankgeschäft und Finanzmarkt*, Edition Frankfurt School,
https://doi.org/10.1007/978-3-658-23795-0_11

Kredite – sowie sie auch heute definiert sind – sind nicht nur für Privatkunden und für deren Bedürfnisse, wie z.B. für einen Haus- oder Autokauf, sondern gerade auch für Unternehmen und Wirtschaftsleute und für deren Betriebe und Investitionen wichtig. Kredite bzw. Kreditlinien stellen auch die Basis für die Abwicklung von Akkreditiven und Bankgarantien dar, ohne die insbesondere Projekt- und Handelsgeschäfte schwierig durchzuführen wären.

Es wurden jedoch nicht nur Finanzierungen, sondern auch Möglichkeiten benötigt, verdiente Gelder sicher und gut, d.h. mit Ertrag, zu veranlagen und anzusparen. Spareinlagen von Kunden ermöglichen den Banken wiederum diese Gelder für Kreditvergaben an andere Kunden zu verwenden, auch wenn diese Primäreinlagen oftmals keineswegs immer für benötigte Finanzierungen ausreichen.

Sowohl das **Kreditgeschäft** als auch das **Einlagengeschäft** stellen bis heute unverändert die Kernbankgeschäfte einer Bank dar.

Bankgeschäft ist Dienstleistungsgeschäft und daran hat sich bis heute nichts geändert, außer dass sich die Art und Weise der Dienstleistungen und die damit verbundenen Produkte verändert und an neue Marktbedingungen angepasst haben. Am Anfang stand die persönliche Beziehung zum Kunden durch einen Bankmitarbeiter im Vordergrund – das typische Filialgeschäft. Gerade in den letzten Jahren hat sich aber gezeigt, dass es vielen Kunden wichtig ist, schnell, effizient, kostengünstig, zu jeder Uhrzeit und von jedem Ort der Welt ihre Bankgeschäfte durchführen zu können. Das Online-Geschäft entstand und boomt unverändert.

Das Bankkonto, die Grundvoraussetzung für jede Bankgeschäftsbeziehung und somit für jedes Bankgeschäft, ist zwar banktechnisch unverändert nötig, steht aber für einen Kunden nicht mehr im Vordergrund seiner Überlegungen. Für Kunden, egal ob es sich um Privat- oder Firmenkunden handelt, sind Bankprodukte – seien es Finanzierungs- oder Veranlagungsprodukte – wichtig.

Produkte, die Banken anbieten, haben sich immer verändert und müssen sich regelmäßig den Kundenwünschen und -erfordernissen anpassen – der Kunde steht an erster Stelle. Produkte können sehr online-lastig oder auch sehr *sophisticated* und strukturiert sein, sie sind manchmal mit deutschen oder auch englisch-sprachigen Begriffen bezeichnet.

Spareinlagen gibt es unverändert, aber es haben sich auch andere Formen, um Geld zu veranlagen, in den letzten Jahren herausgebildet. Der Kapitalmarkt bietet Aktien oder Anleihen aber auch Investmentfonds als Veranlagungsprodukte an – alle in einfacher aber auch in komplexer Ausgestaltung.

Veranlagungsformen in Finanzinstrumente des Kapitalmarktes sind umgekehrt wiederum Finanzierungsmöglichkeiten für jene Unternehmen, die nicht von Krediten einer oder mehrerer Banken abhängig sein wollen bzw. u.U. auch größere Volumina für die Expansion ihrer Geschäftstätigkeit benötigen. Die Geldaufnahme über den Kapitalmarkt und über die Börse, sei es über Aktien- oder Anleiheemissionen, bietet sich an.

Banken spielen am **Kapitalmarkt** und an der **Börse** eine wichtige Rolle – und zwar eine mehrfache. Sie begleiten Kunden (Unternehmen) einerseits bei der Begebung von Kapitalmarkttransaktionen und andererseits beraten sie Kunden – Privatkunden und institutionelle Anleger – bei der Vermögensveranlagung, unabhängig davon, ob diese in Einzeltitel (Aktien oder Anleihen) erfolgt oder auch Investmentfonds umfasst.

Das **Wertpapiergeschäft** stellt somit einen weiteren und zunehmend wichtigen Teil des Kernbankgeschäftes dar. Das Wertpapiergeschäft verkörpert, sowie wie die Kreditvergabe und die Entgegennahme von Spareinlagen, eine Dienstleistung für Kunden – einerseits für die Emittenten, die eine Finanzierung benötigen, andererseits für Investoren, die ihre Gelder veranlagen wollen.

Eine Bank führt das Wertpapiergeschäft aber nicht nur für Kunden (Fremdemission und Kundenhandel), sondern auch für sich selbst aus. Das Eigenemissionsgeschäft und der Eigenhandel sind wichtige Aktivitäten einer Bank, wenn auch nicht jeder Bank.

Sowie das Bankkonto für die zahlungstechnische Durchführung und Verbuchung unerlässlich ist, so ist es auch das Depot für die wertpapiertechnische Abwicklung und Verwahrung – und zwar für Kundentransaktionen genauso wie für eigene Banktransaktionen. Das **Depotgeschäft** ist somit eine weitere Tätigkeit einer Bank im Rahmen ihrer Bankdienstleistungen.

Transaktionen, seien es Finanzierungen oder Veranlagungen, erfolgen in der Heimatwährung eines Kunden aber oftmals auch in einer oder mehreren Fremdwährungen. Der Devisenhandel ist im internationalen Wirtschaftsleben nicht mehr wegzudenken. Der Kundenzugang zum Devisenmarkt wird – sowie zum Kapitalmarkt – durch Banken ermöglicht. Der **Devisenhandel** stellt ein weiteres wesentliches Bankgeschäft dar – national, wie international.

Sowie sich Formen und Ausgestaltungen des Geldes verändert haben, so haben sich auch Anwendungen von Produkten und vor allem der Bekanntheitsgrad von manchen Produkten, insbesondere der Derivate, wesentlich geändert. Derivate, die ursprünglich als Absicherungsgeschäfte entstanden waren – und unverändert für die Realwirtschaft wichtig und wesentlich sind – werden heutzutage oftmals als reine Spekulationsgeschäfte getätigt, denen keine Basis- oder Grundgeschäfte, die abzusichern sind, gegenüberstehen.

Bankgeschäft ist Risikogeschäft, und Banken gehen somit *per se* im Rahmen ihrer Tätigkeiten Risiko ein. Dieses Risiko kann eine Bank aber mit entsprechenden Instrumenten und einem adäquaten Risikomanagement absichern. Eine Absicherung stellt jedoch auch ein Risiko dar, denn es gibt kein (Bank-)Geschäft ohne Risiko. Derivate eignen sich als Absicherungsinstrumente. Sie eigenen sich aber auch für reine Spekulationsgeschäfte und Wetten, die mit dem Bankgeschäft und risikominimierenden Maßnahmen nichts zu tun haben, sondern eher „Casino-Charakter" aufweisen.

Banken spielen am Derivatemarkt eine wesentliche Rolle und zwar wiederum – sowie im Wertpapier- und Devisengeschäft – für Kunden aber auch für ihre eigenen Bankaktivitäten.

Der **Handel in Derivaten** stellt einen weiteren Teil des Bankgeschäftes dar – national, wie international – und dieser wird in Zukunft sicherlich auch an Bedeutung zunehmen.

In den vorstehenden Kapiteln wurden die unterschiedlichen Rollen einer Bank und ihre mannigfaltigen Funktionen bzw. Aufgaben im Rahmen des Bankgeschäftes anhand von einzelnen ausgewählten Beispielen beschrieben.

Abbildung 49: Banken als zentraler Finanzmarktteilnehmer

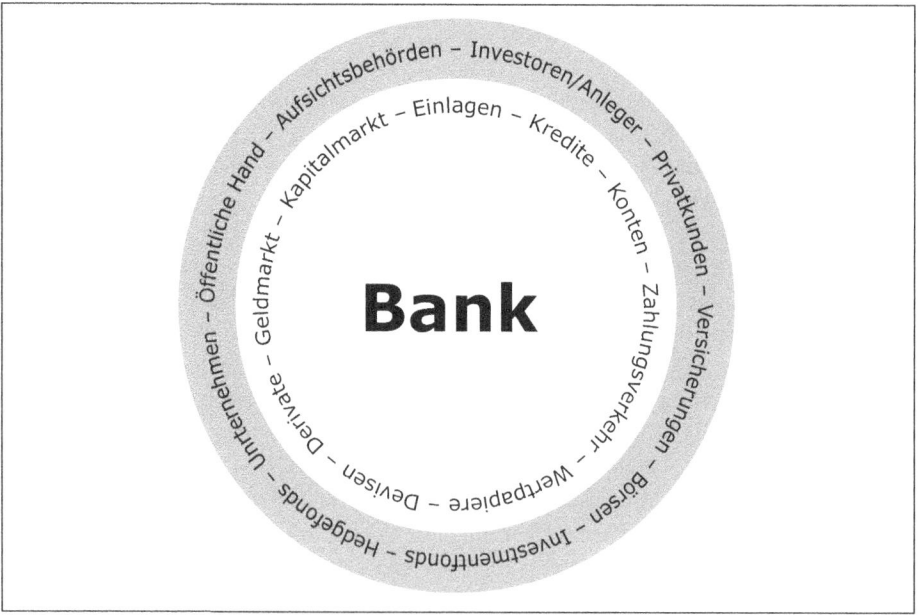

Die Bank, so wie wir sie heute kennen, hat sich über die Jahrhunderte entwickelt, sie hat sich laufend verändert und den jeweiligen oftmals auch durchaus sehr volatilen Marktsituationen angepasst und sie wird dies auch in den nächsten Jahren oder, besser gesagt, in den nächsten Jahrhunderten weiterhin tun.

Begrifflichkeiten und technische Ausgestaltungen werden sich ändern und Kunden- bzw. Produktstrukturen den auftretenden Gegebenheiten anpassen. Änderungen – welcher Form auch immer – werden auf Wunsch der Kunden, auf Wunsch des Marktes und seiner Teilnehmer erfolgen oder sie werden aufgrund von Krisensituationen und neuer Regularien nötig – *panta rhei*.

Neue „Schreckensbegriffe" – wie u. U. heute schon die Dark Pools[439] oder das High Frequency Trading[440] – werden immer wieder den Markt „beleben" und für alle Marktteilnehmer interessante Herausforderungen darstellen. Diese beiden Begriffe sind – grundsätzlich durchaus ähnlich wie beim Online- oder Mobile-Phone-Geschäft oder im E-Commerce generell – geprägt durch Schnelligkeit, in diesem Fall durch extreme Schnelligkeit. Transaktionen im Nano-Sekunden-Bereich, die sich eigentlich niemand mehr vorstellen kann, unterstützt durch Technologien (z. B. Fiberglas) – alles unterliegt dem schon bekannten permanenten Wettbewerbsdruck, besser und effizienter als andere agieren zu können bzw. zu müssen.

Banken und das Bankgeschäft werden – unabhängig von den unterschiedlichsten Änderungen – immer eine zentrale Rolle und Aufgabe im globalen Wirtschafts- und Geldkreislauf innehaben.

---

[439] Der Begriff steht i. d. R. für Handelsplattformen, die nicht transparent sind. „Name given to a network that allows traders to buy or sell large orders without running the risk other traders will work out what is going on and put the price up, or down, to take advantage of the order." Quelle: http://lexicon.ft.com/Term?term=dark-pools (11.02.2015).

[440] HFT oder HFH (deutsch) – die dafür gebräuchliche Abkürzung – steht, vereinfacht dargestellt, für den Kauf und Verkauf von Wertpapieren mithilfe von Computeralgorithmen innerhalb von Nano-Sekunden, d. h. milliardste Bruchteile einer Sekunde, wobei nicht nur der Handel elektronisch erfolgt, sondern v. a. auch die Entscheidungen von Computern – und nicht mehr von Menschen – getroffen werden, basierend auf Datenmengen und zur Verfügung stehenden Informationen.

Anhang

Literatur

Balzer, Peter, Anlagevermittlung, Anlageberatung und Vermögensverwaltung, in: Thöne, Thomas (Hg.), Praxiswissen Bankrecht, Frankfurt am Main 2011, S. 781-830.

Beike, Rolf/Schlütz, Johannes (Hg.), Finanznachrichten – lesen – verstehen – nutzen: Ein Wegweiser durch Kursnotierungen und Marktberichte, Stuttgart 2010 5. Auflage.

Beike, Rolf/Schlütz, Johannes, Geldmarkt und Devisen, in: Beike, Rolf/Schlütz, Johannes (Hg.), Finanznachrichten lesen – verstehen – nutzen: Ein Wegweiser durch Kursnotierungen und Marktberichte, Stuttgart 2010 5. Auflage, S. 207-302.

Bellamy, Edward, Ein Rückblick aus dem Jahre 2000 auf 1887, Ditzingen 2001.

Bernstein, Peter L., Against the Gods: The Remarkable Story of Risk, New York 1998.

Börner, Christoph J./Rühle, Jörg, Auswirkungen der Basler Reformen auf die Finanzierungssituation mittelständischer Unternehmen in Deutschland, in: Hofmann, Gerhard (Hg.), Basel II und MaRisk, Frankfurt am Main 2011, S. 367-395.

Bundesanstalt für Finanzdienstleistungsaufsicht, Die internationale Aufsichtsstruktur im Wandel, in: BafinJournal 10/12, S. 16-20.

Bundesanstalt für Finanzdienstleistungsaufsicht, Jahresbericht der Bafin 2010, Bonn/Frankfurt am Main 2011.

Bundesanstalt für Finanzdienstleistungsaufsicht, Merkblatt – Hinweise zu den Tatbeständen des Eigenhandels und des Eigengeschäfts (Stand: Oktober 2014).

Bundesanstalt für Finanzdienstleistungsaufsicht, Rundschreiben 10/2012 (BA) vom 14.12.2012, Mindestanforderungen an das Risikomanagement – MaRisk.

Bydlinski, Sonja/Potyka, Matthias, GesRÄG 2011 – Gesellschaftsrechts-Änderungsgesetz 2011, Wien 2011.

Cassel, Jens, Depotgeschäft, in: Thöne, Thomas (Hg.), Praxiswissen Bankrecht, S. 657-690.

© Springer Fachmedien Wiesbaden GmbH, ein Teil von Springer Nature 2019
D. Wohlschlägl-Aschberger, *Bankgeschäft und Finanzmarkt*, Edition Frankfurt School,
https://doi.org/10.1007/978-3-658-23795-0

Deutsche Bundesbank (Hg.), Kapitalmarktstatistik November 2012, Statistisches Beiheft 2 zum Monatsbericht, Frankfurt am Main 2012.

Deutsche Bundesbank, Finanzsystem im Wandel: neue Bedeutung der Repomärkte, in: Deutsche Bundesbank Monatsbericht Dezember 2013, 65. Jahrgang, Nr. 12.

Dombret, Andreas, Robuste Regulierung für ein widerstandsfähiges Finanzsystem, in: Grieser, Simon/Heemann, Manfred (Hg.), Bankenaufsicht nach der Finanzmarktkrise, Frankfurt am Main 2011, S. 613-637.

Downes, John/Goodman, Jordan Elliot, Dictionary of Finance and Investment Terms, Barron's Educational Series, New York 2010 8. Auflage.

Eckel, Martin/Ibesich, Michael, Compliance Due Diligence bei Unternehmensverkäufen, in: Compliance Praxis 3/2014, S. 26 ff.

Ferguson, Niall, Der Aufstieg des Geldes: Die Währung der Geschichte, Berlin 2009.

Fiedler, Robert E./Gassmann, Peter/Wackerbeck, Philipp, Managing Liquidity in a New Regulation Era – Tactical and Strategic Consequences for Banks, in: Grieser, Simon/Heemann, Manfred (Hg.), Bankenaufsicht nach der Finanzmarktkrise, Frankfurt am Main 2011, S. 171-203.

Finanzmarktaufsicht (FMA), FMA-Mindeststandards zum Risikomanagement und zur Vergabe von Fremdwährungskrediten und Krediten mit Tilgungsträgern vom 02.01.2013.

Fricke, Thomas, Wie viel Bank braucht der Mensch? Raus aus der verrückten Finanzwelt, Frankfurt am Main 2013.

Frydman, Roman/Goldberg, Michael D., Beyond Mechanical Markets, Asset Price Swings, Risk and the Role of the State, Princeton 2011.

Galbraith, John Kenneth, Money: Whence It Came, Where it Went, Boston 2001.

Gifis, Steven H., Barron's Law Dictionary, New York 2010 6. Auflage.

Grieser, Simon/Heemann, Manfred (Hg.), Bankenaufsicht nach der Finanzmarktkrise, Frankfurt am Main 2011.

Griss, Irmgard, Einundzwanzigstes Hauptstück – Von dem Darlehensvertrage, in: Koziol, Helmut/Bydlinski, Peter/Bollenberger, Raimund (Hg.), Kurzkommentar zum ABGB, Wien/New York 2010 3. Auflage, S. 1045-1062.

Grunow, Hans-Werner G., Mittelstandsfinanzierung: Ein Leitfaden für Unternehmen, Frankfurt am Main 2010.

Guralnik, David B. (Hg.), Webster's New World Dictionary, Second College Edition, New York 1982.

Hazart, Eric/Apaydin, Ali, Das ausserbilanzielle Geschäft der Banken: Liquidität, Risiko und Fortbestand, in: Swiss Global Finance Magazine 8/2012, S. 54-56.

Hengartner, Thomas/Merki, Christoph Maria (Hg.), Tabakfragen. Rauchen aus kulturwissenschaftlicher Sicht, Zürich 1996.

Herrmann, Ulrike, Der Sieg des Kapitals. Wie Reichtum in die Welt kam: Die Geschichte von Wachstum, Geld und Krisen, Frankfurt am Main 2013.

Hofmann, Gerhard (Hg.), Basel II und MaRisk, Frankfurt am Main 2011.

HSBC Trinkhaus (Hg.), Zertifikate und Optionsscheine – das Standardwerk für die zeitgemäße Geldanlage, Düsseldorf 2012 12. Auflage.

Institut für Bankhistorische Forschung e.V. (Hg.), Die Geschichte der DZ BANK: Das genossenschaftliche Bankwesen vom 19. Jahrhundert bis heute, München 2013.

Issing, Otmar, Der Euro-Kapitalmarkt: Status Quo und Perspektiven, in: Pfandbrief und Kapitalmarkt, 23. Symposium zur Bankengeschichte am 18. Mai 2000, Konferenzschrift, S. 26-43.

Kapteina, Mathias, Firmenkredite, in: Thöne, Thomas (Hg.), Praxiswissen Bankrecht, Frankfurt am Main 2011, S. 397-416.

Kaserer, Christoph/Rapp, Marc Steffen, Capital Markets and Economic Growth: Long-Term Trends and Policy Challanges, Research Report; Issing, Der Euro-Kapitalmarkt: Status Quo und Perspektiven, in: Pfandbrief und Kapitalmarkt, 23. Symposium zur Bankengeschichte am 18. Mai 2000, Konferenzschrift, S. 26-43.

Keilhammer, Günter, Kreditwesengesetz, in: Thöne, Thomas (Hg.), Praxiswissen Bankrecht, Frankfurt am Main 2011, S. 9-45.

Koziol, Helmut/Bydlinski, Peter/Bollenberger, Raimund (Hg.), Kurzkommentar zum ABGB, Wien/New York 2010 3. Auflage.

Kraßnig, Ulrich, Was der Bankenaufsichtsrat zum Partizipationskapital wissen sollte – bilanzielle, gesellschaftsrechtliche und steuerliche Aspekte, in: Aufsichtsrat aktuell 3/2009, S. 17-22.

Merki, Christoph Maria, Die amerikanische Zigarette – das Maß aller Dinge. Rauchen in Deutschland zur Zeit der Zigarettenwährung (1945-1948), in: Hengartner, Thomas/ Merki, Christoph Maria (Hg.), Tabakfragen. Rauchen aus kulturwissenschaftlicher Sicht, Zürich 1996, S. 57-82.

Seitz, Emanuel, Schrott, Rinder, Dreifußkessel: Wie funktionierte Geld vor Münzen, in: Forschung Frankfurt 2/2002, S. 78-81.

Smith, Greg, Why I Left Goldman Sachs. A Wall Street Story, New York 2012.

Stephan, Paul, Umbruch der Bankenregulierung: Die Entwicklung des Baseler Regelwerkes im Überblick, in: Hofmann, Gerhard (Hg.), Basel II und MaRisk, Frankfurt am Main 2011, S. 9-63.

Summer, Martin, Die Finanzkrise 2007/08 aus der Perspektive der ökonomischen Forschung, in: Geldpolitik & Wirtschaft Q4/08, S. 91-107.

Thaler, Christian, Sanktionen bei Marktmissbrauch: Marktmanipulation, Insiderhandel und Ad-hoc-Publizität, Wien 2014.

Thöne, Thomas (Hg.), Praxiswissen Bankrecht, Frankfurt am Main 2011.

Thun, Oliver/Timmreck, Christian/Keul, Thomas, Private Equity: Leitfaden zur erfolgreichen Unternehmensfinanzierung, München 2007.

von Kaenel, Hans-Markus, Wer prägte die ersten Münzen?, in: Forschung Frankfurt 2/2012, S. 83 ff.

Wellein, Alexandra, Verbraucherdarlehen, in: Thöne, Thomas (Hg.), Praxiswissen Bankrecht, Frankfurt am Main 2011, S. 343-396.

Wohlschlägl-Aschberger, Doris (Hg.), Geldwäsche-Prävention: Praktische Maßnahmen für die Unternehmensorganisation, Wien 2009.

Wohlschlägl-Aschberger, Doris (Hg.), Praxiswissen Geldwäsche, Frankfurt am Main 2011.

Wohlschlägl-Aschberger, Doris, Praxiswissen Finanzinstrumente, Frankfurt am Main 2013.

Wolfbauer, Rainer, Der Dritte Markt aus europarechtlicher Sicht, in: ecolex 2001, S. 236-238.

Rechtsnormen

Europäische Union

Capital Requirements Regulation/Kapitaladäquanzverordnung: VO (EU) Nr. 575/2013

Capital Requirments Directive/Kapitaladäquanzrichtlinie: RL 2013/36/EU

Directive on Electronic Commerce/Richtlinie über den elektronischen Geschäftsverkehr: RL 2000/31/EG

European Market Infrastructure Regulation: VO (EU) Nr. 648/2012

Fernfinanzdienstleistungs-RL: RL 2002/65/EG

Investment Services Directive/Wertpapierdienstleistungsrichtlinie: 93/22/EWG (2004 durch MiFID ersetzt)

Kapitaladäquanzrichtlinie (vgl. Capital Requirements Directive)

Market Abuse Directive/Marktmissbrauchsrichtlinie: ursprünglich 2003/6/EC, neu: 2014/57/EU in Verbindung mit Verordnung (EU) Nr. 596/2014 (MAR – Market Abuse Regulation)

Markets in Financial Instruments Directive II: RL 2014/65/EU

Markets in Financial Instruments Directive: RL 2004/39/EG (2014 durch MiFID II ersetzt) – oft als MiFID I bezeichnet

OGAW/UCITS-Richtlinie: RL 2009/65/EG (OGAW/UCITS IV: Neufassung RL 85/611/EWG – OGAW/UCITS I)

OGAW/UCITS-Richtlinie: RL 2014/91/EU (OGAW/UCITS V: ändert OGAW/UCITS IV)

Richtlinie über den Verbraucherschutz bei Vertragsabschlüssen im Fernabsatz/Fernabsatzrichtlinie: RL 97/7/EG

Verbraucherkreditrichtlinie: RL 2008/48/EG

Verordnung (EU) Nr. 260/2012

Vertrag über die Arbeitsweise der Europäischen Union

Deutschland

Aktiengesetz

Börsengesetz

Bürgerliches Gesetzbuch

Depotgesetz

Finanzmarktstabilisierungsfondsgesetz

Finanzmarktstabilisierungsgesetz

Gesellschaftsrechts-Änderungsgesetz

Gesetz über Rahmenbedingungen elektronischer Signaturen/Signaturgesetz

Handelsgesetzbuch

Investmentgesetz

Kapitalanlagegesetzbuch

Kreditwesengesetz

Liquiditätsverordnung

Pfandbriefgesetz

Solvabilitätsverordnung

Wertpapierhandelsgesetz

Zahlungsdiensteaufsichtsgesetz

Österreich

Aktiengesetz

Allgemeines Bürgerliches Gesetzbuch

Bankwesengesetz

Börsegesetz 1989

Bundesgesetz über elektronische Signaturen (Signaturgesetz)

Darlehens- und Kreditrechtsänderungsgesetz

Depotgesetz

E-Commerce-Gesetz

Fern-Finanzdienstleistungs-Gesetz

Finanzmarktstabilitätsgesetz

Hypothekenbankgesetz

Investmentfondsgesetz 2011

Pfandbriefgesetz

Unternehmensgesetzbuch

Verbraucherkreditgesetz

Wertpapieraufsichtsgesetz 2007

Einsicht/Download aktueller Gesetzestexte

Deutschland: Online-Projekt des Bundesministeriums der Justiz und für Verbraucher-schutz juris GmbH – http://www.gesetze-im-internet.de/

Europäische Union: Rechtsverbindliches elektronisches Amtsblatt der EU – http://eur-lex.europa.eu (in 24 Sprachen)

Österreich: Rechtsinformationssystem des Bundes (RIS) – http://www.ris.bka.gv.at

The manufacturer's authorised representative in the EU is Springer
Nature Customer Service Centre GmbH, Europaplatz 3, 69115 Heidelberg,
Germany. If you have any concerns regarding our products, please
contact ProductSafety@springernature.com

Printed and bound by CPI Group (UK) Ltd, Croydon, CR0 4YY
26/04/2026
02097302-0011